U0109751

臺灣歷史與文化 研究輯刊

二二編

第2冊

以味尋位
——桃園忠貞新村米干滋味下族群認同的轉變

段承恩 著

花木蘭文化事業有限公司

國家圖書館出版品預行編目資料

以味尋位——桃園忠貞新村米干滋味下族群認同的轉變／段承恩
著 -- 初版 -- 新北市：花木蘭文化事業有限公司，2022〔民
111〕
目 4+244 面；19×26 公分
（臺灣歷史與文化研究輯刊二二編；第 2 冊）
ISBN 978-986-518-982-2（精裝）
1.CST：眷村 2.CST：族群認同 3.CST：少數民族
4.CST：桃園市
733.08   111009902

ISBN-978-986-518-982-2

9 789865 189822

臺灣歷史與文化研究輯刊
二二編　第二冊　　　　　ISBN：978-986-518-982-2

以味尋位
——桃園忠貞新村米干滋味下族群認同的轉變

作　　者　段承恩
總 編 輯　杜潔祥
副總編輯　楊嘉樂
編輯主任　許郁翎
編　　輯　張雅淋、潘玟靜、劉子瑄　美術編輯　陳逸婷
出　　版　花木蘭文化事業有限公司
發 行 人　高小娟
聯絡地址　235　新北市中和區中安街七二號十三樓
　　　　　電話：02-2923-1455／傳真：02-2923-1452
網　　址　http://www.huamulan.tw 信箱 service@huamulans.com
印　　刷　普羅文化出版廣告事業
初　　版　2022 年 9 月
定　　價　二二編 9 冊（精裝）新台幣 26,000 元

以味尋位
——桃園忠貞新村米干滋味下族群認同的轉變

段承恩　著

作者簡介

段承恩，現為天主教振聲高級中學教師。中國文化大學史學博士學位、清華大學台研教專班（人類學組）碩士學位。研究範圍以宋遼金元軍事史及臺灣外省與客家社會文化為主。發表專書有《宋對遼的邊防政策於設施》、《從口述歷史看滇緬邊區游擊隊 1950 ～ 1961》等。學術論文有〈遼對宋騎兵軍事戰術之運用——以高梁河、岐溝關兩次戰役為例探討〉、〈由講四句看客家文化傳承——以婚、喪、喜慶為例探討〉、〈從口述歷史中探討滇緬邊區游擊隊與鴉片、馬幫之關係（1950 ～ 1961）〉等十餘種。

提　　要

　　本研究以飲食部分切入忠貞新村族群認同的轉變，藉由雲南家常飲食的「米干」，來探討以米干所建構的飲食文化及如何凝聚族群的認同。在忠貞新村，幾乎所有的米干店的內部空間陳設上，或多或少展露出雲南風情及緬、泰文化的氛圍，讓觀光客在來此區域即感受到不同以往的空間認知，恍若進入「異域」，四處飄揚的國旗又將人拉回了同一塊土地上，國旗隨風飄揚中，有人看來是鄉愁有人看來是國愁，於是忠貞新村在不同政府或媒體的眼裏（或說操作）下，有時是外國人（滇緬，甚至是東南亞），有時是則是忠貞愛國的眷村，更有所謂是一群說著不同語言，但生活在同一塊土地上的新住民。

　　本論文可分為以下三大部分：

　　第一部分：內容包括第一、二章，第一章為緒論，先點出何謂米干，並將米干飲食如何帶入臺灣做一概述，並說明此篇論文研究動機、目的及方法，藉由口述歷史及訪談資料與前人研究成果並搭配文獻史料，分析闡述論文之可行性及發展。第二章「忠貞新村的由來與沿革」，概述忠貞新村的由來為三十九年（1950）國府軍隊由雲南退到緬甸成立「復興部隊」開始，後為反攻大陸改組為「雲南人民反共救國軍」，再變為「雲南人民反共志願軍」之過程，最後因緬甸政府控告而於民國四十三年（1954）撤退來臺、忠貞新村因而產生，並探討忠貞地區的地理環境及周邊沿革，及來臺後官兵的際遇及發展。

　　第二部分：以第三章「米干的滋味與鄉愁」、第四章「日久他鄉是故鄉」、第五章「米干節與雲南民族風情的展演」，為主章節探討雲南飲食文化中「米干」，如何建構出雲南族群的認同及自我意識的產生，並藉由在地米干店的姻親家族訪談，看米干飲食是如何讓在臺灣忠貞新村的住民，雲南族群意識的形成。由桃園市政府所催生出來的米干節是如何包含雲南文化的風情展演，忠貞新村的雲南住民是如何將雲南少數民的文化展演融入米干節之中，達成周邊非雲南籍住民及觀光客對其文化與飲食的認同。

　　第三部分：內容由第六章「國族與族群認同的形塑與轉變」及第七章「結論」來看，在時空環境的轉變之下，忠貞新村第一、二代已隨歷史逐漸凋零，黨國一家已不復存在，對自身定位的存在需如何肯定，藉由族群想像的建構與傳承，完成雲南族裔在臺灣的另種華麗轉身，由米干的飲食文化到米干節的風情展演，並以雲南少數民族的節慶活動相結合，形塑出自我認同及肯定。

目

次

表　次

壹、緒　論

　　柏楊所寫《異域》〔註1〕一書，刻劃現今忠貞新村「雲南人民反共救國軍」
（異域孤軍）在滇緬邊區的奮鬥故事，物換星移下，飲食成為記憶的源頭，
「米干」〔註2〕也成為忠貞新村最具代表性的食物，由米干的滋味看臺灣雲南
族群是如何面對國族與族群的轉變，是如何藉由米干進行文化與族群的延續
與傳承。「忠貞新村」是以雲南後代為主體具有滇緬風情的「眷村」〔註3〕，
也是臺灣最早由雲南裔所構成的單一眷村，為何會是單一主體所建構的眷村，
而不是匯集各省分的眷村呢？究其原因應是當初留置緬甸地區的國府軍隊，
以李彌第八軍主體，（國府時期的軍隊還存有地域及鄉誼關聯），李彌的軍隊
多以雲南人為主，於民國三十九年（1950）退守至緬甸後，與當地族群的相
結合，建構出以雲南人為主體性的部隊，也就是雲南人民反共救國軍（異域
孤軍）的由來。在滇緬邊區的雲南人民反共救國軍（異域孤軍）及其後裔，由
於相較其他國府部隊來臺時間較晚，民國四十二年（1953）又是整批遷入桃園

〔註1〕柏楊，《異域》（臺北：躍昇文化事業有限公司，1988年11月初版）。
〔註2〕由米做成的忠貞新村雲南人日常主食，形狀類似客家的粄條，閩南的粿仔條，
　　　越、泰等國的河粉但口感不同，其做法與雲南在不同地域稱為「卷粉」的食
　　　物相似。
〔註3〕國軍眷村的起源……以民國三十九年（1950）政府播遷來臺後，原軍眷管理
　　　處改隸聯勤總部聯勤留守業務署主辦。依據「國軍在臺軍眷業務處理辦法」
　　　之規定，軍眷以「集中管理、集中居住」為原則，將軍眷納入管理範圍……
　　　納入編組的軍眷有履行管理單位指派之管理訓練，生產工作之義務……至此，
　　　開始形成了「軍眷群居」的型態，「眷村」一詞也就正式出現在官方機制中。
　　　郭冠麟主編《從竹籬笆到高樓大廈的故事——國軍眷村發展史》（臺北：國防
　　　部史政編譯局，2005年12月），頁2～4。

龍岡地區，未有分散居住，使得忠貞新村成為以雲南人為主的單一化眷村，在飲食上也呈現以宴客為主的雲南菜系及日常生活的米干飲食，在桃園龍岡地區扎根的滇緬移民，以「異域孤軍」的形象，有別於傳統上所認知的中國八大菜系〔註4〕及臺灣各地的傳統美食，在忠貞新村以其獨特的飲食文化與帶有濃濃鄉愁的空間設計，切入了臺灣飲食圈，而有了自己獨特的一面。桃園龍岡地區中的「忠貞新村」所代表的美食「米干」具有滇南地區所獨有的特色，在桃園縣政府（現已改為直轄市）為推展米干節而委由焦桐所書寫的《滇味到龍岡》〔註5〕此書已有提及，忠貞新村的米干的興盛，更加深臺灣一般民眾對雲南人日常所食是以米干為主，殊不知滇北地區與滇南是有所不同的，米干是雲南西南方的縣、市日常主食之一，而可確信的是，米干成為在臺雲南人的族群標記與代表之一。

在忠貞新村，幾乎所有的米干店的內部空間陳設上，或多或少都會展露出雲南風情及緬、泰文化的氛圍，讓觀光客來此區域即感受到不同以往的空間認知，恍若進入「異域」，當環顧四週，看見四處飄揚的國旗，卻又將人拉回了同一塊土地上，如登上各大媒體版面的「國旗屋」〔註6〕米干店，現在成了打卡熱點，有人看來是鄉愁有人看來是國愁，於是忠貞新村在不同政府或媒體的眼裏（或說操作）下，有時是外國人（滇緬，甚至是東南亞），有時是則是忠貞愛國的眷村，更有所謂是一群說著不同語言，但生活在同一塊土地上的新住民。忠貞新村村民如何看待這些不同的觀點，又如何從中找尋或表達出屬於他們自己的認同呢？忠貞新村的滇緬後裔如何用雲南米干為要角，並串連緬、泰地區菜色，遊走在國家與族群的認同之間呢？龍岡地區的米干店最興盛時曾多達四十餘家，目前僅剩二十來家，但各家對於米干的製作皆有所長及獨特風味，唯一不變的可能是在「雲南米干」背後那一段由異域到臺灣的故事。

本研究以桃園市龍岡地區「忠貞新村」米干店的族群認同為例，探討因戰亂由滇緬邊區的異域，來到臺灣桃園安置落腳，也將故鄉的飲食帶到桃園地區，並藉由因緣際會下單一化眷村的獨特性，發展出不同其他外省族群多元

〔註4〕中國八大菜系約可分為：川菜（四川）、湘菜（湖南）、粵菜（廣東）、閩菜（福建）、蘇菜（江蘇）、浙菜（浙江）、徽菜（安徽）和魯菜（山東）。

〔註5〕焦桐，《滇味到龍岡》（臺北：二魚文化出版社，2013年），頁56～69。

〔註6〕由異域孤軍後裔張老旺，以自身經歷將族群意識所投射出的米干飲食店，逢臺灣重大慶典，皆懸掛國旗以示慶祝。

混居的眷村模式，藉由「米干」，此一特殊雲南米食，維繫著對故國家鄉的懷念，由此衍生出獨傲臺灣的雲南飲食文化，當想到雲南飲食中的米食，即會想到「米干」，也會想到桃園的忠貞新村，在政府部門的宣傳推廣，結合雲南獨特節慶，使在桃園龍岡地區以米干為號召的店家，能以兼販賣雲南風味美食而聞名。記憶中由開始飽腹的雲南米干、米線、粑粑絲、碗豆粉、稀豆粉到宴客及點心美食的加入，如：破酥包、汽鍋雞、大薄片、乳扇……等。在 1980年代來臺後的雲南籍人士藉由依親、通婚、群居效應的影響，忠貞新村也因其獨特性吸引許多雲、泰、緬、印（尼）、馬……等新移民的移入，這些主要以雲、泰、緬新移民中，除由中國大陸以雲南省籍嫁來臺灣者外，許多也是當初散佈在泰、緬雲南人的後裔，或雲南當地的少數民族。讓忠貞新村在面對多元文化之中，一直保持著族群高度的單一性，因此也讓所謂異域孤軍記憶中的飲食記憶——「米干」得以保存至今，米干店背後所代表的國家意象與文化內涵，在代代傳承中找到了目標，也藉由米干的味覺記憶將忠貞新村居民對雲南的想像及族群的認同得到延續。

一、研究動機、目的、方法

（一）研究動機

唐代黃峭因戰亂頻仍，分送諸子外出時的「認親詩」，因年久而有不同說法，但卻能符合異域孤軍〔註7〕由大陸到臺灣的心境，分述如下：〔註8〕

第一首：駿馬登程往異方，任從勝地立綱常。年深外境猶吾境，日久他鄉即故鄉。朝夕莫忘親命語，晨昏當薦祖宗香。但願蒼天垂庇佑，三七男兒總熾昌。

第二首：信馬登程往異方，任尋勝地振綱常。足離此境非吾境，身在他鄉即故鄉。早暮莫忘親囑咐，春秋須薦祖蒸嘗。漫雲富貴由天定，三七男兒當自強。

異域孤軍在經過顛沛流離後，由所謂的祖國來到異鄉，由熟悉的家鄉到陌生的國度，但在中華民國也經歷幾代人的安插落戶及落地生根，變成遣

〔註7〕因異域孤軍，各時期部隊番號眾多，不同時期撤退來臺後，分布地區也不同，且因柏楊所寫「異域」一書已成滇緬泰地區撤退來臺後，雲南族群的歷史稱呼，因此以下行文將先冠以部隊番號，或以「異域孤軍」稱之。

〔註8〕每日頭條〈黃氏大家族認親詩〉，https://kknews.cc/zh-tw/news/nelbrrg.htmll

子詩中的「日久他鄉即故鄉」的感慨，或更具有向前看的心態「身在他鄉即故鄉」。

本研究試圖以桃園縣龍岡地區忠貞新村的米干滋味做為探討族群研究的議題，藉由忠貞新村拆遷後，原居住地米干店間雲南裔的族群，在藉由米干節的舉辦看忠貞新村族群認同及相處間的關係脈絡。

在研究一開始設定，是以米干飲食對雲南族群影響的分析探討，後因忠貞新村的拆遷，原居民散居桃園各地，在老一輩報導人的逐漸凋零或記憶上的渾亂不清，而無法有效的分析並探究。經與報導人張學初先生，閒聊問答中得知該家族，已是忠貞新村米干店約二十家中，占三分之一強，因此將研究主題轉為「桃園忠貞新村米干滋味下族群認同的轉變」藉由「以味尋位」的模式，將在此地的張姓家族的譜系及關係做一分析研究，並對於如何以米干飲食凝聚族群關係，且在既競爭又合作下，於忠貞新村打下米干一片天，亦分析忠貞新村住民對國家認同及族群認同的關聯性。在公部門（桃園市政府）的介入下，米干店對於「米干節」的認同程度與米干店自身展演內外空間的改變，及是否藉此活動更能加深雲南族群的認同凝聚與文化的傳承，都能藉由「米干」此一美食將雲南族群的記憶一直傳承持續下去。

筆者父親為職業軍人，家庭也曾因部隊遷移關係多次搬遷，後定居於桃園市中壢地區的陸軍士官學校（現為陸軍專科學校）旁的慈光十村（眷村），於民國七十四年（1985）時知道龍岡地區忠貞新村，在家族長輩的帶領下，藉由飲食的吸引，開始一窺雲南代表性的米食「米干」。在初次到忠貞新村時，第一印象是整個區域，所對談的話語，是以不同於自小聽聞的各省方言，此時方知來到一個異域國度，在父執輩的帶領下開始品嘗記憶中的美食「米干」，也因此與忠貞新村結下不解之緣。在學術研究主題上，一直圍繞著忠貞新村進行剖析與研究，由最早研究異域孤軍來臺之口述歷史，到更深入探討鴉片、馬幫語異域孤軍的關係，更甚而發現本已在臺灣消失三十年以上的一種博奕遊戲「花會」，再繞了一圈後，藉由對雲南族群飲食的記憶，再度將自己拉回學術的範疇，重新探討米干飲食對忠貞新村雲南族群的認同及自我意識的提升的相關連性，也藉此給自己重新省視，記憶中的忠貞新村是如何的變遷，忠貞新村的住民是如何以「雲南味」，守著自己的族群意識及家族傳承的認同。米干可說是桃園龍岡地區的代表食物，除能溫飽外，更多了一份雲南鄉情在裡面。米干店曾因桃園地區各形色眷村的群聚而蓬勃興盛，也在歷經忠貞新村的

拆遷過程下，曾短暫出現孤芳自賞的情景。在報導者以米干為族群凝聚的大旗下，在觀看國旗飄揚的升旗典禮中，現今的米干結合了族群的情感，讓雲南族群的認同大旗再次於忠貞新村開展。

（二）研究目的

翟振孝，《遷移、文化與認同：緬華移民的社群建構與跨國網路》論文中提及社群想像與跨國族群景觀的看法：

> 多數學者主張文化與認同的創造，往往是發生在不同群體的接觸區域（contact zone）。傳統的移民研究重視的是同化與適應融合，而新典範則強調歷史性、跨區域、跨國的逢遇與交纏。在地方與跨國力量交互影響之下，移民尤其重視與「家鄉」（homeland）的連繫，由於人口流動所造成的游移及混成認同，其中參雜了對於傳統、地域、家國的想像記憶。〔註9〕

在《當代台灣社會的族群想像》中，西方社會科學對於「族群」認同所下的定義：「族群是指一群因為擁有共同的來源，或是共同的祖先、共同的文化或語言，而自認為、或者是被其他的人認為，構成一個獨特社群的一群人。」第一個，這群人被他人認為所擁有的共同文化或是共同祖先與來源。第二個，他們自認為構成一個獨特的社群，也得到其他人的認可。〔註10〕在忠貞新村所建構的單一雲南人眷村，能忠實的呈現本篇論文所描繪的族群認同及自我文化的發展。

國史館所出版，《不再流浪的孤軍——忠貞新村訪談錄》，〔註11〕國族認同抑或是族群認同，在日久他鄉是故鄉的情懷下，忠貞新村村民如何看待這些不同的觀點，又如何從中找尋或表達出屬於他們自己的認同呢？忠貞新村的滇緬後裔如何用米干為要角，並連接泰緬等的菜色，〔註12〕遊蕩在國家與族群的認同？

〔註9〕翟振孝，《遷移、文化與認同：緬華移民的社群建構與跨國網絡》，新竹：國立清華大學人類學研究所博士論文，2006年），頁11。

〔註10〕王甫昌，《當代台灣社會的族群想像》（臺北：群學出版有限公司，2003年），頁31。

〔註11〕龔學貞等口述，張世瑛、葉健青主訪《不再流浪的孤軍——忠貞新村訪談錄》（臺北：國史館，2002年）。

〔註12〕泰、緬美食如：唐明實（緬甸油飯）、印度烤餅、麼麼喳喳、炸魚、蝦醬空心菜……等。

因此本研究將以「米干」為主題，探究忠貞新村如何藉由米干凝聚所謂雲南族群，也如何藉由米干維繫族群間文化，並探討在國族與族群的認同中，忠貞新村米干店家，對自身文化及飲食的認同及理解。現今更是如何藉由文創產業與飲食的結合，替雲南族裔找出經濟與傳承的平衡點，將自身文化得以發揚與延續下去。

（三）研究方法

在異域孤軍歷史上，將以文獻史料伴隨口述歷史進行研究，在本論文主體，忠貞新村雲南族群認同上，將針對研究主題以民族誌方法，[註13] 進行參與觀察及深入訪談，或以口述歷史形式，成為此論文的主要研究方法。在史料文獻分析上，將以歷史史料、族群經驗、飲食文化……等做為史料判讀的依憑及書寫訪談與田野調查的佐證資料。

1. 史料文獻

藉由有關異域孤軍書籍、雜誌、期刊、論文、個人回憶錄、網際網路的網頁資料……等，進行資料收集及分門別類，對討論議題能聚焦於米干飲食與族群議題上，並可藉由文獻資料上針對米干與族群認同議題釐清脈絡，完成本研究欲探討的主題。

2. 口述歷史

口述歷史中，同一社群的成員在共同經歷過諸如洪水、颱風等災難後（當然戰爭也包含在內），會彼此喋喋不休討論好多年，一再加強記憶的明晰度。口述史家訪談那些「倖存者」就是那些受困無門、慘遭摒棄，不知所從，最後才又活轉回來的人，這時，為著訪談的可用性，訪談時必須瞭解促使他們「如何」記憶，和記憶「什麼」的所有原動力。[註14] 中央研究院近代史研究所所長呂芳上曾說：「當代人寫當代史，已成當下歷史工作者的共識，此時依賴的不全然是檔案，更重要的是從當事人眼光出發，記錄下來的史料，例如回憶錄、

〔註13〕民族誌方法：田野為依據（真實人實際生活環境）、個人化的（研究者不但是研究對象生活的參與者，也是觀察者）、多因性的（多方收集資料及三角交叉驗證，達成結論的多種方式來強化結論）、長期投入（有意願與研究對象長期互動）、歸納法（不斷累積的描述性細節）、對話式（研究者的結論及詮釋可接受研究對象公評）。Michael Angrosino 著；張可婷譯，《民族誌與觀察研究法》（新北：韋伯文化國際出版有限公司，2016 年 1 月出版），頁 22。

〔註14〕Donald A, Ritchie，王芝芝譯，《大家來做口述歷史》（臺北：遠流出版事業股份有限公司，1997 年），頁 57。

口述史等，這些史料的價值在於由當事人親口、親身所說出或體會。」〔註15〕口述歷史雖為片段記憶，但仍可填補歷史空白，獲得資料並了解當時戰爭的個人際遇、個人或家族移民歷程、親族倫理關係、個人事業發展歷程等，均為在官方文獻難以尋獲的珍貴材料。〔註16〕

3. 深度訪談

深度訪談是對受訪主題具有深入且理解受訪方所處的環境及時空背景，透過言語對話、共塑主題而將研究面相能切中核心，並建構訪談下研究的意義所在。在訪談中得知訪談者在人生歷程中的不同際遇及心境，並由訪談者所陳述的事件及行為，得到欲研究主題的輪廓及脈絡。如同陳向明所言，「訪談不是一個一方『客觀』的向另一方瞭解情況的過程，而是在一個雙方相互作用、共同建構『事實』與『行為』的過程。」〔註17〕而在本研究中是欲探究雲南族群與飲食的脈絡關係，以米干店的傳承看族群由滇緬地區到臺灣後的發展及族群的互動與凝聚，並比對相關文獻看是否如個文獻所言，雖雲南族裔散居臺灣各地，但在文化傳承上卻有一致性的擔憂傳承不易及再次凝結族群向心力的突破。

4. 參與觀察

王明珂提及「需要強調族群文化特徵的人，常是有族群認同危機的人」〔註18〕對現今忠貞新村雲南族群在生活環境的變遷，及經歷數十年的語言政策下，不論是說國語或是強調臺灣話，皆使雲南「語言」及「文化」出現消逝感，而在雲南族群身分界定上因而受外在影響更深，想維持族群認同也較一般族群更顯困難，所以想要更維持認同就需更多形式去強化，特別是語言及文化。使用參與觀察是因為，在此時提供資料的受訪者，可能因自身利益，而出現隱蔽或引導之嫌，使深入訪談資料有所偏頗，因此本研究加入參與觀察法，由觀察者的角度以主動、客觀、針對主題進行觀察，看受訪者日常生活、群體互動、文化傳承、言語交談中觀察族群影響力是否因環境變遷產生新的族群認同或消逝。

〔註15〕黃承令建築師事務所，《中壢龍岡地區眷村調查》（桃園：桃園縣政府文化局，2007年），頁7～20。

〔註16〕黃承令建築師事務所，《中壢龍岡地區眷村調查》，頁7～20。

〔註17〕陳向明，《社會科學質的研究》（臺北：五南圖書出版股份有限公司，2002年），頁127。

〔註18〕王明珂，《華夏邊緣：歷史記憶與族群認同》（臺北：允晨文化實業股份有限公司，1997年），頁35。

二、文獻回顧

（一）歷史的軌跡

　　歷史的記憶總是在史料的鋪成及口述之中產生，族群意識的內容通常會指出自己與別的群體在文化、祖先來源或歷史經驗上有差異。因此會建構一套族群起論述，由什麼地方起源、如何及為什麼會遷移到目前所在地、有哪些過去的光榮、過去英雄是誰……等。這些歷史內容最重要的目的，就是在描述自己與別人有什麼不同、為什麼不同。〔註 19〕

　　在史料上所呈現的是異域孤軍顛沛流離的歷史，相關書籍以著墨在滇緬地區戰史及兩次撤臺問題上居多，但整個歷史須由大陸國府失守開始，相關史料書籍在國防部史政編譯局皆有著述，以國防部史政編譯局，《戡亂戰史（第十三冊）：西南及西藏地方作戰》〔註 20〕及曾藝（1964）《滇緬邊區游擊隊戰史（上、下）》〔註 21〕為軍方所著較詳實的史料，可與中共所出版《中國人民解放軍全國解放戰爭史第五卷（1949.2～1950.6）》〔註 22〕相對應。李國輝，〈憶孤軍奮戰滇緬邊區〉，〔註 23〕以自身經歷及見聞，勾勒出異域孤軍，由大陸撤守到復興部隊，並提及改編為雲南人民反共救國軍與撤退臺灣的經過。覃怡輝《金三角國軍血淚史：1950～1981》，〔註 24〕將異域孤軍在滇緬邊區的時序拉長且在其詳實考證及自身經歷下，補足原軍方史料的不足，涵蓋了「雲南人民反共救國軍」到「雲南人民反共自願軍」也包含了 1953 年與 1961 年的兩次撤退來臺經過，並對殘留在泰北的部分孤軍軍隊所面臨的問題有所描述。口述歷史及自身經歷的書籍也彌補了在滇緬邊區的人事及生活問題的描述，如：柳元麟，《滇緬邊區風雲錄——柳元麟將軍八十八回憶錄》〔註 25〕及

〔註 19〕王甫昌，《當代台灣社會的族群想像》（臺北：群學出版有限公司，2003 年），頁 36。

〔註 20〕國防部史政編譯局，《戡亂戰史（第十三冊）西南及西藏地方作戰》（臺北：國防部史政編譯局，1983 年）。

〔註 21〕曾藝，《滇緬邊區游擊隊戰史（上、下）》（臺北：國防部史政編譯局，1964 年）。

〔註 22〕軍事科學院軍事歷史研究部編著，《中國人民解放軍全國解放戰爭史第五卷（1949.2～1950.6）》（北京：軍事科學出版社，1997 年）。

〔註 23〕李國輝，〈憶孤軍奮戰滇緬邊區〉，《春秋雜誌》，第 13 卷第 1 期至第 17 卷第 4 期，1970 年 7 月 1 日～1972 年 10 月 1 日。

〔註 24〕覃怡輝，《金三角國軍血淚史：1950～1981》（臺北：聯經出版事業股份有限公司，2019 年）。

〔註 25〕柳元麟口述，傅應川、陳存恭、溫池京訪問，《滇緬邊區風雲錄》（臺北：國防部史政編譯局，1996 年）。

譚偉臣《雲南反共大學校史》，[註26] 在柳元麟的回憶錄，是以自身擔任「雲南人民反共救國軍」副指揮官到「雲南人民反共自願軍」的指揮官的歷程，可得知異域孤軍在緬甸地區的軍事活動，以補史料不足，但其中牽涉太多個人恩怨與自我辯駁，柳書內文述說，可與國防部史政編譯局所出《滇緬邊區游擊隊戰史（上、下）》，與譚偉臣《雲南反共大學校史》及覃怡輝《金三角國軍血淚史：1950～1981》相互印證。上述書籍以軍事觀點為主，較偏向戰爭的描述，且因國家主義下的認同意識及訪談人士屬於領導層級，在書寫部分有美化中華民國政府對異域孤軍照顧及撫卹，與中、下層級在訪談中會有所出入，在族群問題上反而著墨不多，但對於異域孤軍與所駐地各國的相處及接觸有一定的描述，更加理解在 1950～1970 年代，國際局勢的變遷對中華民國政府及異域孤軍的影響。《不再流浪的孤軍——忠貞新村訪談錄》，[註27] 李利國，《從異域到台灣》，[註28] 兩者皆以來臺的中下階層，軍士兵及眷屬為訪談對象，重新建構出不同以往由上而下的歷史記憶敘述。臺灣對於異域孤軍的軍事歷史，相關學位論文部分最早為段承恩，《從口述歷史看滇緬邊區游擊隊（1950～1961）》[註29] 此論文開啟研究「雲南人民反共救國軍」（異域孤軍）歷史沿革，藉由口述歷史及相關史料，讓閱讀者得以對異域孤軍的與鴉片、馬幫疑問有所解惑，也論及由復興部隊到雲南人民反共志願軍之過程歷史。王定國，《雲南反共救國軍的探討 1949～1954》、[註30] 何家明，《外交折衝下滇緬邊區國軍部隊議案之研究（1952～1954）》[註31] 兩者論文以官方史料做研究方向，得以知悉異域孤軍與美、中、臺三者間之角力與國際局勢的詭譎多變，以官方的角度剖析異域孤軍的相關問題。此三本研究論文主軸以雲南人民反共救國軍論述為多，並藉由官方檔案的開放，檢視雲南人民反共救國軍（異域孤軍）的形成及沿革，並藉由口述歷史釐清異域孤軍相關的問題，

[註26] 譚偉臣，《雲南反共大學校史》（高雄：塵鄉出版社，1984 年）。
[註27] 龔學貞等口述，張世瑛、葉健青主訪《不再流浪的孤軍——忠貞新村訪談錄》（臺北：國史館，2002 年）。
[註28] 李利國，《從異域到台灣》（臺南：長河出版社，1978 年）。
[註29] 段承恩，《從口述歷史看滇緬邊區游擊隊 1950～1961》（臺北：中國文化大學史學研究所碩士論文，2003 年。）
[註30] 王定國，《雲南反共救國軍的探討 1949～1954》（桃園：國立中央大學歷史研究所碩士論文，2007 年）。
[註31] 何家明，《外交折衝下滇緬邊區國軍部隊議案之研究（1952～1954）》（南投：國立暨南大學歷史學系研究所，2013 年）。

如人事、馬幫、鴉片等，再以大國間角力對抗，看雲南人民反共救國軍（異域孤軍）如何與國家命運及國際局勢相結合，最終不得不撤退來臺的經過。

（二）族群的探討

王甫昌，《當代台灣社會的族群想像》內文中有提到，當人們以「族群」的概念進行人群分類時，強調的是與我共同的來源是屬於同一個族群，在族群探討上除了訴諸前人歷史、文化的淵源外，還有闡述自己族群是在何時及如何遷移到目所居住的地方，以及自己族群的文化特質是什麼（使用和語言、那些風俗習慣、哪些獨特文化），這也是所謂族群運動者所利用的素材，藉以說明為什麼他們會構成一個獨特的社會群體，也以此方式來界定「我們是誰」。〔註32〕再者族群作為團體認同的特性，其位置應是介於國家與民族，及家族或地域團體之間，由於族群團體規模頗大，個人不可能認識自己族群中的所有成員，因此如是在一個具有較強族群意識的社群團體中，當遇到與自身具有相同背景的人時，會展現特別的親切感，而這親切感是藉由學習而來的「族群想像」所形成的。〔註33〕

張茂桂對臺灣外省人國族認同中，「強調省籍族群意義在於它被當成是一個社會、歷史的結構，它不是明顯關於出生的，而是關於想像共同體的塑造。〔註34〕」另又提出，「眷村居民老少世代所持的國家認同，……形成綿密的「國家」與「我」之間一種難以撼動的垂直關係與認同。自然而然形成一種富有凝聚力的想像共同體，類似如家族般的眷村連結因而出現，展現出「眷村好像一個大家庭」的特殊性連結的認同」。〔註35〕此論述給現今尚在忠貞新村營運的雲南裔人士感觸頗深，因眷村的拆遷，老夥伴散居桃園各地，且逐漸凋零，當想像不再，族群是否能繼續延續下去，或如失根的蘭花，消逝在歷史洪流之中。

最早開始探討雲南族群議題的書籍應以國史館所出《不再流浪的孤軍——忠貞新村訪談錄》為代表，以來臺的中下階層，軍士兵及眷屬為訪談對象，透過由下而上的說法完整拼湊出除軍事外異域孤軍不為人知的一面，

〔註32〕王甫昌，《當代台灣社會的族群想像》，頁 32～33。

〔註33〕王甫昌，《當代台灣社會的族群想像》，頁 40～42。

〔註34〕張茂桂等著，《族群關係與國家認同》（臺北：業強出版社，1993 年），頁 258。

〔註35〕張茂桂主編，《國家與認同：一些外省人的觀點》（臺北：群學出版有限公司，2010），頁 22。

探討在從軍、逃難及來臺後的發展，且給欲研究忠貞新村的研究者有更快認識的捷徑。探究異域孤軍自我認同的論文，以宋光宇〈清境與吉洋，從滇緬邊區來臺義民聚落的調查報告〉；〔註36〕謝世忠〈國族─國家的建構、範疇、與質變：中華民國陸軍第九十三師的雲南緬泰台灣半世紀〉〔註37〕兩篇為代表，宋光宇以滇緬邊區義民在南投清境與高雄吉洋兩個聚落的由來，建立經過及自然條件為分析及兩者在適應度上的比較，之後切入兩者在經濟問題及求學就業的異同，但就是針對滇緬邊區來臺「義民」〔註38〕聚落的調查報告，不過其前導性已給之後研究者開闢一條捷徑。謝世忠以異域孤軍的主力九十三師，看其自身對國族認同及在不同時期與所接觸的各國所產生的互動，與對自身影響的差異做出比較，更進而導入於民國五十年（1961）後尚滯留於緬、泰交界的九十三師後代子孫，尋求出路謀生的問題，看異域孤軍對國族的想像。

　　與忠貞新村為主相關族群議題上，黃淑俐，《再現‧流亡的孤軍──桃園縣忠貞新村集體生活聚落瓦解過程》，〔註39〕本項研究主要方向聚焦於最後一批撤臺的「滇緬游擊隊」，由「異域」孤軍形象的歷史發展切入，到龍岡「忠貞新村」半世紀的特殊雲南聚落文化發掘，並藉由族群的歸屬感及歷史沿革看所謂雲南族裔的變遷，特別在社區空間的敘述，給欲研究當時環境及現今變化的歷史及族群演變助益頗大。顏麗蓉，《軍眷村外部空間之研究：以中壢地區五個軍眷村為研究對象》，〔註40〕應為目前最早探究忠貞新村及其周邊國軍眷舍的論文，藉由新舊軍眷村外部空間的建設比較，探討居民活動與空間使用狀況，並提及老舊眷村所面臨私密性及安全性之顧慮。黃琇美，《環境教育在歷史教學上的理論與實踐──以桃園縣龍岡地區忠貞新村的

〔註36〕宋光宇，〈清境與吉洋，從滇緬邊區來臺義民聚落的調查報告〉，《中央研究院歷史語言研究所集刊》，第五十三本第四分，（1982 年，臺北），頁 747～794。

〔註37〕謝世忠，〈國族──國家的建構、範疇、與質變：中華民國陸軍第九十三師的雲南緬泰台灣半世紀〉，《考古人類學刊》，第 52 期，（1997 年，臺北），頁 43～67。

〔註38〕民國四十三年（1954）來臺的異域孤軍代稱，因其義無反顧願隨相信國府撤退來臺。

〔註39〕黃淑俐，《再現‧流亡的孤軍──桃園縣忠貞新村集體生活聚落瓦解過程》（桃園：中原大學建築學系碩士論文，2007 年）。

〔註40〕顏麗蓉，《軍眷村外部空間之研究：以中壢地區五個軍眷村為研究對象》（桃園：中原大學建築研究所碩士論文，1990 年）。

人文環境為例》，〔註41〕由異域孤軍的村落的主題切入，由口述歷史訪談，建構忠貞新村的人文歷史環境，探討前期雲南人為主的單一化眷村到後期因為依親、通婚、群居效應的關係，並探究忠貞新村的族群認同。論文中另有提及龍岡清真寺發揮凝聚在地雲南穆斯林的功能。且提到雲南同鄉會、國雷聯誼會、滇邊聯誼會，還有新移民學習中心，在眷村拆遷後，對於維繫分散在桃園各地的雲南人，發揮很大的凝聚族群的功效。陳振與，《異域之火：探討桃園忠貞新村火把節〔註42〕對地方依附、社區意識與社區發展之影響》〔註43〕以忠貞新村米干節下，所推動彝族火把節為切入主題，該論文肯定火把節對忠貞新村居民之地方依附感、社區意識、社區發展之影響是具有正向發展性的。針對觀光發展提出自身看法及如何增進，藉此火把節看見雲南族群自身橫向連結之關係，雖藉由社區及協會的推動得到觀光的熱潮，但在公部門的介入下卻將原節日進行往前挪移，社區參與者也因地制宜，可見族群凝聚是可由想像而構成，並在政府的推動及資金挹注下得到文化的傳承。葉子香，《文化的認同與變遷——以居住台灣的雲南族群為例》，〔註44〕以文化全球化的觀點，探討臺灣的雲南族群的遷移經驗及其文化認同和變遷，藉以突顯在地文化與雲南文化經過抗衡與相融之後，所展現的對自身族群認同的新面貌。羅子喻，《跨越三代尋找自己：一位社會工作者的自我認同敘說》〔註45〕以社會工作者之身分，進行三代家族史的探索，並結合自身記憶與族群認同相呼應，文中以女性角色的書寫，憑藉與她者的訪談，聯繫記憶中與家中長輩的

〔註41〕黃琇美，《環境教育在歷史教學上的理論與實踐——以桃園縣龍岡地區忠貞新村的人文環境為例》（臺北：國立臺灣師範大學歷史學系碩士論文，2012年）。

〔註42〕火把節：彝族「火把節」，彝族最盛大、熱鬧的日子，又被稱作「眼睛的日子」，雲南、四川的彝族多在六月二十四、五日舉行，……火把節這天，除夜晚有打火把遊戲於村寨、田野、山間之外，白日男女會著上盛裝，參加歌舞、鬥牛、鬥羊、賽馬、射箭、摔跤、打鞦韆等活動，並有選美比賽。除了彝族外尚有納西族、白族、基諾族、拉祜族、仡佬族……等族群也有舉行火把節儀式。部瑩《遊——中國大陸少數民族風情錄（節慶導遊篇）》（臺北：時報文化出版企業股份有限公司，1996年4月初版），頁107。

〔註43〕陳振與，《異域之火：探討桃園忠貞新村火把節對地方依附、社區意識與社區發展之影響》（桃園：銘傳大學觀光事業學系碩士班碩士論文，2015年）。

〔註44〕葉子香，《文化的認同與變遷——以居住台灣的雲南族群為例》（臺北：東吳大學社會學系碩士在職專班碩士論文，2009年）。

〔註45〕羅子喻《跨越三代尋找自己：一位社會工作者的自我認同敘說》（新北：國立台北大學社會工作學系碩士班碩士論文，2021年）。

回憶，建構屬於自身家族歷史及族群認同的記憶。

　　分布於臺灣各地雲南族群相關研究論文中，翟振孝，《遷移、文化與認同：緬華移民的社群建構與跨國網絡》〔註46〕延續其碩士論文《經驗與認同：中和緬華移民的族群構成》〔註47〕主題下，提出緬華跨國移民的認同，將過往對族群認同中的同化與適應轉變為強調自身歷史性及跨國與原鄉間的認同轉變，在其論文中所提及移民對原鄉不再是以地域作為區分，而是揉合了族群、文化、所在地及原鄉所建構出的想像共同體。吳秀雀，《從「義民」到「擺夷」？清境義民人群之認同內涵與變遷》〔註48〕將那些於 1961 年再次由滇緬邊區，退回臺灣的雲南人民反共自願軍（異域孤軍），被安置於南投清境農場，將被政府賦予義民身分的孤軍及其後代為研究對象。藉由離散記憶的認同，以雲南人群於日常生活之語言、食物、宗教等方面的文化特色，作為判別自身族群的認同的判別，也藉由飲食文化內涵保存了清境義民，個人或群體的過往記憶，並建構區分族群的邊界。義民後裔不斷尋求各種資源整合，詮釋自己的歷史與文化，建構以「孤軍歷史」、「擺夷文化」、「火把節」的文化想像與認同，做為環境變遷適應的生存法則。林柏瑋，《移民二代的認同抵抗與變遷——高屏溪畔滇緬義胞聚落的當代情境》〔註49〕將 1961 年第二批返臺的異域孤軍，分別被安置於今高雄市美濃區及屏東縣里港鄉兩個鄉鎮，進而成為當地特殊的滇緬義胞聚落，在歷經顛沛流離的生命經驗，造就出其離散的認同取向。內文中解釋雲南族裔第二代如何從歷史背景經驗中去理解自己？如何藉由自我與外在環境的對話，在社會類別中反思與抵抗？如何塑造出「雲南」的集體意象，發展出新的族裔認同趨向。楊忠龍，《多重視野下的族群關係與文化接觸：以高樹東振與美濃吉洋為例》〔註50〕在其論文中，以多元族群視角看國民政府來臺後，

〔註46〕翟振孝，《遷移、文化與認同：緬華移民的社群建構與跨國網絡》，新竹：
　　　　國立清華大學人類學研究所博士論文，2006 年）。
〔註47〕翟振孝，《經驗與認同：中和緬華移民的族群構成》（臺北：國立臺灣大學
　　　　（考古）人類學系碩士論文，1996 年）。
〔註48〕吳秀雀（2012），《從「義民」到「擺夷」？清境義民人群之認同內涵與變
　　　　遷》（南投：國立暨南國際大學人類學研究所碩士論文，2012 年）。
〔註49〕林柏瑋，《移民二代的認同抵抗與變遷——高屏溪畔滇緬義胞聚落的當代情
　　　　境》（桃園：國立客家語文暨社會科學學系客家社會文化碩士班碩士論文，
　　　　2017 年）。
〔註50〕楊忠龍，《多重視野下的族群關係與文化接觸：以高樹東振與美濃吉洋為
　　　　例》（高雄：國立高雄師範大學客家文化研究所碩士論文，2008 年）。

以國家力量強力建構新的國家認同，在國家霸權的優勢下，既有族群的邊界不斷的被重整。論文藉由探討在高雄美濃兩地的客家與外省族群（大陳、滇緬）在混居下，不同族群如何從歷史過程、社會變遷、生活經驗與現存面貌，反映族群間的關係與文化接觸，並釐清族群混居下所形成的變遷與文化及日後的族群合作及共生研究。孟智慧，《從嶔岑與石濤農場人群的研究看離散人群的認同》〔註51〕中所提出國共內戰末期，離開中國西南邊區來臺定居異域孤軍的嶔岑與石濤農場人群，在共同的離散經驗但不同的安置歷史下，形塑我群認同的歷程。其探討從戰後定居於兩地農場的人群，從離散到安置的歷史、過去生活的記憶、農場人群的現況後，認為離散人群對我群的認識與表述，是基於他們對生活環境的觀察與回應，而不是建立在某一種身份類別（族群身份）的基礎之上。戰時的求生經驗與害怕是兩地農場人群共有的離散經驗。這兩種離散經驗，一方面形成他們不再離散時，生活上著重表相的行事慣性；一方面在生活不順遂時，成為害怕的想像與猜忌的歸因。戰後安置地點的歷史經濟條件不同，讓共享戰時離散經驗的兩地農場人群在生活態度、我群形塑、敘事表現上，各有不同的發展。南投地區的嶔岑農場人群安置地點的自然條件優越，農作成果豐厚，順利援用著重表相的行事慣性，發展他們的生活，近年更嘗試以「擺夷」作為我群認同的新方向。相對而言，高雄地區的石濤農場人群安置地點的自然條件欠佳，在生活挫折中，更強化了既有離散經驗中的恐懼，成為一種無所不在的氛圍，猜忌、害怕的想像與矮化的自我觀，以及形塑我群認同嘗試上反覆失敗的結果。其對於兩農場研究的對比，指出當代臺灣社會在認同研究上，將離散人群的認同現象窄化為族群認同是有理解偏差的。陳怡夙《文化產業與社區認同——清境地區博望新村個案研究》〔註52〕本研究選擇南投清境地區的「博望新村」作為研究對象，以檢視弱勢社區發展文化產業，藉由保存集體記憶、重構族群歷史、再現地方文化等，作為抵抗主流文化之地方力量，並重塑社區認同的過程。博望新村以文化再現之方式抵抗「邊緣空間」之定位，並從社區文化中的「飲食習慣」、「衣飾藝術」、「居住環境」、「生活樂趣」轉換為地方文化產業之發展重點。原先由制度、傳統、或空間所加諸在博望居民建構

〔註51〕孟智慧，《從嶔岑與石濤農場人群的研究看離散人群的認同》（新竹：國立清華大學人類學研究所碩士論文，2004 年）。

〔註52〕陳怡夙《文化產業與社區認同——清境地區博望新村個案研究》（臺中：逢甲大學景觀與遊憩碩士學位學程碩士論文，2008 年）。

社區認同的方式，因受到各種的壓迫，從「正當性認同」的建構方式轉成「抵抗性認同」的建構；但在博望新村居民自行選擇可利用的社區文化發展地方文化產業之時，博望新村居民之認同建構方式從「抵抗性認同」轉化為「計劃性認同」。因對發展地方文化產業對社區所能帶來利益有不同的期待，社區內的居民分割成數個社群，使社區內產生「多重社群並存」的現象。

相關論文以在臺「異域孤軍」的雲南族群議題探討為主，在其所面對的遷移經驗，所形成的離散記憶，是整個在臺雲南族裔也是忠貞新村居民需面對共同的命運。隨著時間的流逝是要落葉歸根亦或終老臺灣，對於那些在解嚴（1987 年）後回原鄉（雲南）的老人而言，縱使修補了失根感覺，也變成了熟悉的陌生人。在臺落地生根後，所面對族群間的摩擦與融合，當自身文化面臨流失困境，言語傳承優勢不再，並在全球化浪潮之下，更迫使他們突破困境，適應並形塑新的文化認同與參與。

（三）飲食的饗宴

族群間所展現的族群意識是一種主觀認定的認同感，就是將過往一切可藉由各種方式進行傳承。藉由語言、飲食、服飾、宗教等文化以顯示其自我認同的展現，族群中所呈現的意象，可憑藉由內而外的操控，達成或顯現「我是誰」、「我們是屬於哪一個群體」，達到區分自己與其他群體。在異域美食部分，桃園市政府文化局在推動米干節時請美食文學作家焦桐撰寫《滇味到龍岡》〔註 53〕，將龍岡地區以忠貞新村為主的周邊米干店家，藉由訪談方式進行觀光與飲食記憶的呈現，並指出忠貞新村的米干以迥異於原本在大陸所流傳的普洱米干，而是藉由自身所想像的感官經驗製作米干，在不斷的反覆製作過程中，找尋自己能安身立命的座標。

林欣美，《族群經濟與文化經濟的對話——中壢火車站和忠貞市場南洋背景商店的比較研究》〔註54〕的論文中提及「族群經濟」，指雇主和雇員是相同族群，其著重的相同族群背景，是建立在雇主與雇員的「共同生產」關係上；「文化經濟」把具有文化屬性的商品，販賣給與商品文化屬性相異的消費者，以達到吸引異族群的消費者。早期忠貞新村的居民多以滇緬族群作為主要消費者，呈現「族群產業」的初期階段情況（以相同族群背景的人作為主要消費者），

〔註53〕焦桐，《滇味到龍岡》（臺北：二魚文化出版社，2013 年），頁 62。
〔註54〕林欣美，《族群經濟與文化經濟的對話——中壢火車站和忠貞市場南洋背景商店的比較研究》（臺北：國立政治大學民族學系碩士論文，2009 年）。

且雇主多從自己的社會網絡中找到相同背景的雇員，故同時也呈現「族群經濟」的現象；直至忠貞市場原有的滇緬商店在面臨人口組成（滇緬族群外移）、交通動線（以忠貞市場及其所屬的龍岡地區為中心的聯外交通）的變化後，即逐漸形成包容「文化經濟」屬性的經營方式，因而朝向兼顧「文化經濟」模式發展的滇緬商店中，店家在文字載體上僅以中文書寫，並未有另外呈現自身所屬身分認同的文字（緬、泰文），是為了讓異族群的消費者（臺灣人）可以看得懂，故此分類下的滇緬商店都以中文呈現招牌以及商品。在論文中特別提出符號意義上，文字的出現與否，與強調異文化消費的文化經濟較無關，反而是營造文化親近性的重要媒介。

趙婉君，《屋裡屋外的味覺展演——以清境地區族群為例》〔註55〕的論文以清境地區雲南族群為研究對象，探討族群飲食經混雜文化的自然形塑後，在環境改變、經濟轉向及世代交替交互影響之下的發展脈絡。並將清境地區以族群飲食文化展演為支架，從觀光商業的展示飲食及家常飲食兩方面加以延伸，分析出族群特色菜在經濟發展面與文化展演面的展演及形塑歷程，並具體界定族群飲食在觀光及家庭內部的角色位置。並藉此觀察雲南族群屬於他們的特色飲食內涵，及應強化族群飲食的深度及強度。

飲食讓記憶味蕾得以保存，異域孤軍飲食的歷史記憶是包含在戰亂顛沛流離下，對家鄉割捨不下的滋味，也成為族群間認同的標誌，藉由飲食的傳承應更能在族群自我認同上找到明確的方向。

三、田野地介紹

忠貞新村是位於桃園市龍岡地區最大的眷村，以龍岡為中心向外輻射的軍事聚落，是臺灣眷村最集中之地區，也因眷村及軍事單位設施的眾多，在各種相關資源與活動下，促使此地發展成都市聚落，也因龍岡的發展與軍事設施及眷村息息相關。故在說明忠貞新村的歷史發展及其特殊性前，需先將桃園龍岡的地理位置及歷史發展狀況提出說明。

由桃園市政府委由黃承令建築師事務所，所做的《中壢龍岡地區眷村調查》中說明，「龍岡位於中壢區南側，向南橫跨平鎮區、八德區部分地區。北離中壢區中心4公里、東北距桃園區中心10公里、東南離大溪區中心6公里，

〔註55〕趙婉君，《屋裡屋外的味覺展演——以清境地區族群為例》（高雄：國立高雄餐旅大學台灣飲食文化產業研究所碩士論文，2015年）。

西距楊梅區中心 10 公里、南離龍潭區中心 7 公里。龍岡圓環為主要地標，位於龍東路及龍岡路交叉路口」。〔註56〕

　　龍岡之名因其地形有如「青龍臥高崗」而得名，日本時代龍岡屬於中壢後寮庄，西鄰中壢社子、東鄰桃園霄裡、南為桃園八塊厝等聚落。後寮如其名為中壢較晚開發之區域，本為平埔族聚落，後演變為閩南聚落，至光緒年間才變為客家庄為主體，〔註57〕以種植茶葉為主。〔註58〕隨著時空不斷演進，當龍岡變為軍事營區，尤其是軍眷戶的集中居住，使本為開發較晚之地區變成工商繁榮、屋舍相接之市鎮。

　　軍事地理位置上〔註59〕位於陸軍六軍團的龍岡地區，龍岡介於中壢、八德及平鎮之間，軍事營區的位置分布在龍岡路及龍東路兩側，包含化學兵群、工兵群、電子作戰群、補充兵營、砲兵指揮部，均為六軍團直屬單位，另有聯勤的運輸群也在此處，各軍事單位眾多且面積龐大，為桃園市軍事基地最密集地，周邊多為以軍人消費而設置的商家，以龍岡大操場、龍岡文藝活動中心（前鋒藝文活動中心）、龍岡圓環等公共設施，往昔以軍人使用的建築物設施，現反成為地方突顯的重要意象。〔註60〕

　　《新修桃園縣志——地理志》提及：

> 龍岡位於中壢市東南端，昔日不為大路所經，開發特晚，因稱後寮。由此南至平鎮社子，地瘠民貧，人口稀少，為茶園地帶。以往大部被日人爭為軍用機場，光復後改為龍岡機場。後因眷村移入，發展神速，龍岡之名取代後寮。以龍岡圓環為中心，有四大馬路分至鄰近四鄉鎮。居民四方會聚，語言南腔北調，是小型的民族博覽會。龍東路的清真寺，是縣內唯一回教寺院。〔註61〕

　　黃琇美，《環境教育在歷史教學上的理論與實踐——以桃園縣龍岡地區忠貞新村的人文環境為例》的論文中更將龍岡地區與周邊地區的範圍邊界描繪出來：

〔註56〕黃承令建築師事務所，《中壢龍岡地區眷村調查》（桃園：桃園縣政府文化局，2007年），頁 5-1。

〔註57〕黃承令建築師事務所，《中壢龍岡地區眷村調查》，頁 5-1。

〔註58〕黃承令建築師事務所，《中壢龍岡地區眷村調查》，頁 5-5。

〔註59〕黃承令建築師事務所，《中壢龍岡地區眷村調查》，頁 4-8。

〔註60〕黃承令建築師事務所，《中壢龍岡地區眷村調查》頁 4-8、5-5。

〔註61〕賴澤涵總編纂，《新修桃園縣志——地理志》（桃園：桃園縣政府，2010年），頁 255。

龍岡地區包括中壢的後寮、平鎮的東社、八德市的宵裡、大溪鎮的南興各一角、以龍岡圓環為中心，其範圍東北至華勛、東南到關路缺、西南至大操場、西北至環中東路，早期住民屬於平埔族宵裡社。〔註62〕

要更如何確信忠貞新村與其周圍軍事營區的密切關連性，可由 Google 地圖看出，忠貞新村是被六軍團周邊龍里、龍游、龍陵營區所環繞的，再加上原有龍岡舊軍機場所建構出的軍事眷村住地。

圖 1-1：龍岡地區營區分布圖

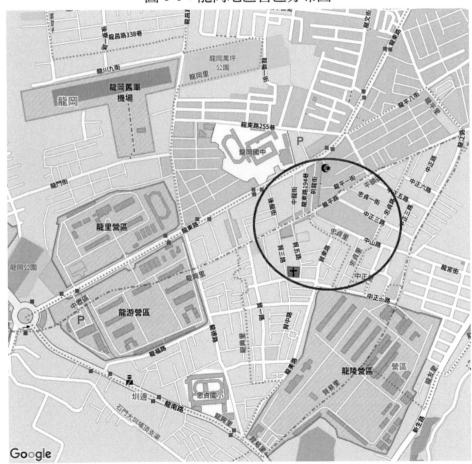

資料來源：台灣百年歷史地圖 http://gissrv4.sinica.edu.tw/gis/twhgis/
（忠貞新村「畫圈處」為六軍團營區所圍繞）

〔註62〕黃琇美，《環境教育在歷史教學上的理論與實踐──以桃園縣龍岡地區忠貞新村的人文環境為例》，頁 22。

圖 1-2：龍岡地區的軍方意象（筆者自行拍攝）

龍岡大操場司令台

龍岡圓環軍人雕像

龍岡文藝活動中心

六軍團軍人服務中心

六軍團入口處

龍南路軍用品一條街

龍岡福利站

五百公尺障礙設施（壕溝）

（一）忠貞新村周邊環境介紹

《平鎮市志續編》所提，忠貞新村所處地理位置，舊稱為「社仔」，位於中壢臺地上海拔 140～160 公尺間。地當中壢新街溪上游，社仔地名起源為

凱達格蘭平埔族霄裡社人的小聚落。〔註63〕忠貞新村在全國眷村中狀況極為特殊的一個眷村，由民國42年（1953）由緬甸退至臺灣的孤軍及其眷屬所組成，忠貞新村東鄰中正村、西鄰貿易七村，向北由前龍街通往主要道路龍東路，前龍街即忠貞市場。龍東路南北兩側以及忠貞國小一帶為龍岡地區商業興盛活動範圍（因此也造就了忠貞市場成為中壢南區最大的市場集散中心），忠貞新村的村內設施位於村子西側邊界約中央位置，包含民國四十三年（1954）興建完成的幼稚園、民國五十年（1961）興建完成的活動中心。〔註64〕現今忠貞新村原址已改建為遠雄建設之住宅。

　　《中壢龍岡地區眷村調查》中亦指出，龍岡的發展是以忠貞新村為主，所吸納人群而集中，因此有現今規模的：

> 龍東路南北兩側以及忠貞國小一帶，為龍岡地區商業活動較繁盛且
> 聚居人口較集中的位置，此一區域東西約已龍岡路與中山東路為範
> 圍，可稱為龍岡的核心地帶，……尤其前龍街的忠貞市場為龍東路
> 上最繁盛之地。此一區域亦為龍岡發展的起源地，民國四十年代忠
> 貞新村等許多眷村便於周邊興建。〔註65〕

　　忠貞新村如今已成為桃園地區重要且具特色的傳統市集，忠貞市場旁的清真寺，也是臺灣具有規模的六座清真寺之一，見證了由滇緬邊區撤退回臺的「雲南人民反共救國軍」（異域孤軍）中，眾多穆斯林教徒所建構的信仰中心，並可看見龍岡的都市發展與眷村的聚集，有著密不可分的關係。〔註66〕

　　楊士強對忠貞新村周邊的回憶：

> 忠貞新村周邊環境，龍岡以前是個茶葉地，附近只有一個忠貞新村，
> 現在忠貞國小車站，以前也是個招呼站，靠路邊大概有兩三棟房子
> 吧。……龍岡大操場以前是個直升機場，不過現在廢掉了，飛機都
> 搬到龍潭去了。龍岡大操場往圓環方向，路的左右兩邊都是軍團部，
> 到了圓環往忠貞那邊，右邊以前是通信局、衛生局，再往前走就是
> 砲兵營。從忠貞國小往官路缺方向走，那邊以前是工兵區，到官路
> 缺右轉一直走到金陵路，那邊有個軍醫院，不過現在通通歸八〇四

〔註63〕平鎮市志續編計畫編纂中心，《桃園縣平鎮市志續編》（桃園：平鎮區公所，2014年），頁82。
〔註64〕黃承令建築師事務所，《中壢龍岡地區眷村調查》，頁5-1；5-5；5-13。
〔註65〕黃承令建築師事務所，《中壢龍岡地區眷村調查》，頁5-1。
〔註66〕黃承令建築師事務所，《中壢龍岡地區眷村調查》，頁5-5。

醫院了。龍岡清真寺比貿易七村還早設立……忠貞這裡姓馬的大部
分多是回教徒。〔註67〕

圖1-3：龍岡清真寺暨信奉伊斯蘭之教徒（筆者自行拍攝）

龍岡清真寺1

龍岡清真寺2

馬姓雲南籍伊斯蘭教米干店老闆

信奉伊斯蘭教東南亞婦女

圖1-4：雲南公園前告示牌忠貞新村地理位置簡介（筆者自行拍攝）

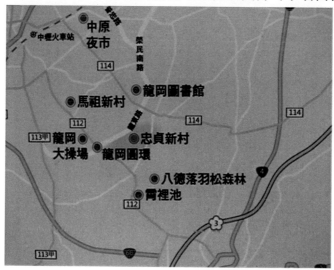

〔註67〕黃琇美，《環境教育在歷史教學上的理論與實踐——以桃園縣龍岡地區忠貞
新村的人文環境為例》（臺北：國立臺灣師範大學歷史學系碩士論文，2012
年），頁186。

圖 1-5：忠貞新村（市場）與周邊環境的地理分布

資料來源：台灣百年歷史地圖 http://gissrv4.sinica.edu.tw/gis/twhgis/

此研究以「雲南人民反共救國軍」（異域孤軍）及其後裔為主軸並結合東南亞移民所建構的忠貞新村為田野地調查。忠貞新村的位置方面，位於桃園中壢的東南的「龍岡地區」，包含八德、平鎮部分行政區，龍岡地區古早名為「後寮」，在日本時期為軍用機場後更名為龍岡機場，當中華民國撤退來臺後為軍方所使用，這也是「龍岡」的由來。〔註 68〕2001 年之前，此區算是地區型且只是讓周邊居民購物之集散地，因鄰近龍岡國中、忠貞國小，且周邊還有國軍的副供站，北部最大的陸軍集散點六軍團（旁有 21 砲指部、通信營）等軍事單位也位於此。

忠貞新村本身就是密集式的眷村平房住宅（現已拆遷改建），現在大家所熟知的雲南美食米干、米線、大薄片、碗豆粉……等店家是位於村子外圍，在語言及文化的隔閡下，此村是呈現獨立存在，而得以將滇緬地區特色上得以保存，周遭雖是客家人聚落，但卻能不被外來強勢族群所同化。

忠貞市場自從演變為中壢南區最大的傳統集散市場後（北區是新明市場）。攤販及人潮不因市場的拆遷而離去，反而更擴大由封閉的眷村範圍，改為延伸至大眾交通工具可及的大街上，也開始有原住戶回來販售於龍東路、龍平路、前龍街等地的雲南米干，米干店開始由攤販小店變為可聚餐的小館或餐廳，連帶的將靠街上的附近的店家撐起來，再伴隨著外籍移民的加入，忠貞新村由傳統雲南人聚落變為東南亞移民的聚集地，販售各式各樣異國

〔註 68〕賴澤涵總編纂，《新修桃園縣志──地理志》，頁 255。

美食及商品。忠貞新村也變成周邊人流的集散點，所有新設攤販皆以此為商品試驗站，以家用百貨及服飾為主，如一出新物品即有人搶購，另外還有便利商店在龍東路上（主要街道）設立，手搖杯店也出現了，更有日用品超市也在此開店營生。

圖 1-6：忠貞新村未改建前範圍

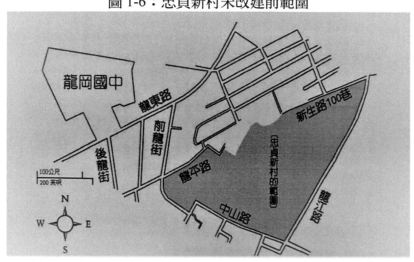

資料來源：林欣美，《族群經濟與文化經濟的對話——中壢火車站和忠貞市場南洋背景商店的比較研究》，頁 32。

圖 1-7：忠貞市場的各式異國風情及印象記憶（筆者自行拍攝）

忠貞市場內販賣雲南米干、豌豆粉的老闆

忠貞市場內的越南異國美食小吃

龍東路、前龍街口的越南麵包

龍東路、前龍街口的泰式涼拌木瓜

前龍街內販售外省食物的小販　　　　　前龍街忠貞市場入口一隅

後龍街秦記山東饅頭店　　　　　龍宮街的雲南同鄉會、滇邊聯誼協會

後龍街市場人潮　　　　　中山路販售雲南醬菜的小販

伊斯蘭教徒所開設的雜貨鋪　　　　　滇、泰、越、印尼蔬果、香料雜貨鋪的出現

過年時節的臘肉及豆腐腸

忠貞新村龍平路米干一條街

有伊斯蘭教清真（Halal）認證的雞肉攤

已變為地標的國旗屋

（二）研究對象選擇分析

　　王甫昌，《當代台灣社會的族群想像》中，西方社會科學對於「族群」認同所下的定義：「族群是指一群因為擁有共同的來源，或是共同的祖先、共同的文化或語言，而自認為、或者是被其他的人認為，構成一個獨特社群的一群人。」第一個，這群人被他人認為所擁有的共同文化或是共同祖先與來源。第二個，他們自認為構成一個獨特的社群，也得到其他人的認可。〔註69〕在忠貞新村所建構的在臺雲南人眷村，能忠實的呈現本研究所描繪的族群文化的發展。

　　在米干店家的深入訪談下，發現出兩大團體，一則是以忠貞新村「龍平街」為主的米干商家，且為本論文主要訪談與報導對象，皆具有親戚關係所形成綿密的米干交流網絡，有國旗屋、阿秀米干、來來米干、雲鄉米干、雙十米干、鄉味米干、阿嬌米干、大理米干、大鬍子米干等，另一個是採連鎖企業為主體的「阿美米丁」集團，也就是以「根深集團」為代表性的連鎖企業，在根深集團企業旗下的餐飲連鎖，包含「七彩雲南」、「阿美米干」、「云滇」、「小云滇」、「版納傣味」、「八妹婆婆」、「黑山銀花」、「癮食聖堂」、「阿美金三角點心」，

〔註69〕王甫昌，《當代台灣社會的族群想像》（臺北：群學出版有限公司，2003年），頁31。

在企業店面中，由內外部所呈現不同的異域風情與異國風味，營造雲南味道的米干系列及滇緬少數民族服飾的展演。根深企業在研究方面已有多人探討，故本研究以不為人所知，但私下卻是具姻親關係的米干店為研究對象，藉由主要報導對象，期能從不同觀察視野，整理忠貞新村米干店的演變，對接續世代族群認同問題的認知是具有何影響？

研究主體以米干店作為探討，藉由忠貞新村的拆遷前後及米干節對族群文化認同的轉變，及世代間對族群飲食文化在米干滋味的認同影響。因此本研究以米干店具姻親關係，但各自開業的米干店作為訪談對象，並在爬梳後選取實際掌握米干店的店主者為訪談對象，相關資料如下：

表 1-1：米干店主要訪談人物表

編　碼	報導人	籍　貫	身　分	性　別	米干店
1	張老旺	漢族	第二代	男	國旗屋
2	張學初	漢族	第二代	男	雲鄉米干1
3	張國偉	漢族	第三代	男	雲鄉米干2
4	陳蘭秀	漢族	第二代	女	阿秀米干
5	謝民嬌	父漢族、母白族	第三代	女	阿嬌米干
6	段嘉莉	父漢族、母白族	第二代	女	鄉味米干 雙十米干

在主要報導人的介紹下得知整個姻親網絡之龐雜，且知是藉由分享模式，在米干技藝傳授上，由一人為主要傳授者，讓其它各店家創辦人先於該店工作一段時間後，知悉米干基本製作及調味，其他的口味及創新由各店家自行摸索及研發。本研究以觀察與訪談者角度切入米干店日常生活，並由長期觀察雲南族群是否藉由米干作為尋求定位的象徵，在黨國已無任何羈絆下，族群的凝聚是否得以穩固，亦或是在公部門的推動下更能增強族群團結的向心，或是讓族群意識在主流文化下是否產生質變，將藉此研究做一呈現。

圖1-8：自行編繪：米干店姻親關係圖

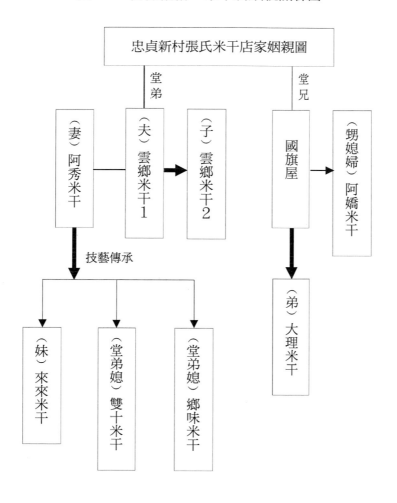

忠貞新村米干店關係圖〔註70〕

1. 黑線粗體為技藝傳承。

2. 國旗屋及阿嬌米干技藝來自周家米干，阿嬌米干是直接傳承周家米干。國旗屋是
   在周家米干工作後自行開業。

〔註70〕張老旺（國旗屋）與張學初（雲鄉米干）為堂兄弟，張老旺是堂兄，張學
　　　　初是堂弟。張學初與張國偉（現雲鄉米干負責人）是父子。張學初與陳蘭
　　　　秀（阿秀米干）是夫妻，張學初現在阿秀米干幫忙。來來米干是阿秀米干
　　　　的妹妹。鄉味米干（段嘉莉）是阿秀米干堂弟媳。雙十米干是鄉味米干的
　　　　親妹妹經營。阿嬌米干（謝民嬌）是張老旺（國旗屋）甥媳婦開的。大理
　　　　米干（張大禮）國旗屋（張老旺）親弟弟（在臺出生）開的。

圖 1-9：具姻親關係的米干店家（筆者自行拍攝）

雲鄉米干（張學初、張國偉）

國旗屋米干（張老旺）

阿秀米干（陳蘭秀）

阿嬌米干（謝民嬌）

鄉味米干（段嘉莉）

大理米干（張大禮）

雙十米干（段嘉秋）

周家米干（最初經營者）
（阿嬌米干提供）

來來米干（陳蘭蕊）

大鬍子米干（已第二代接班）

貳、忠貞新村的由來與沿革

　　許多學者曾為國家或民族所下的定義中，都將兩者視為基本群體認同的本身。民族乃是「最大的共同體，每到危機迫在眉睫時，都能有效激發人民的效忠……為了完成刻不容緩的任務，他是把人變成社會動物最有效的方法，也是最能把人團結起來終極的手段。」……「當越來越多的人意識到國家的召喚優於一切時，所有這些群體雖不至於消失，卻往往會在一陣激烈的掙扎後，一點一滴把尊嚴都交給民族」。〔註1〕

　　忠貞新村是以雲南人民反共救國軍的血淚犧牲所成立，雲南人民反共救國軍由草創到結束，皆是在國家主義的驅使下，得以讓在柏楊筆下被祖國所拋棄的流亡軍隊，在緬甸異域之地寫下可歌可泣的故事，藉著他如親臨其境的文字描述，在這流亡的軍隊有了「異域孤軍」的名稱出現。在高舉著民族大義的國旗下，能忍受飢寒交迫，妻離子散、家破人亡的痛楚，只為等到所謂祖國（中國民國）所給予最後的一點恩惠。異域孤軍由大陸被共軍以強大軍力〔註2〕迫退到緬甸，在緬甸生聚教訓，以自己能力試圖壯大，但在祖國的需要下又再次反攻大陸，所換來的卻是國際社會觀感不佳，又再被迫遷移至臺灣，有怨言有後悔，但不能不服從，因為這是在國家風雨飄搖的時代，黨國重於一切的時代，當民族大義的帽子扣下，「異域孤軍」的名字出現，來臺後

〔註1〕Isaacs, Harold R.，鄧伯宸譯，《族群 Idols of the Tribe》（新北：立緒文化事業有限公司，2004年），頁256。

〔註2〕共軍為第二野戰軍第4兵團及第四野戰軍一部。中共稱為：滇南戰役。軍事科學院軍事歷史研究部編著，《中國人民解放軍全國解放戰爭史（第五卷）》（北京：軍事科學出版社，1997年），頁488～489。

變為國家主義的看板——「反共義士」。經歷來臺後的多年，當初的異域孤軍的革命軍人不是已仙逝，也垂垂老矣。在時空環境的轉變下，當初所認同祖國的效忠行為，於現今所獲得的評價不一，但在當時現實環境下，心中所想唯一能做的，軍人就是要服從命令，但在日後坊間探討文章中，所描述的「誰的反共救國軍」？卻看評論者是站在哪個角度評析這群由異域到臺灣的「異域孤軍」。

一、雲南人民反共救國軍部隊沿革及族群認同

中共與國府軍隊〔註3〕在經歷三次大規模的戰役後〔註4〕，中共部隊已經席捲了大半神州國土，國府軍隊節節敗退，最後只剩下西南邊陲等省份。國府中央為此特別將第六編練司令兼八軍軍長李彌及二十六軍軍長余程萬，派駐雲南共同協防。雲南人民反共救國軍（異域孤軍）是在盧漢投共後，中共發動蒙自攻擊而淪陷，〔註5〕本論文歷史部分即是要探究，雲南人民反共救國軍（異域孤軍）整個軍隊是如何由雲南撤退到緬甸及如何在緬甸與雲南交界處得到臺灣三倍大的土地，雲南人民反共救國軍（異域孤軍）又是如何反攻大陸，如何會導致緬甸政府控訴「異域孤軍」侵佔國土案，最後導致該部退撤退來臺，而形成現在的忠貞新村。

段承恩，《從口述歷史看滇緬邊區游擊隊（1950～1961）、王定國，《雲南反共救國軍的探討 1949～1954》、何家明，《外交折衝下滇緬邊區國軍部隊議案之研究（1952～1954）》與陳鴻獻，《反攻三部曲：1950 年代初期國軍軍事反攻之研究》〔註6〕等學位論文，提供不同視角供讀者參閱。整個異域孤軍的相關歷史，可參閱覃怡輝《金三角國軍血淚史：1950～1981》的著作，以其自身曾參與異域孤軍經驗，並藉由其研究學者身分，爬梳與異域孤軍與國府關係的史料文獻，並將研究時間延伸至異域孤軍退至泰北後之狀況，以及在泰國所面對問題之敘述。

〔註3〕此「國府」所稱為國民黨執政時期黨國一體的稱呼，也正是由在大陸時期一直延用至退守臺灣而後改為中華民國政府。

〔註4〕國共三大會戰，國府方面稱為遼西、徐蚌、平津會戰。中共方面稱為：遼瀋、淮海、平津戰役。

〔註5〕國防部史政編譯局編著《中國戰史大辭典（戰役之部）》（臺北：國防部史政編譯局，1989 年），頁 692～693。

〔註6〕陳鴻獻，《反攻三部曲：1950 年代初期國軍軍事反攻之研究》（臺北：中國文化大學史學系博士論文，2013 年），頁 239～259。

（一）部隊沿革到撤退來臺

當四川、廣西的軍隊潰敗消息傳至雲南，時任雲南省主席的盧漢將全省十八個保安團改編為二個軍（七十四軍及九十三軍），並與中央所派駐的二十六軍軍長余程萬、八軍軍長李彌共同協防雲南。民國三十八年（1949）盧漢假藉召開決策會議，將李彌、余程萬二人扣押。〔註7〕此一舉動造成八軍、二十六軍群情激奮而圍攻昆明，在《陸鏗回憶與懺悔錄》中可知雙方的攻防部隊編制，盧漢所發給陸鏗電報：

> 香港陸大聲先生，來電敬悉。匪二十六軍、第八軍奉蔣匪命，正在宜良、呈貢集結，向昆明進攻，我九十三、七十四、八十九三軍匯合地方革命武力，正聚殲中，一、二日內即可肅清，屆時再告來機日期。盧永衡（盧漢字永衡）。〔註8〕

時任參謀總長的顧祝同將軍《墨三九十自述》中亦可看到相關記載。〔註9〕

昆明事變後，中華民國政府發表李彌為雲南省政府主席、余程萬為雲南綏靖公署主任，並擬定撤退計畫為李彌第八軍向建水集中，經沅江渡墨江，余程萬第二十六軍向箇舊集中，經蠻板渡紅河，且均以車（里）佛（海）南（嶠）為最終目標，〔註10〕也可稱為蒙自撤退。〔註11〕

第八軍由湯堯（總指揮）、曹天戈（軍長）率軍至元江附近遭共軍擊潰，湯堯、曹天戈被俘，中共稱之為「滇南戰役」。〔註12〕撤入緬甸境內者僅第二三七師第七〇九李國輝團約五百餘人，從紅河卜游，渡沅江進思茅區撤至車、佛、南區，並於當地在鄉軍人（原二十六軍九十三師）吳運煖、蒙寶業、張偉成合作，防範中共之攻擊。〔註13〕第二十六軍由代軍長彭佐熙率領共分兩路，彭佐熙率一路向越南撤退，另一路由副軍長葉植楠所領九十三師

〔註7〕李國輝，〈憶孤軍奮戰滇緬邊區〉，《春秋雜誌》，第 13 卷第 1 期，頁 7～8。

〔註8〕陸鏗，《陸鏗回憶與懺悔錄》（臺北：時報文化出版企業股份有限公司，1997年），頁 249～250。

〔註9〕顧祝同，《墨三九十自述》（臺北：國防部史政編譯局，1981 年），頁 274。

〔註10〕柳元麟口述，傅應川、陳存恭、溫池京訪問，《滇緬邊區風雲錄》，頁 81。

〔註11〕顧祝同，《墨三九十自述》，頁 277。顧祝同將軍紀念集編輯小組，《顧祝同將軍紀念集》（臺北：國防部史政編譯局，1988 年），頁 95～101。

〔註12〕滇南戰役，共軍共有兵力如下：第 2 野戰軍第 4 兵團第 13 軍、第 4 野戰軍第 38 軍主力、滇貴黔邊縱隊。政治學院第一軍事教研室編，《中國人民解放軍戰役戰例選編》（北京：中國人民解放軍政治學院出版社，1985 年），頁 89。

〔註13〕柳元麟口述，傅應川、陳存恭、溫池京訪問，《滇緬邊區風雲錄》，頁 82。

二七八團一部向緬甸撤退，彭部隊進入越南後即被越南當局要求繳械投降。葉部隊於收到彭佐熙所發電報「切勿入越，應即赴車、佛、南，自覓生存基地」，即遭共軍林彪部隊由後尾擊，葉部隊強渡中緬界河，進入緬境，並於同年（1950）二月二十日將所部五百餘人交由二七八團副團長譚忠率領與羅庚部隊會合，三月中旬與李國輝部隊相結合，駐紮緬甸景棟地區大其力東之小猛捧。〔註14〕

1. 復興部隊

在國府軍隊兵敗如山倒，最後在民國三十八年底（1949）由雲南退向緬甸境內的國軍部隊由李彌的第八軍的及余程萬的二十六軍的殘部退向緬甸，而為何此兩部得順利撤退至緬甸，究其原因為第二十六軍之第九十三師，於抗日戰爭，民國二十六年至民國三十四年（1937～1945）期間即屯駐滇緬邊境多年，對當地風俗民情知之甚詳且該師官兵有與當地居民通婚，亦有於抗日勝利後卸甲歸田者。因此當國府軍撤守至緬甸後，得以由李國輝（第八軍第二三七師之第七〇九團）及譚忠（第二六軍之第九十三師一部）所領導組成的游擊隊以「復興部隊」的名義在緬甸扎根（也就是柏楊筆下「異域孤軍」的開端）。兩方的軍隊組成分子以雲南籍為眾，且與滇緬交界地區有地緣及語言優勢，而能將軍隊後撤至緬甸。

進入緬甸的游擊部隊與臺灣取得聯絡後，並自行命名為「復興部隊」，由國防部撥泰幣五萬元，供給經費使用。〔註15〕流亡游擊部隊自雲南撤退，再到緬甸猛捧而為復興部隊，此時除政府匯寄的五萬泰幣外並無任何補給。一直等到李彌將其私人儲存的十萬美金加以運用，〔註16〕才使流亡游擊隊得以應急。李彌並於同年（1950）由臺灣到泰國曼谷，籌畫各項事宜。〔註17〕中華民國政府名義上統轄該部隊，但所給予的行動內容中，以國家之名約束復興部隊但卻未能給予所應得的支援，只能要求復興部隊靜待時機，等待國際局勢的轉變。

復興部隊與緬甸並無多大利害關係，但因緬甸政府立國不久，政權尚未穩固，恐中共假借殲滅（驅離）復興部隊之名，而行侵占或建立另一政府之

〔註14〕曾藝，《滇緬邊區游擊戰史（上）》，頁8。

〔註15〕曾藝，《滇緬邊區游擊戰史（上）》，頁13。

〔註16〕丁中江，《濁世心聲》（臺北：作者自印，1984年），頁45。譚偉臣，《雲南反共大學校史》（高雄：塵鄉出版社，1984年5月出版），頁64。

〔註17〕曾藝，《滇緬邊區游擊戰史（上）》，頁14。

實，因此以侵占國土之名，藉此驅離復興部隊。雙方因而爆發民國三十九年（1950）的「大其力之戰」。緬甸政府對復興部隊所採取的作戰方略為軍事與外交並行。軍事方面派兵進駐大其力附近地區，並命令景棟駐軍逮捕與國民黨有關的僑商，以切斷復興部隊之援助。〔註 18〕外交方面，緬甸政府透過美方與中華民國政府展開談判，其所持理由為復興部隊在緬，將使緬甸政府須分一部份的兵力應付，而使其清剿內部共產黨及克倫族（吉仁）叛軍的兵力削減，導致叛亂份子坐大，危及緬甸國家安全與發展，且影響東南亞自由民主國家的安全，要求復興部隊離境。〔註 19〕並於同年（1950）六月十六日起，緬軍展開全面進攻，期間歷時兩個月，最後以失敗告終。復興部隊與緬方發生軍事衝突（大其力之戰）取得勝利，緬甸方面鑒於武力無法讓復興部隊屈服，改採和談模式，同時也讓復興部隊移住至猛撒，〔註 20〕比大其力更有戰略地位的駐防地。

2. 雲南人民反共救國軍

當與「大其力之戰」同時，另一個國際事件也發生不久，即是「韓戰」爆發，當復興部隊得到猛撒地區戰略腹地後，韓戰（1950～1953）也於六月爆發，國際局勢也為之改觀，美方派遣第七艦隊協防臺灣。美國為紓解韓戰壓力，計劃在中國大陸西南開闢第二戰場，同時復興部隊已經與緬甸軍隊展開大其力之戰取得勝利，美方認為可加以利用，因而要求復興部隊參戰。美方對游擊隊（異域孤軍）物質及經濟上的支助，採用模式為以美國商人名義，組成一個自由亞洲委員會，在曼谷、西貢都分設機構。此時美方目的有二：一、利用復興部隊牽制中共；二、緬甸政府武力上無法戰勝復興部隊，希望由美國出面驅逐復興部隊出緬境，並保護緬甸。〔註 21〕藉由對雙方的支援，使美方獲取最大利潤，但最終卻犧牲復興部隊，以換取緬甸加入防堵共產主義擴張。

中華民國政府此時亦已展開各項對游擊隊支援計劃，但因交通困難，且各單位聯絡不易，兵員難以擴充，李彌遂於同年（1950）十二月，由曼谷到猛撒司令部，提出在蔣總統（蔣中正）領導下，擁護龍惠農（此時期李彌化

〔註 18〕吳林衛，《滇邊三年苦戰錄》（香港：亞洲出版社，1954 年），頁 60。
〔註 19〕曾藝，《滇緬邊區游擊戰史（上）》，頁 60。
〔註 20〕曾藝，《滇緬邊區游擊戰史（上）》，頁 57。
〔註 21〕柳元麟口述，傅應川、陳存恭、溫池京訪問，《滇緬邊區風雲錄》，頁 88。

名），打回雲南。〔註22〕同時，美方中央情報局（CIA）下轄的「政策協調辦公室（Office of Policy Co-ordination, OPC）」根據「東南亞軍事顧問團」副團長爾金斯建議，向杜魯門總統提出「白紙方案（Operation Paper）」，進而支持滇緬邊區游擊隊的反攻雲南行動計劃，牽制中共軍隊並化解中共自願軍支援北韓，紓緩美方在朝鮮半島的軍事壓力。〔註23〕

中華民國政府也於民國四十年（1951）一月，改組「復興部隊」為「雲南人民反共救國軍」〔註24〕，其原因為欲在敵後建立游擊基地，同時為使大陸上游擊部隊得以發展運用，國防部將兵團以上各指揮機構及軍師番號等，一律撤銷，統一改名為反共救國軍，以配合在臺國軍的反攻。因此才有任命，李彌為雲南省主席兼雲南人民反共救國軍總指揮，將原「復興部隊」七〇九團改為一九三師，李國輝任師長，原「復興部隊」二七八團改編為九三師彭程任師長，譚忠為副師長並成立回族游擊縱隊和運輸大隊馬守一任司令。另成立撣族游擊縱隊石炳麟任司令，獨立一縱隊吳運煖任司令，獨立二縱隊段希文任司令，獨立三縱隊蒙寶業任司令，獨立四縱隊張偉成任司令。〔註25〕中華民國政府為此事更改戰略方針，此一方針與游擊隊剛退入緬甸時所下達的指令，要求復興部隊靜待時機，等候命令已有所不同，中華民國政府已要求伺機再重回大陸，並且對於緬甸與中共建交甚為重視，希求韓戰為另一個轉機點，得到美方援助，使其能反攻大陸。〔註26〕

雲南人民反共救國軍其部隊成員，以雲南省騰衝、龍陵、保山、耿馬、滄源、鎮康、普洱、瀾滄……等縣份人士居多。〔註27〕曾藝，《滇緬邊區游擊戰史（上）》亦提及：……騰衝、龍陵、保山、耿馬、滄源、鎮康、普弭、瀾滄一帶游擊領袖（土司、縣長、專員）或任代表，或率隊到達，紛請李總指揮收

〔註22〕曾藝，《滇緬邊區游擊戰史（上）》，頁 15。

〔註23〕覃怡輝，《金三角國軍血淚史：1950～1981》（臺北：聯經出版事業股份有限公司），頁 72～73。

〔註24〕雲南人民反共救國軍：李彌中將為總指揮，柳元麟、呂國銓、李文彬、蘇令德、李則芬等為副總指揮。曾藝，《滇緬邊區游擊戰史（上）》，頁 57～58。

〔註25〕趙勇民、解伯偉，《異域孤軍的真史》（臺北：風雲時代出版股份有限公司，1994 年），頁 48。

〔註26〕曾藝，《滇緬邊區游擊戰史（上）》，頁 14。

〔註27〕譚偉臣，《雲南反共大學校史》（高雄：塵鄉出版社，1984 年），頁 70。另由曾藝，《滇緬邊區游擊戰史（上）》提及：騰衝、龍陵、保山、耿馬、滄源、鎮康、普弭、瀾滄一帶游擊領袖。

編。〔註28〕雲南人民反共救國軍，除原有軍隊編制外亦以「縱隊」為名的地方武裝勢力。將地方武力編為縱隊，其成立原因是在雲南西南邊區先建立游擊基地，收編整訓反共人士。同時為使大陸上游擊部隊得以發展運用。（此時期縱隊名稱，非軍隊之編制，乃是虛名，人數300～500即可編為縱隊了，類似當時地方自衛隊等組織。）這也是報導人，張老旺（國旗屋）父親在其中一縱隊，擔任隊長一職的由來。

由李朝魁口述中得到證實：

> 我們不是國軍部隊，老蔣的部隊是第8軍李國輝、第26軍副團長譚忠帶領的，電影「異域」就是在講他們的故事。我們雲南邊界每個縣市都有自治總隊，用來維持地方治安，中共來了以後，這些部隊就撤退到邊界，到了民國40年，李國輝部隊到了大其力以後，辦一個叫反共抗俄大學，我也在那裏受過訓。李彌到那邊以後，就招集從大陸出來的自衛隊，給他們番號，我們叫8縱隊，那時還有3縱隊、9縱隊、10縱隊、11縱隊、12縱隊，有這麼多縱隊，至於李國輝他們叫193師。〔註29〕

因為雲南人民反共救國軍在緬甸的日益壯大，也創造出日後令國際聞之動容的「金三角」游擊基地。〔註30〕

金三角此區也是東南亞最大鴉片生產地（毒三角），而使異域孤軍也背負無法洗滅販毒之事汙名，因本研究為探討「以味尋位——桃園忠貞新村米干滋味下族群認同的轉變」，異域孤軍與毒品、馬幫相關研究，將於附錄另立專章探討，本論文不再贅述。

〔註28〕曾藝，《滇緬邊區游擊戰史（上）》，頁16。

〔註29〕黃琇美，《環境教育在歷史教學上的理論與實踐——以桃園縣龍岡地區忠貞新村的人文環境為例》，頁103。

〔註30〕異域孤軍為當時佔據此區最大武裝力量，「金三角」除地理範圍形似三角形區域外，也是雲、泰、緬、寮交界，各國勢力所不及之區域，以種植「鴉片」聞名，異域孤軍並與當地經濟運輸力量「馬幫」相結盟，以獲取最大生存利益。

圖 2-1：異域孤軍，金三角游擊活動地區

資料來源：葉瑞其主編，《從異域到新故鄉：清境社區五十年歷史專輯》（南投：南投縣
　　　　　仁愛鄉清境社區發展協會，2015 年），頁 23。

3. 反攻突襲、功敗垂成

　　中華民國政府將游擊隊的「復興部隊」改為「雲南人民反共救國軍」，由李彌任總指揮，進行反攻雲南準備。〔註31〕美方此舉實則為減輕美方在韓戰的壓力，希望藉由雲南人民反共救國軍（異域孤軍）的反攻，進而影響雲南地區人民反抗中共政權，使中共於立國基礎尚不穩定下無法首尾兼顧，使美方能於韓戰中損失減至最低。

　　李彌在收到臺灣與美國所支援的槍炮彈藥後，即親臨猛撒，將部隊分為南北兩方面進攻滇西。李彌統率北路，呂國銓統率南路，分別於民國四十年

〔註31〕曾藝，《滇緬邊區游擊戰史（上）》，頁 16。

（1951）四月十四、十六日向雲南出發，前者包括李國輝一九三師和經整編的游擊部隊，向北沿卡瓦山區攻擊滄源、瀾滄、耿馬，此為游擊隊主力（有語言及鄉誼優勢）。後者包括二十六軍、彭程九十三師及新編的游擊戰力，向車里、佛海、南嶠區進軍，作側翼牽制之用。〔註32〕

當雲南人民反共救國軍（異域孤軍）攻入雲南後，佔領雙江、滄源、猛連、瀾滄、耿馬、岩帥、班洪等縣，並深入雲南省境內160多公里，此一時期中華民國政府於五月一日到七月五日多次空投物資給於游擊隊，六月時雲南人民反共救國軍（異域孤軍）佔領滄源及孟源時，美方亦派出 C-47 運輸機空投武器彈藥給予游擊隊，〔註33〕其間並有卡瓦族「岩帥王」田興武的反正，〔註34〕聲勢不可謂不大，其影響幾佔整個雲南省的西南區域縣份，一時頗有反攻之望。中共無法忍受，終於派出大規模的軍隊，進行壓制，由陳賡派第四兵團的十三、十四軍對雲南人民反共救國軍（異域孤軍）猛攻，在中共優勢兵力的壓迫下及彈藥糧食支援不足下，不得不再次撤出國境回緬甸。〔註35〕雲南人民反共救國軍因無法抵擋中共攻擊而退回緬境猛撒，並將防線置於果敢至三島。

雲南人民反共救國軍（異域孤軍）曾配合中華民國政府的反攻政策，於民國四十年（1951）突襲大陸以失敗告終。後有鑑於人員的素質訓練問題及就糧與訓練方便，指揮官李彌於同年（1951）在蚌八千（地名）成立了「雲南反共抗俄軍政大學（簡稱雲南反共大學）」〔註36〕培訓軍隊中骨幹力量，除原本軍事人員外並招募當地華裔人士及少數民族加入，美方仍維持每月支付75000 美元。游擊隊官兵合計達 14000 名之多。其統轄勢力範圍，沿緬甸國境北起密支那、八莫、臘戍以東，南迄寮泰兩國邊境。雲南人民反共救國軍（異域孤軍）也因其勢力龐大，招致緬甸政府擔憂異域孤軍欲顛覆緬甸政府的領導，因此有民國四十二年（1953）的「沙拉之役」。〔註37〕

〔註32〕吳林衛，《滇邊三年苦戰錄》，頁85。
〔註33〕曾藝，《滇緬邊區游擊戰史（上）》，頁58。
〔註34〕吳林衛，《滇邊三年苦戰錄》，頁94。
〔註35〕覃怡輝，《金三角國軍血淚史：1950～1981》（臺北：聯經出版事業股份有限公司，2019 年），頁85～89。
〔註36〕吳林衛，《滇邊三年苦戰錄》（香港：亞洲出版社，1954 年 12 月初版），頁106。
〔註37〕曾藝，《滇緬邊區游擊戰史（上）》，頁58。

圖 2-2：滇緬游擊隊活動範圍地圖

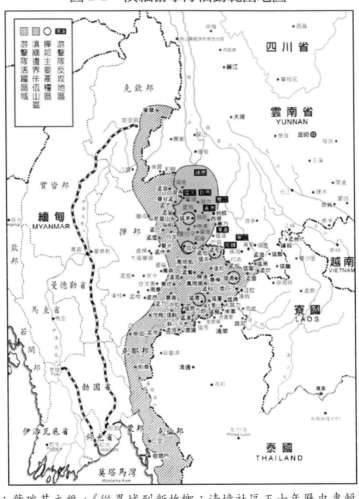

資料來源：葉瑞其主編，《從異域到新故鄉：清境社區五十年歷史專輯》，頁 28。

4. 沙拉戰役

　　原因為李彌為再次反攻大陸做足準備，聯絡緬甸境內反緬勢力的克倫族（吉仁）和蒙族合作，雲南人民反共救國軍（異域孤軍）為防止反緬甸政府的地區少數民族軍事武裝部隊吉仁軍，投靠中共而造成雙面作戰，並企圖控制位於南方的穆爾門港，以利軍事補給。民國四十一年（1952）8 月李彌派兵南下，進駐吉仁區，且控制穆爾門（亦稱毛淡棉，華人簡稱為棉城）地區航運交通，以利補給。李國輝派隊約 700 名士兵南下，進駐吉仁區，引發游擊隊與緬方的軍事衝突，〔註38〕同年（1952）九月異域孤軍派代表與緬甸各民族代表召開

〔註38〕曾藝，《滇緬邊區游擊戰史（上）》，頁 58。

「東南亞自由人民反共代表大會」，而後於大會中，由中華民國政府代表李則芬將軍，將聯軍名訂為「東南亞自由人民反共聯軍」，說明各民族所組成的聯軍的原由及經過。緬方受中共影響，於同年（1952）十月在聯合國召開第六次大會時提出雲南人民反共救國軍（異域孤軍）侵佔領土，要求異域孤軍撤離。民國四十二年（1953）2月10日，游擊隊（異域孤軍）為因應克倫族要求對緬方作戰，並南下打通穆爾門海口交通線，此一舉動造成緬甸政府的不安，加上中共不斷的對緬甸政府威脅，更加使緬政府決心對雲南人民反共救國軍（異域孤軍）的攻擊，〔註39〕另加上中共利用緬甸共產黨，在仰光成立「共同軍事行動局」，並發動緬甸國會親共人士壓迫宇努（緬甸總理）與異域孤軍作戰。〔註40〕在多方考量下，緬甸政府決定對游擊隊用兵，而有沙拉戰役出現。〔註41〕

5. 退守來臺

沙拉之役後，緬政府知其武力無法驅逐游擊隊（異域孤軍），遂於民國四十二年（1953）聯合國第七屆大會第二次會議中提案游擊隊對緬甸的侵略，聯合國大會以59票對0票，通過所謂「留駐緬境的外國部隊接受解除武裝被扣留或是撤離緬境」提案（中華民國政府代表團棄權），〔註42〕李彌亦於「沙拉之役」結束後的2月23日返臺述職，此後終其一生未能離開臺灣一步。〔註43〕

在撤退申明中及與國際間各項書面往返及談話記錄裏皆顯示雲南反共救國軍的獨特性，且以國家為名，建構雲南為主體的族群認同性質。如：「葉部長（葉公超）、藍欽大使、李彌將軍談話紀錄」中李彌提及：「余部之大部分，均攜有家眷，且多為雲南人，彼等寧願在原處受苦，而不願與家人分離而遠來彼等認為異域之臺灣，彼等深信彼等能在該處生存下去。」〔註44〕

「雲南反共救國軍戍回電全文」提到：「本部官兵，多為雲南邊區同胞，知識水平甚低，鄉土觀念極重，堅持寧願曝骨於叢林，不願背鄉遠行⋯⋯。」〔註45〕

〔註39〕覃怡輝，《金三角國軍血淚史：1950～1981》，頁100～101。
〔註40〕Catherine Lamour 著，思思譯，《異域孤軍‧金三角》（臺北：廣城出版社，1982年4月初版），頁18。
〔註41〕曾藝，《滇緬邊區游擊戰史（上）》，頁58～59。
〔註42〕吳林衛，《滇邊三年苦戰錄》（香港：亞洲出版社，1954年），頁205。
〔註43〕柳元麟口述，傅應川、陳存恭、溫池京訪問，《滇緬邊區風雲錄》（臺北：國防部史政編譯局，1996年），頁176。
〔註44〕曾藝，《滇緬邊區游擊戰史（下）》，頁294。
〔註45〕曾藝，《滇緬邊區游擊戰史（下）》，頁358。

在要求撤退聲浪中，異域孤軍還在做最後的掙扎，也可由回復電文中看到異域孤軍的族群單一性，及對故國鄉土的眷戀及不捨，臺灣在這批反共義士眼中，變成「異域」而擔心無法在臺灣生活。

當民國四十二年（1953）5 月 22 日由美國召開「中、美、泰、緬四國軍事聯合會議」，協商撤兵事宜，起先異域孤軍是採取拖延來應付，只準備撤退 500 人，但緬方不肯答應，後再增為 2000 人，最後經中、美、泰、緬協商的最後數字是 6750 人，分 3 次 52 批撤退，分別予以安置，殘留緬方人員，均以難民身份自力更生。〔註 46〕李彌於民國四十三年（1954）五月二十九日所發表的「撤退完畢聲明」，可為雲南反共救國軍由三十九年（1950）至四十三年（1954）做一總結，聲明如下：

> 民國三十九年（1950）二月余舊部約四千餘人，由大陸轉進到滇緬邊區，爾後賴各級官兵艱苦奮鬥，以及滇籍人士次第投效，得以逐漸壯大，民國四十年（1951）六月，一度收復滇西、耿馬等八縣，當時不堪受共黨壓迫的同胞相率來歸，力量為之大增。數年以來櫛風沐雨，臥薪嚐膽，無非在求有助反共復國。乃緬政府不明我意，誤會頗深，竟向聯合國提出控告。聯合國決議通過後，本部官兵志切復國，咸不願撤退。嗣經我政府一再剴切勸導，始獲良好之結果，其凡屬於本部所能掌握之部隊，均先後撤退來臺，所有武器亦均攜出，本部自即日起，亦不復存在。現本部撤退官兵均已抵臺，深盼政府體念渠等反共復國之初衷，予以編入國軍，並對不適服役人員妥為安置，俾得各安居樂業，繼續為反共復國大業奮鬥努力。〔註 47〕

李彌發表聲明之後，由國防部於民國四十三年（1954）六月一日撤銷「雲南人民反共救國軍」部隊番號，直到九月一日四國軍事委員會正式解散後，新上任參謀總長彭孟緝於九月二十二日簽報總統，將未撤部隊及當地民族所組織的游擊武裝力量授予「雲南人民反共志願軍」的番號，由原雲南人民反共救國軍副軍長柳元麟統籌指揮。〔註 48〕

〔註 46〕柳元麟口述，傅應川、陳存恭、溫池京訪問，《滇緬邊區風雲錄》，頁 172。
〔註 47〕柳元麟口述，傅應川、陳存恭、溫池京訪問，《滇緬邊區風雲錄》，頁 172～173。
〔註 48〕覃怡輝，《金三角國軍血淚史：1950～1981》，頁 598。

國際間也於民國四十三年（1954）十月，聯合國大會通過四國委員會工作報告書，結論略謂：「中、美、泰、緬四國委員會開誠合作，尤其中華民國政府，運用其最大之影響力，將留駐緬境之外軍，撤離七千餘人。現尚留居緬境難民約三千餘人，中華民國政府已無法運用影響力使其撤離。爾後將由緬甸聯邦政府自行處理之」〔註49〕等語。至此，歷時年餘舉世矚目之滇緬邊區游擊隊撤軍問題終告結束，中華民國政府之外交責任，自此解除，「雲南人民反共救國軍」終不復存。

（二）在國家認同下的族群意識

雲南人民反共救國軍（異域孤軍），雖身處滇緬邊區，但其是心向祖國故土的，當國共雙方形式確立，由中華民國政府蔣中正總統於民國四十年（1951）所給予的部隊的公開函可知，當下異域孤軍的狀況：

> 我可以告訴我最英勇的反共將士，目前因為交通的困難，政府還不能給你們大量的補給，但政府竭力扶助大陸人民武裝反共力量的政策是確定了的，等到國軍打回大陸以後，一切有組織的反共力量，將一律享受與正規軍等同的待遇，一切在與共匪作戰中犧牲的將士家屬，都可以得到政府的撫卹。一切在反共戰爭中立功的將士，都可以得到政府的獎勵。為了救國家、救民族、救自己。〔註50〕

藉由要求雲南人民反共救國軍（異域孤軍）指揮官李彌，所轉述的蔣中正總統的公開函，再回顧異域孤軍作戰歷史，這是針對反共大陸的軍前心戰喊話，藉此一只書面承諾，能讓退至滇緬邊區的異域孤軍，為反共復國大業甘願效忠，可知國家及族群間是緊密相結合的，在當下的環境只有心所念的祖國，才是在異域的心靈保證，而一紙命令中的文字，也寄望是為日後安身立命的保障。

在歷史文獻中，可看出異域孤所組成分子以雲南籍為眾，且以雲南省騰衝、龍陵、保山、耿馬、滄源、鎮康、普洱、瀾滄……等縣份人士居多。因此在軍隊以國家至上，族群鄉誼的凝結下，產生了休戚與共的命運共同體，在新聞記者李利國《從異域到台灣》的一書中得知：「甚至於有許多弟兄，與當地的土著女通婚生子，內以與擺夷女締婚約佔多數。」〔註51〕在其收錄丁作韶的文章中亦指出，「游擊隊在他們的地方（滇緬邊區），他們都是非常歡迎的。

〔註49〕曾藝，《滇緬邊區游擊戰史（上）》，頁86。
〔註50〕覃怡輝，《金三角國軍血淚史：1950～1981》，頁149。
〔註51〕李利國，《從異域到台灣》（臺南：長河出版社，1978），頁51～52。

因為漢人非常的勤苦誠實，擺夷、吉仁都願意嫁給他們。」〔註52〕

　　在李利國《從異域到台灣》書中，藉由訪談異域來臺相關人士，可知雲南人民反共救國軍組成人員來自各階層，有種田也有經商的，在訪談文章中更可得知「義民」由雲南退至緬甸後，雲南族群的認同意識是如何形塑的：

　　　　初期因人地生疏，與當地土著民族也時有糾紛，於是被迫得在滇緬邊區的崇山峻嶺中到處遊走，……困難局面在逐漸獲得當地土著民族的了解與合作後有了改善，……它們逐漸有地有了組織，推舉出長官，有的義民且與土著結為婚姻。……義民們在滇緬邊區所能控制的地區很大，義民中百分之九十是雲南人，尚有少數屬於緬甸的少數土著民族。〔註53〕

　　在《從異域到台灣》一書中所提及緬甸少數民族，由李國輝在《春秋雜誌》的所發表的連載文章〈憶孤軍奮戰滇緬邊區〉得到證實，內文中提出有卡瓦、倮黑、克欽、擺夷等，〔註54〕此少數民族也是日後米干節節慶展演的主角之一。

　　在國家認同上，異域孤軍以擁護強人政治為依歸，蔣總統（蔣中正）是義民精神支柱，由雲南人民反共救國軍指揮官之一的李黎明說：

　　　　收音機大家都非常珍惜，經常都是收聽臺灣各廣電台的節目，也由於此，使他們不至於對祖國的情形過於隔閡。它們都是竭誠擁護中央政府，擁戴蔣總統的，這是一般精神的力量鼓動著他們，使他們不避任何的困苦生活下去，奮鬥下去！〔註55〕

　　在《從異域到台灣》中，得知異域孤軍對臺灣的訊息是極力想知道的，且在國家認同中，是藉由對強人的追尋，得以對國家忠誠的展現，組織成員中以雲南省籍為主並囊括少數民族的認同，完成雲南族群自我認同意識的建構。不過在國史館《不再流浪的孤軍》書中訪談滇緬邊區少數民族婦女對嫁與異域孤軍及雲南認同卻有不同的論述，如刀如波（水擺夷）、刀雲仙（水擺夷）所說，在她們村莊是懼怕漢人的，因為漢人先生（廣東人）是會殺太太的，兩者所敘述的非親身經歷而是由家中長輩轉述或告知的，但可確定是在恐懼

〔註52〕李利國，《從異域到台灣》，頁96～97。
〔註53〕李利國，《從異域到台灣》，頁139～143。
〔註54〕李國輝，〈憶孤軍奮戰滇緬邊區（廿五）〉《春秋雜誌》，第17卷第4期，頁53。
〔註55〕李利國，《從異域到台灣》，頁205～206。

下嫁與漢人（雲南人民反共救國軍），與官方說法有所出入。〔註56〕少數民族在語言及文化習俗上，與異域孤軍的溝通是需要相互學習，但卻能包含來臺後的離散情境下，在族群認同的框架中，對自身雲南族群的認同中找到自己定位。

來臺後因語言的封閉性，且雲南籍的單一眷村聚落，使得族群認同開始凝聚，在離散經驗及記憶下，語言成為相互溝通分辨我群與他群的標準，而文化的展演，形成少數民族對故國家園的遙想及回憶，在國家主義的壟罩下，民族性的節日變成對自身文化的認同，也包裝在自我族群的認同下一直延續至今，藉由現今的「米干節」，替歷史文化傳承找到延續的記憶大門。

圖 2-3：雲南人民反共救國軍沿革

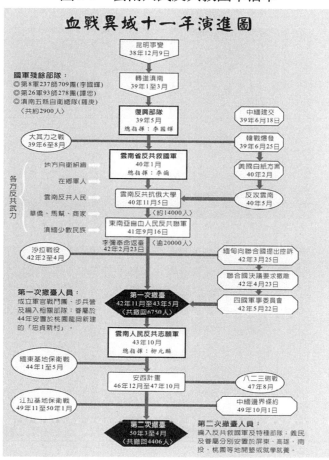

資料來源：葉瑞其主編，《從異域到新故鄉：清境社區五十年歷史專輯》，頁 35。

〔註56〕龔學貞等口述，張世瑛、葉健青主訪《不再流浪的孤軍——忠貞新村訪談錄》，頁 66～79。

圖 2-4：異域孤軍來臺分布圖

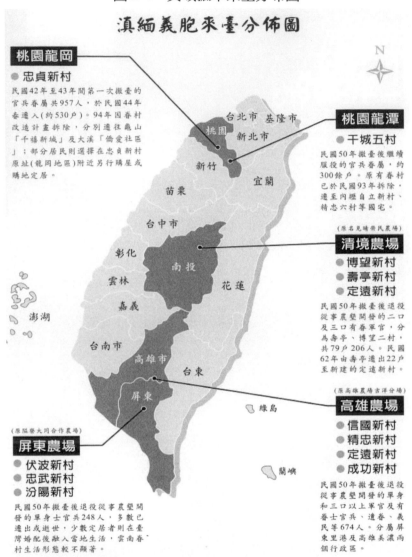

資料來源：葉瑞其主編，《從異域到新故鄉：清境社區五十年歷史專輯》，頁 41。

二、忠貞新村的建構及空間配置

　　張茂桂述說眷村的緣由，提到：讓我們替「眷村」的本來面目還原一下，「眷村」其實是特殊時代背景下的產物，民國三十八、九年（1949～1950）國軍撤退來臺才發生的事情，逃離（大陸）到臺灣的「外省人」需要歇息、重整。個人生活世界裡面，原來已經成家的，分離的親人要設法克服重重兵險團圓；還沒有成家的，也要想辦法在臺灣找一個老婆，生一堆孩子，過「正常人」

的生活，而住所更一定要安定，國家在這個關頭提供立即的「克難」式的「臨時」幫助，開啟了臺灣的眷村歷史。〔註57〕忠貞新村也在異域孤軍退守來臺後在桃園龍岡此地誕生。

（一）忠貞新村命名由來及建構

眷村的命名往往依其興建背景有所不同，但可由村名約略判斷隸屬軍種及眷戶的組成：〔註58〕

第一，以軍種命名，依軍種職別、兵種、軍風、或是代表軍歌中擷取名稱，例如：陸軍以「干城」、「黃埔」……等。海軍以「海光」、「海強」等。空軍以「凌雲」、「大鵬」等。以軍種命名依方面利於辨識，另一方面便於管理，同時反映反共愛國動員戡亂時期的時空背景。

第二，以捐建來源命名，特別是婦聯會捐建發起或是由捐建單位命名，例如：臺灣進口貿易商公會以「臺貿」、「貿易」等命名。婦聯會以「婦聯」命名。以捐款單位命名，一方面是感謝捐贈單位的協助，在另一方面也呈現政府財政上困難，不得不由不同工商團體募款，以興建眷村。

第三、以紀念人物或以原部隊駐地名來命名，例如：紀念抗戰烈士的「崇薵」。感念蔣夫人（蔣宋美齡）發起捐建活動的「慈光」、「懷德」等。取部隊原駐地「湯山」（炮兵學校始於南京湯山）、「馬祖」等。來臺後因地緣關係而命名的有「美崙」、「三重」等。眷戶自行命名的，自我砥礪的「自立」、「篤行」。表揚愛國情操的「精忠」、「復興」等。

第四、安置整批撤退來臺的部隊而命名的，本研究主旨的「忠貞新村」即是因此命名。撤退來臺的部隊，例如：黃杰將軍的部隊稱為富台部隊，由越南撤退回臺後，安置其眷屬的社區稱「富台新村」。李彌將軍自緬甸撤回臺灣的部隊稱為「忠貞部隊」，安置其眷屬的社區就稱「忠貞新村」。

（二）來臺後的眷舍分配及建構

忠貞新村、中正村以及貿易七村的狀況，均為陸軍第六軍團管理的眷村，居住軍人之階級軍士官均有，這與眷村之低階老兵住宅之意象並不相符。〔註59〕但眷舍記憶卻是老兵們所共同的回憶。前國防部長蔣仲苓曾說：

〔註57〕楊放整理採訪，《落地生根：眷村人物與經驗》（臺北：允晨文化出版有限公司，1996年）頁10。

〔註58〕黃承令建築師事務所，《中壢龍岡地區眷村調查》，頁2-19。

〔註59〕黃承令建築師事務所，《中壢龍岡地區眷村調查》，頁5-17。

民國三十八年（1949）神州板蕩，大陸變色，無數袍澤弟兄及眷屬輾轉落腳臺灣，從「竹椽土瓦蓋頂，竹筋糊泥為壁」的竹器時代，到四十多年後的今天，眷村發展一直伴隨著社會的脈動，聲息相通。〔註60〕

國府在民國三十八年（1949）撤退來臺，也因是倉促間為接納眾多軍士官兵及眷屬，而於營區附近臨時搭建克難房舍，共分兩種類型。其一主要建築材料為竹子、稻草及泥巴（稻草竹子和泥巴混合的文化牆），屋頂則為稻草，惟因倉卒搭建，且材料不具耐候性，故多半不克風災與雨災。另一種即是現今大部分人對眷村的回憶：

> 軍眷以「竹椽上瓦蓋頂，竹筋糊泥為壁」此兩型房舍約於民國三十七年至四十年（1948～1951）興築，每戶約 3.5 到 6 坪大（增建後也未達 8 坪），為連棟木造房舍。住宅內沒有浴室、廚房、廁所……等空間，亦無自來水、瓦斯、排水溝……等公共設施，因無任何衛浴設備或廚房，眷戶必須使用公廁，然而隨著家庭人口增加，眷戶幾乎都會往外加蓋以滿足使用需求。眷舍在不斷的違建加蓋，不僅空間狹小，通道擁擠，基本設施更是不符合現代化的標準。〔註61〕

圖 2-5：忠貞新村未拆遷前之眷舍（資料來源：張國偉提供）

竹籬笆的軍眷住宅 1　　　　　　　　　竹籬笆的軍眷住宅 2

由國防部史政編譯局《滇緬邊區游擊戰史》一書中提出，「眷屬，於中壢

〔註60〕洪惠冠等編《走過從前：眷村的影像歲月》（新竹：新竹市立文化中心，1997年），頁3。
〔註61〕黃承令建築師事務所，《中壢龍岡地區眷村調查》，頁 2-7、2-9。

建造忠貞新村每戶一間，均於四十四（1955）年春全部遷入。」〔註 62〕在中華民國政府以「一年準備、兩年反攻、三年掃蕩、五年成功。」〔註 63〕的反攻大陸訴求下，於 1945～1956 年間興建的眷村，目的僅僅為安置軍民的克難臨時住所。所以，眷舍形式頗為簡易，有時室內僅 4～5 坪（如忠貞新村），木頭椽樑，鐵皮屋頂，牆以黃泥糊以灰泥搭建。〔註 64〕

在《不再流浪的孤軍——忠貞新村訪談錄》的「導言：異域孤軍外一章——忠貞新村的故事」開宗明義即說出：

> 早期的忠貞新村可說是一片荒涼，狹窄的房子裡擠著一家老小，廁所與廚房同在，廚房裡的灶和床毗鄰而居，家裡只有一張獨一無二的床，全家人都擠在同一張床上，從夜晚到清晨，四十多年來，忠貞新村黃沙滾滾的竹籬笆牆雖已不在，但五百餘戶低矮的房屋景象，並沒有太大的改變。〔註 65〕

雲南人民反共救國軍（異域孤軍）的實際領導人，李國輝團長，在其來臺後的回憶錄終章也說出：「於四十三年（1954）冬在中壢龍岡附近建造忠貞新村，每戶一小間，為屋頂係鋁質，冬冷夏熱，軍眷們大多於四十四年春季遷入，目前忠貞新村多修建擴大，村內人口日增。」〔註 66〕替以下住戶們的說法加以印證。

李朝魁的說法也證明上述人士的說法：

> 民國四十三年三月就到忠貞這邊來了，這邊有 530 戶，那個時候有眷屬的不多，很多都一個人，有眷屬的才分得到，一家人就分一個房子，不管你是兩代還是三代都一個房子，就那麼一點大，大概不超過 5 坪。國家就蓋一間房子給你，外面是一塊小空地，……房屋是鐵皮搭的，十戶連在一塊，就算熱也沒辦法。」〔註 67〕

〔註 62〕曾藝，《滇緬邊區游擊戰史（上）》，頁 85。

〔註 63〕陳鴻獻，《反攻三部曲：1950 年代初期國軍軍事反攻之研究》，頁 5。

〔註 64〕顏毓瑩，〈桃園眷村的故事〉，《民報文化雜誌》第七期，https://www.peoplenews.tw/news

〔註 65〕冀學貞等口述，張世瑛、葉健青主訪《不再流浪的孤軍——忠貞新村訪談錄》，頁 13。

〔註 66〕李國輝，〈憶孤軍奮戰滇緬邊區（廿五）〉《春秋雜誌》，第 17 卷第 4 期，頁 52。

〔註 67〕黃琇美，《環境教育在歷史教學上的理論與實踐——以桃園縣龍岡地區忠貞新村的人文環境為例》，頁 237。

彭華春（雲南騰衝蒲川鄉人）也補充說明來臺後的狀況：

> 在民國四十四年（1955）被安排到忠貞新村來居住的時候，這裡
> 還是一片荒涼也沒有這麼多人，……房子蓋得一間只剛好放得下
> 一張床、一個茶几的房間，再加上一個小廚房，只夠放一個灶子
> 而已，而房子的牆壁也只是泥土砌的，這種牆美其名叫做最新型
> 的文化牆。〔註68〕

《平鎮市志續編》：對當時撤遷來臺安置，也以官方資料進行描述：

> 每戶分配到4坪大的房屋，村子周遭一片荒涼，甚至村外就是墳場，
> 狹窄的房子擠著一家老小，全家擠在一張竹床上，廚房只有半坪大，
> 廚房裡的灶和床相鄰，所以煮飯、炒菜都在屋外的空地上，房子裡
> 沒有衛浴設備，全村只有公廁，沒有自來水，生活全靠一口口的水
> 井，生活極為刻苦。〔註69〕

楊士強口述訪談對忠貞新村房舍的記憶：「忠貞新村是用竹籬笆蓋的，用
泥巴糊起來的。」〔註70〕

陳茂竹（緬甸華僑），訪談中提及對忠貞新村最初印象：

> 四十三年（1954）底剛到時村里都還在蓋房子，一開始的時候我們
> 的房子就是內裡築一道籬笆，用泥巴塗起來刷上一層石灰就算完成
> 一面牆，真的是很克難而簡易的房子。……原來的小房間連一個人
> 都轉不過來，實在是太小了，根本沒辦法讓一家子人居住，而原先
> 的廚房也是剛好夠放一個灶子而已。〔註71〕

梅蘭華（雲南芒市），對初來乍到時的忠貞新村房舍印象：

> 忠貞新村剛來的，牆壁、地板啊，都是爛泥巴糊起來的，我們住的
> 房子一進門就是床鋪，床又是客廳又是餐桌，做什麼事情通通都在
> 床上頭了，廚房在房子後面，小小的，一家六口住。〔註72〕

〔註68〕龔學貞等口述，張世瑛、葉健青主訪《不再流浪的孤軍——忠貞新村訪談錄》，
　　　　頁191。
〔註69〕平鎮市志續編計畫編纂中心（2014），《桃園縣平鎮市志續編》（桃園：平鎮區
　　　　公所，2014年），頁221。
〔註70〕黃琇美，《環境教育在歷史教學上的理論與實踐——以桃園縣龍岡地區忠貞
　　　　新村的人文環境為例》，頁24。
〔註71〕龔學貞等口述，張世瑛、葉健青主訪《不再流浪的孤軍——忠貞新村訪談錄》，
　　　　頁50。
〔註72〕羅子喻《跨越三代尋找自己：一位社會工作者的自我認同敘說》，頁49。

在報導人張老旺（國旗屋）的童年印象中，也可一窺當時的情景：

> 我是跟隨父親張建生隊長來臺的，來臺後，先是住在嘉義大林的糖廠裏，在民國四十四年（1955）忠貞新村蓋好後，就搬來此居住，眷村房子都是用泥土砌成的，記憶中眷戶編制是以十家為一排，原本村裏馬路很寬很大，可以讓軍用卡車開進來，可是後來每個家庭人口越來越多，等小孩長大，空間就更不夠用，只好在家門口再往前搭蓋一格，漸漸門前道路就一天比一天窄，於是變成今天這樣的巷弄。

圖 2-6：忠貞新村房舍巷弄

資料來源：張國偉提供

在上述第一、二代反共救國軍人士所言，所獲得的印象是居住面積平均是 4～5 坪，這也在《中壢龍岡地區眷村調查》中得到證實，所居住環境確實是「因陋就簡」而就當時情況所能給予一般官士兵即是此房型眷舍（丁級），與之後所建「馬祖新村」（現今桃園市政府所舉辦眷村文化節地點）甲級房舍，是不可相提並論的。〔註73〕在眷村的相關空間格局上，由外而入，映入臉簾的包含，眷村入口門柱、圍牆、社區公佈欄、外牆標語、國旗、領袖雕像、活動中心、眷舍入口低矮窄門、活動桌椅，所建構出獨特眷村氣息，在特定空間所陳列及表達的文字，可看出當時與外界相區隔的氛圍，而形成全臺眷村皆有的特徵元素，已可與當時其他族群做一區隔。

〔註73〕馬祖新村是由政府所留存之示範將官眷村，無法代表中、低層士官兵的真實生活情況，且易造成觀者在參訪時認為政府對軍人待遇頗佳的誤會。

圖 2-7：眷村房舍配置及坪數圖〔註 74〕

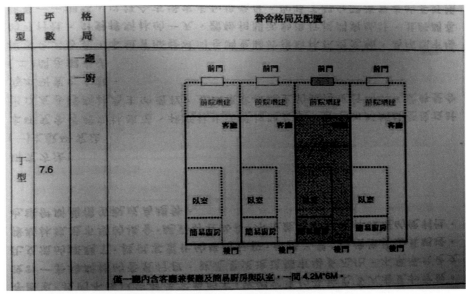

資料來源：黃承令建築師事務所，《中壢龍岡地區眷村調查》，頁 3～14。

　　忠貞新村舊有房舍的印象，現只能留存在影像及照片記憶中，由其房舍興築回憶可知，其東鄰中正村、西鄰貿易七村，向北以前龍街通往主要道路龍東路，前龍街即忠貞市場。民國四十三年（1954）興建完成，為編竹夾泥牆，鐵皮斜屋頂的一層連棟式樓建築。村內的公共設施多位於西側邊界約中央部位，包括民國四十三年（1954）興建完成的幼稚園、民國五十年（1961）興建完成之活動中心、民國六十多年（1971）所興築完成的長青俱樂部及籃球場，並於民國六十二至六十三年（1973～1974）大規模的整建眷舍，由國防部在民國七十九年（1990）專案補助更換眷舍屋瓦。民國八十六年（1997）通過「國軍老舊眷村改建條例」後，全省的眷村都逐步改建國民住宅，民國九十四年（2005）配合政府眷改政策居民搬遷至桃園市各區（大溪、龜山、大湳、內壢等國宅，亦有領款自行購屋者），民國九十五年（2006）忠貞新村拆遷完成，記憶中與忠貞新村悲歡離合的歲月亦只能長存原住戶的腦海中。〔註 75〕

〔註 74〕眷舍配置：1. 特種建設，因特殊職務興建之眷舍，屬將官住宅（如：桃園龍岡馬祖新村）。2. 一般眷舍，主要為甲型（二房一廳一廚：12.3 坪）上校級以上編階居住。乙型（二房一廳：10 坪）中校級以下人員。丙型（一房一廳：8.4坪）及丁型（一廳：7.6 坪）配置給低階士官兵。並非每個眷村接配置此四形式眷舍。黃承令建築師事務所，《中壢龍岡地區眷村調查》，頁 3-12、3-14。

〔註 75〕黃承令建築師事務所，《中壢龍岡地區眷村調查》，頁 5-13。

圖 2-8：忠貞新村舊址全景

資料來源：張國偉提供（左上為中正村，中間一大片是忠貞新村原址，榕樹右邊是貿易七村。）

三、來臺後的安置及發展

異域孤軍在撤退來臺後，所面對是對新環境的陌生與疏離，就連跟三十八年（1949）底來臺的外省族群也是不同的。現今一般坊間或電視所說及網路不友善言論的傳播下，使大眾認為政府對外省籍的軍公教人員都有提供較好的照顧與保護，由現今眼光來看這群外省籍人士是社會階層中的既得利益者，但事實上，以所謂外省族群屬性分析，所以會選擇軍公教職業，與其來臺後無任何土地可開墾，更缺乏族群間的人際脈絡及社會聯繫有關，只能藉由政府所安排的職位而接受。異域孤軍所面對的處境，更是在外省光譜中趨於偏僻角落的色彩，但其族群的凝聚性及認同感，卻又為自己找到另一種發展的可能。

（一）來臺後的安置

在李國輝回憶錄中對來臺官兵眷屬有詳盡說明：

我軍來臺官兵中有四十餘傷患官兵均送往陸軍第一總醫院〔註 76〕（現三軍總醫院），有鴉片煙癮者百餘人，均送往聯勤醫院分別予以戒治，所有軍官編組成的十二軍官戰鬥團，轄五個大隊，於四十三年（1954）六月撥隸陸軍總司令部。對高階人員暫編為將校隊，老弱人員編為軍官獨立中隊，對年幼者編為幼年兵中隊，對幼年兵中有造就者保送政工幹校。士兵大部編為步兵三個營，一個步兵第十連，

〔註 76〕陸軍第一總醫院：成立於民國三十五年（1946），其前身為臺灣陸軍八〇一總醫院，組織由臺灣陸軍醫院、聯勤第五總醫院、陸海空軍第一總醫院、陸軍第一總醫院依序遞嬗而來。民國五十六年（1967）改組為「三軍總醫院」。三軍總醫院網頁：https://www.tsgh.ndmctsgh.edu.tw/unit/102319/29786

一、二兩營撥交兩軍團部，步兵第三營及第十連撥交海軍總部。

對眷屬送往溪洲二七八人、大林二四八人、霧峰一一四人、三峽二七〇人、後三峽及湖口之軍眷於六月底移住新竹糖廠，交軍眷管理處管理。〔註77〕

國史館《不再流浪的孤軍》訪談中，如覃定榮所說，「來到臺灣後，大家先被送到新店，我們隨行的家眷在被安置在三峽的台糖糖廠，軍官和士兵則是被集中到新竹糖廠，後來我又被分發到彰化田中，部隊番號是十二軍官戰鬥團。」〔註78〕

彭華春（雲南騰衝蒲川鄉人）對初到臺灣的回憶：

說當我們一下飛機，先把我們送到南港的一個臨時處重新集結、編組、什麼人該往哪裡送，都由國防部來安排。由於我是現役軍官，所以被派到忠貞新村的步兵營，家眷則是被送到彰化糖廠。李彌從緬甸帶來的部隊，代號就叫忠貞部隊，黃杰的部隊叫富台部隊（越南），這也是忠貞新村與富台新村的由來。〔註79〕

秀楊（雲南鎮康）對初到來臺之印象如下：

我跟我二叔叔一家一起在緬甸大其力上飛機，我們跟著八隊姓李的長官一起撤退來臺灣，先到臺灣的大林糖廠，一個大廠裡面住了很多人在等眷村蓋好，一個人一個榻榻米的空間。〔註80〕

梅蘭華（雲南芒市）亦說出「異域孤軍」撤退回臺與官方不同的說法，非自願而是半強迫的，也指出臺灣與滇緬邊區氣候之差異：

我們看緬甸待不下去，不能再打了，軍隊長官說要撤退，我們從緬甸用走的走到泰國，因為泰國跟中華民國還有邦交，飛機可以飛去泰國，到泰國就開始等，等蔣介石總統派飛機去接我們，長官說通通都要上飛機，實際上是半強迫的，……我們在泰國南邦上飛機，我記得是民國43年3月3日到臺灣的，下飛機到了臺中霧峰……

〔註77〕李國輝〈憶孤軍奮戰滇緬邊區（廿五）〉《春秋雜誌》，頁52。
〔註78〕龔學貞等口述，張世瑛、葉健青主訪《不再流浪的孤軍──忠貞新村訪談錄》，頁208。
〔註79〕龔學貞等口述，張世瑛、葉健青主訪《不再流浪的孤軍──忠貞新村訪談錄》，頁190～191。
〔註80〕羅子喻《跨越三代尋找自己：一位社會工作者的自我認同敘說》（新北：國立台北大學社會工作學系碩士班碩士論文），頁54。

在臺中那邊待了78個月等忠貞新村這裡蓋好才搬過來。

剛到臺灣時很不適應，臺灣很冷、相當冷，……我們以前在泰國、雲南都是好天氣，都不會冷，臺灣的冬天很冷，我家鄉天氣很好。〔註81〕

國史館《不再流浪的孤軍》書中亦有提及：

1953年撤退回臺之雲南人民反共救國軍人員，其下轄為1、2、4軍，李文煥、段希文3、5軍不撤，亦為日後留駐泰北游擊隊主力，第一次撤回之人員於撤退回臺後，先後被安置在溪洲、大林、霧峰台糖糖廠，因人生地不熟，造成生活習慣上諸多不便，因此在今桃園、中壢地區建造眷舍530戶，分配給游擊隊部隊居住，名稱為「忠貞新村」，村名之由來為抵臺後，重新整編成軍官三大隊，步兵三營，設指揮部於新竹，國防部賦予「忠貞部隊」的番號，沿用而來。〔註82〕

國軍後勤史（第六冊）對戶口數有不同說法：「眷口統計，為軍眷管理之基礎。……同年十一月至四十三年五月李彌部隊陸續來臺，記軍眷四九八戶，九五五口。」〔註83〕應是對於軍眷戶算法不同，混淆所致。

（二）來臺後的生活

報導人張老旺（國旗屋）回憶說道當時安置生活：

以前這裡附近都沒有人家的，小孩都是讀宵裡國小，去中壢都為了省錢都走路去，要走好久，但為了生活沒有辦法，後來有車通了，印象中是一天兩班，買菜和生活用品還要到二十多分鐘車程的中壢鎮上，很多人為省錢都用走的去。忠貞新村附近都是樹林，周邊一片荒涼，然後還有茶園是附近老百姓種的，加上初來乍到沒有工作，有人就開始在荒地上種菜、到鎮上批貨，然後聚在村子旁邊的空地上販售營生，這就是忠貞市場的前身。後來才陸續有了貿易七村、馬祖新村，人口的不斷增加才形成現在市場的榮景，而且因為眷村

〔註81〕羅子喻《跨越三代尋找自己：一位社會工作者的自我認同敘說》，頁49～50。

〔註82〕龔學貞等口述，張世瑛、葉健青主訪《不再流浪的孤軍——忠貞新村訪談錄》，頁11～13。

〔註83〕國防部史政編譯局編纂，《國軍後勤史（第六冊）》（臺北：國防部史政編譯局，1992年），頁252。

居民的聚集，政府開始重視，才有了後來的忠貞國小及龍岡國中，
小孩才不用跑去霄裡國小讀書。

魯漢鼎，對安置生活也有此共鳴：

> 我居住在忠貞新村，以前附近只有霄裡國小，我都要走大概半小時
> 上學，我們以前都從墳地走過去，……墳墓的草皮很短，我們小孩
> 就走小路，兩邊都是墳墓，就這樣走過去。」〔註84〕

于正春的回憶中提及，「當時做生意的人很少，村裡需要物資交易，龍岡路
在那個時候還是一片茶園，路也沒開通，我們家就開了一間小雜貨店。」〔註85〕

由上所述，可知政府所興築的忠貞新村為位於市中心邊緣，藉由訪談者
所言，周遭為墳墓、茶園所包圍，亦可由敘述得知，在村落形成皆為偏遠外
圍土地，因中心商業土地早經開發，人口已趨於飽和，政府在土地使用上，
也只剩此相關可利用未開墾營建之土地，並由土地使用上，也可看出居民的
先來後到及桃園開發狀態。

（三）來臺後的發展

來臺後的際遇發展一般來說共可分成三類，第一類是年紀過大而提早退
伍，但卻因無人際網路關係，即使曾受良好教育但卻只能從事基層的勞力工
作，如楊在興所言：

> 來到臺灣後，我們這些游擊隊的成員，絕大多數原先都是老百姓，
> 多半沒有受過正規的軍事訓練，而且能夠從家鄉逃出來的，大半是
> 在家鄉有地位、有財產的人，以鄉鎮長的人數最多，連保甲長都算
> 少了，這批人的年紀也都比較大，說實話繼續留在部隊並不適合。
> 當時，臺灣政府為了實行反攻大陸的既定政策，需要正規軍校畢業
> 的軍校生，而不是我們這些半路出家的游擊隊，於是就輔導我們轉
> 業，我們這批民國四十二年（1953）來到臺灣的人，選在民國四十
> 五年（1956）退伍的人數最多。」〔註86〕

覃定榮也有相同的回憶：

〔註84〕黃琇美，《環境教育在歷史教學上的理論與實踐──以桃園縣龍岡地區忠貞
新村的人文環境為例》，頁257。
〔註85〕龔學貞等口述，張世瑛、葉健青主訪《不再流浪的孤軍──忠貞新村訪談錄》，
頁327。
〔註86〕龔學貞等口述，張世瑛、葉健青主訪《不再流浪的孤軍──忠貞新村訪談錄》，
頁168。

由於我的年紀已經到了可以退伍的，於是在民國四十五年（1956）
的時候，我就從部隊裡屆齡退伍。這個忠貞新村，在民國四十四年
（1955）蓋好的時候，我和家人就一起搬進來住，……我在退伍後，
前後去過臺北、基隆、嘉義、橫貫公路等的做過苦工，直到後來做
不動的時候，才又回來忠貞新村定居下來。〔註87〕

兩者的訪談回憶中皆有提及自身因無相關專長且年紀過大而被迫提早離開已
熟悉的軍旅生涯。

　　還有是來臺後年紀尚輕，繼續留在部隊服務，在《不再流浪的孤軍——
忠貞新村訪談錄》中提及，待在部隊與國家認同關係不大，而是考量生計不
得不的選擇，由刀成舉的回憶中可知：

來到臺灣之後，國防部派專人來接待我們，並且安頓我們的生活，
本來我很想讀點書，可是軍方的人說我的年齡已經超過讀書年紀太
多，而且我在臺灣什麼人也不認識，連個照應的人都沒有，只有繼
續回去當兵的一條路，才能夠活下去。」〔註88〕

魯寬陸的說法更提及所謂國家對他來說虛構的：

我是在民國四十二年（1953）跟著部隊一起撤退到臺灣，那時候部
隊的長官根本沒有告訴我們事實真相，這一走就是要把我們整個部
隊永久轉移，不再回來緬甸，部隊長還騙我們說只是來臺灣受訓，
受訓幾個月後就會回來緬甸，沒想到這一待就是幾十年。來到臺灣
後隨著部隊先後在嘉義梅山、花蓮、宜蘭都住過。」〔註89〕

彭華春（雲南騰衝蒲川鄉人），提到自己來臺後繼續當兵的歷程：

當我們一下飛機，先把我們送到南港的一個臨時處重新集結、編
組、什麼人該往哪裡送，都由國防部來安排。由於我是現役軍官，
所以被派到忠貞新村的步兵營，家眷則是被送到彰化糖廠，這期間
曾到政治作戰學校受訓三個月，受訓完畢後分發國軍八十一師，
之後又到第二軍團，就是現在第八軍團（高雄旗山），再來就是到

〔註87〕　龔學貞等口述，張世瑛、葉健青主訪《不再流浪的孤軍——忠貞新村訪談錄》，
　　　　　頁209。
〔註88〕　龔學貞等口述，張世瑛、葉健青主訪《不再流浪的孤軍——忠貞新村訪談錄》，
　　　　　頁244。
〔註89〕　龔學貞等口述，張世瑛、葉健青主訪《不再流浪的孤軍——忠貞新村訪談錄》，
　　　　　頁272～273。

六軍團（中壢龍岡），民國六十四年（1975）就在六軍團以中校官
階退伍。〔註90〕

眷屬部分的說法更能得知當時來臺的生活困境及如何省吃儉用，可由梅
蘭華（雲南芒市）的說法得知：

我先生大部分時間都待在部隊，有時候三個月回來一次，很少回來，
我不知道他部隊在哪裡？我也不問，我就是負責帶小孩。……我先
生當軍人一個月有 240 塊薪水，90 塊錢他留著自己用，150 塊給我
們家用，部隊還會發糧票、油票、發鹽巴、一些日用品，每個月都
是掐著用。〔註91〕

第三類即是為求生存，而以家鄉中所習得的生計，即是賣「家鄉味」，就
是所謂的「賣米干」，在人生地不熟，單一族群的眷村，鄉愁的滋味往往最能
撫慰遊子的心靈及肚腸，開始有人將家鄉知悉及傳承的手藝帶來此發展，如
大鬍子米干、周家米干、陳家米干、阮家（阿珍）米干，也造就現今每年人潮
不絕盛況的「龍岡米干節」。忠貞新村的米干與當初在大陸的米干頗有不同，
藉由米干所傳承的滋味，實際上是烹煮創業者們所感知想像的食物經驗，他
們在過程中希望能藉由飲食找到自己生活奮鬥的目的。《滇味到龍岡》所提
「這種創造過程不斷創造各種可以認識、重複的形式，成為集體展現、流離、
漂泊的記憶，和孤獨的況味。」〔註92〕也是本論文與探究「以味尋位」下族
群認同問題的旨趣所在。

忠貞新村之異於伴隨國府遷臺的軍隊所形成的多元省籍的眷村，究其原
因是在遷臺前於滇緬邊區所建構的「異域孤軍」的情感歸屬。臺灣眾多眷村
的建立多依其軍種或屬性而形成，非是由單一省籍所建構或區分，眷村的建
立是打破有省籍，來臺後又再一次重新分配，形成在同一眷村幾乎很難找到
同宗族的住戶。〔註93〕忠貞新村在此獨特際遇下，居民民有著相同的地緣的
歷史背景及休戚與共的革命情感，並建立一個自己族群所共有的人際與鄉誼
情感的關係。

〔註90〕龔學貞等口述，張世瑛、葉健青主訪《不再流浪的孤軍——忠貞新村訪談錄》，
頁 190。
〔註91〕羅子喻，《跨越三代尋找自己：一位社會工作者的自我認同敘說》，頁 49。
〔註92〕焦桐，《滇味到龍岡》，頁 62。
〔註93〕胡台麗，〈芋仔與蕃薯——臺灣「榮民」的族群關係與認同〉，《中央研究院民
族學研究所集刊》，第 69 卷，（臺北：1990 年），頁 107～131。

　　在 Harold R. Isaacs《族群》一書中所說的，許多人為國家或民族所下的
定義中，都將兩者視為基本群體認同的本身。……民族乃是「最大的共同體，
每到危機迫在眉睫時，都能有效激發人民的效忠……為了完成刻不容緩的任
務，他是把人變成社會動物最有效的方法，也是最能把人團結起來終極的手
段。」……「當越來越多的人意識到國家的召喚優於一切時，所有這些群體
雖不至於消失，卻往往會在一陣激烈的掙扎後，一點一滴把尊嚴都交給民族」。
〔註94〕給了雲南人民反共救國軍的形成與消失下了一個註腳，當面對中共及
緬甸強鄰環伺下，因個人的情感是投射在中華民國這一國家信仰上，軍人更
是最能體現此信仰的族群，因此國家以民族大義號召下，這批異域孤軍得以
前仆後繼地將血肉之軀與眼前所謂的敵人進行拚搏，而在國家利益考量下，
也要求曾佔（暫）有臺灣三倍大土地的異域孤軍退至臺灣，在臺灣一待就超
過六十餘年，譜出了異域孤軍的美麗與哀愁，也有了由落葉歸根到落地深根
的「日久他鄉是故鄉」無限感慨。

〔註94〕Isaacs, Harold R.，鄧伯宸譯（2004），《族群 Idols of the Tribe》（新北：立緒文
　　　　化事業有限公司），頁 256。

參、米干的滋味與鄉愁

　　王明珂提及「需要強調族群文化特徵的人，常是有族群認同危機的人」〔註1〕對現今忠貞新村雲南族群在生活環境的變遷，及經歷數十年的語言政策下，不論是說國語或是強調臺灣話，皆使雲南「語言」及「文化」出現消逝感，在雲南族群身分界定上因而受外在影響更深，想維持族群認同也較一般族群更顯困難，所以想要更維持認同就需更多形式去強化，特別是語言及文化。藉由參與觀察，讓讀者隨著採訪者，由文字及圖像切入的角度以主動、客觀、針對主題進行觀察，看受訪者日常生活、群體互動、文化傳承、言語交談中觀察米干文化是否因環境變遷而產生新的認同或消逝。

　　族群問題上一般較傾向「原生連帶」或「情境論」的解釋，在「原生連帶」者認為，某一個族群所以會有族群意識，是因為成員有獨特的文化、風俗習慣和語言，因此自然的讓共享這些文化的成員意識到屬於這個族群，而且與他族有別。「情境論」所提出是因族群成員為適應新環境，在以移民身分遷入後，為了與原有強勢族群在社會中爭取政治及經濟上優勢，而重新強化一個舊有或根本不存在的族群認同。〔註2〕當族群產生「文化同化」時，在「原生連帶」論中族群即告消失。藉由「情境論」角度觀察，當不同族群接觸頻繁，文化上以越來越為相似，不再保有自己獨特文化特質，成員仍有可能有強烈的族群認同及族群意識。〔註3〕

　　遷移到臺灣的雲南族群，可分為軍方部分及一般民間系統來臺，軍方部分

〔註1〕王明珂，《華夏邊緣：歷史記憶與族群認同》（臺北：允晨文化實業股份有限公司，1997年），頁35。

〔註2〕王甫昌，《當代台灣社會的族群想像》，頁56～57。

〔註3〕王甫昌，《當代台灣社會的族群想像》，頁57。

大致分三次撤退（忠貞部隊、國雷演習、光武計畫），以桃園龍岡、屏東里港、南投清境為大宗，[註4] 一般民間系統的雲南族群，則以泰、緬、寮地區的華僑、外籍新娘等身分，遷移來到臺灣。遷移來臺的僑民，大多聚居新北市中和、永和地區，以中和華新街為大宗。雲南族群初估從初期遷移約五萬人，在超過半個世紀的繁衍生息，漸漸在臺灣落地生根，至今，粗估約為十萬人口。[註5]

在雲南米干的飲食文化效應中，族群飲食是以食物的屬性來賦予新的意義，藉由對食物的選擇來呈現該民族的文化內涵。[註6] 賴守誠亦提出，食物是社會及文化互動的基本要素，乘載著使用者的傳統文化及符號象徵，透過被共同認知和實現的特色，聯繫著不同條件的人群。不同社會的文化意義，透過不同飲食方式進行了確認。[註7]

現今忠貞新村對族群文化記憶上，飲食記憶是最為首要，可由龍岡米干節的舉辦及忠貞新村群聚效應的米干店看出，其次是雲南打歌及相關節慶，最後才是對自身歷史文化的記憶，目前新生代中（第三或四）對米干的接受度，已不似前一、二代，吃的是思念中的家鄉味及為紀念顛沛流離下的逃難滋味，這也是在報導人所憂心傳承的問題。米干店皆以各自記憶中的味道呈現，屬於記憶中異域孤軍的味道，亦如焦桐《滇味到龍岡》一書中所言：

> 龍岡米干如此這般，帶著一種戰爭的記憶，克難表情的美食，處處透露著因陋就簡的權宜性格。在昇平時代追憶戰亂，在那吃不飽、命不保的年代，輾轉流離之後，現在，一碗米干中出現荷包蛋，甚至豬肝、豬肉，是非常奢華的享受，是在矯正悲哀的過去。[註8]

一、米干的由來及製作

（一）米干的飲食

1. 什麼是米干？

報導人張學初（雲鄉米干1）說「米干由來：有一種說法是，米干做好後

〔註4〕桃園：龍岡忠貞新村。桃園：龍潭干城五村。南投：清境農場，博望、壽亭、定遠新村。高雄農場（分屬高雄美濃及屏東里港），信國、精忠、定遠、成功新村。屏東農場：伏波、忠武、汾陽新村。

〔註5〕葉子香，《文化的認同與變遷——以居住台灣的雲南族群為例》頁80～82。

〔註6〕趙婉君，《屋裡屋外的味覺展演——以清境地區族群為例》，62。

〔註7〕賴守誠，〈現代消費文化動力下族群飲食文化的重構：以台灣「客家菜」當代的休閒消費轉型為例〉，《國家與社會》，第1期，（2006年，臺北），頁174。

〔註8〕焦桐，《滇味到龍岡》，頁62。

由竹干曬起來，掛起來，讓牠冷卻，因為掛在竹竿上啊。」還有一種吃法是遠古老人家把米做好後曬乾把它做成另一種食品，用油炸起來吃，像蝦片。現今雲南西南地區也有稱呼為「卷粉」的食物〔註9〕，形制與大小會有所出入，其製作方法與過程相似可供參考一、二：

配方：40%的陳米，60%的新米。

製作工藝：

把撿乾淨的40%的陳米與60%的新米混合洗淨浸泡後淘淨，舀入桶中，兌入迤薩當地的天然礦泉水，用人工小磨磨成米漿，裝入盆中，再用勺子把米漿舀入蒸籠土布（長寬各40厘米（公分）左右）中攤平為0.1～0.2釐米（1～2公分），蒸熟後取出反扣，折疊為長40厘米寬10厘米左右長條即可。

熟食法：

將卷粉切成0.5厘米左右的條狀（或更細長），放入熱水中燙一下撈起來放入碗中，加入骨頭湯或者肉，食者自己配上韭菜、那達辣油、胡椒粉、味精、醬油、芝麻油、芫荽（香菜）等佐料。

涼食法：

將卷粉切成0.5厘米左右的條狀裝入碗中，加入酸角湯、滷肉汁、蒜泥汁、那達辣油、芝麻油（香花生）、胡椒粉等，食者自己配上韭菜、味精、醬油、芫荽（香菜）等佐料。

另外由〈每日頭條〉中載明，「雲南人還鍾愛一種叫做「米干」的米製品，特別在普洱、西雙版納等傣族聚集地，大街小巷都會隱藏著幾家極有特色的米干店鋪。……將大米認真篩選乾淨，放入盆裡用清水浸泡約半個小時左右，取出，洗淨磨碎，用紗布層層過濾製成米漿，又將米漿放入大鍋中蒸40秒左右，成為薄薄的米片。由於剛成型的米片很軟容易破裂，聰明的傣族人便想到，將米片晾曬在杆子上，以達到迅速冷卻的效果。正因為有這一過程，米片才成為了真正的米干（桿）」。〔註10〕

〔註9〕張虹、何作慶，〈紅河縣僑鄉迤薩鎮的多元飲食文化〉，《紅河學院學報》，第7卷第4期，（2009年8月：雲南），頁22。

〔註10〕每日頭條，〈雲南的米干，為什麼叫這個名字？〉，https://kknews.cc/food/9o8jel.html

圖 3-1：米干晾曬圖（筆者自行拍攝）

2. 米干的配料及調味

陳蘭秀「阿秀米干」對米干調味料的說法：

> 我剛來到臺灣時，吃老一輩米干（周家、大鬍子）是還好，但湯頭
> 不習慣，買回來都自己再加料及醬，我的醬料有（辣椒油、花椒油、
> 芝麻油、大蒜油）。這些調味料也是每家米干店畫龍點睛，讓滋味更
> 上層樓的靈魂調料。

張學初（雲鄉米干 1）對於米干調味料及配料也說到：

> 主香料是草果跟印度香料一樣的叫法一樣，稱為「馬斯里」。湯頭配
> 料主原料有草果、八角、花椒，來臺灣後再上桌前會加胡椒。配料
> 一樣有豬肉跟豬肝與蛋，但緬甸是肉丸到臺灣後變肉片。緬甸肉丸
> 是豆腐、雞蛋、瘦肉和起來甩打變成丸子（雲南肉圓子），到臺灣後
> 感覺太麻煩就變成肉片了。

圖 3-2：醬料調味區（筆者自行拍攝）

張國偉（雲鄉米干2）訪談時對米干調料的認知說法：

> 我們的調料跟阿秀米干調味料差不多。緬甸很大，雲南人分布也多，因此調味料也不盡相同。基本香料都有，雲南人愛用基底香料，如：草菓、花椒，與當地香料。臺灣加草菓、花椒、八角。八角臺灣人較愛雲南人沒有較愛。

謝民嬌（阿嬌米干）告知筆者該店湯頭的主要佐料如下：

> 主要有洋蔥、大蒜跟香料（商業機密）。主要的賣點如，京東米線，在湯底會加入雞骨等材料，讓味道吃起來更清爽鮮美，也會加入番茄調味。對緬甸的懷念是魚湯麵，用魚肉（臺灣鯛）、芭蕉心、洋蔥等材料一起慢熬，湯頭鮮甜中帶酸味，很多來自緬甸在臺灣的移民或移工都很愛吃。

黃琇美，《環境教育在歷史教學上的理論與實踐——以桃園縣龍岡地區忠貞新村的人文環境為例》的論文，對王根深（根深企業集團負責人）專訪中說到：「阿美米干的特色是大骨湯跟醬，雲南有一種豆鼓醬，用它來炒香料，再去對湯。」〔註11〕

因湯頭的調味各家不同，但萬法不離其宗，重心就在湯頭的基本調料，雲南人叫紹子，也就是肉燥，大致上是將大蒜、生薑、紅蔥頭等辛香料爆香，再放入豬絞肉拌炒至焦黃乾香，再加入雲南口味的豆瓣醬，然後放入湯鍋中同煮，即完成具畫龍點睛之妙的湯頭鍋底了。

圖3-3：紹子（肉燥）的製作（張國偉示範）及成品（筆者自行拍攝）

3. 米干的吃法

大陸米干食用的吃法，在《滇味到龍岡》提出：

〔註11〕黃琇美，《環境教育在歷史教學上的理論與實踐——以桃園縣龍岡地區忠貞新村的人文環境為例》，頁43。

米干是普洱人（雲南）的日常早點，主要有豆漿米干和花生湯米干
兩種，製作簡單，煮一鍋煮沸的豆漿或花生湯，舀入碗裡的米干，
加上及韭菜、豆芽、薑蒜湯、醬油、味精、麻油、油辣椒等佐料。
花生湯是把花生磨成漿糊，通常搭配一疊泡醃蘿蔔或醃京白菜吃。
普洱市東南與老撾、越南接壤，西南與緬甸比鄰是中國重要的西南
門戶。〔註12〕

當異域孤軍由雲南退到緬甸，再由緬甸到臺灣，米干型式已有所改變，
如焦桐書中所說：

帶糯性的優質大米，略為發酵後，水磨成漿，澄濾，倒入淺盤中，
蒸煮後待涼切條，成品為白色透明。烹調方式像鍋燒麵，一般用小
鍋，鼓猛火煮高湯，加入米干及配料，餐桌上皆備有辣醬及其他調
味料，口感像及客家粄條，又像河粉，通常搭配豬肝、荷包蛋、豬
肉片烹煮，口味相當濃厚。〔註13〕

當米干煮好，湯汁淋下將上桌時，再撒上蔥花，就是一碗帶有鄉愁的米干出現。

國旗屋的湯頭為張老旺的妻子李茹蕙，所調配的金三角家鄉味（有加酸
菜），報導人張老旺在自家米干店的做法是：

大骨湯加上了像是臺灣肉臊的紹子，紹子是將蔥、薑、蒜、紅蔥頭
等辛香料爆香，再放入絞肉同炒，直到豬肉拌炒至金黃透出香味，
再加入雲南口味的酌料而形成米干湯的基底物料。上桌前搭配有肉
片、豬肝、半熟蛋，即是一碗豐富好吃的所謂雲南味米干。

圖 3-4：米干成品（筆者自行拍攝）

簡易米干，加蛋即可　　　　　　　標準米干加肉、蛋、豬肝

〔註12〕焦桐，《滇味到龍岡》，頁58。
〔註13〕焦桐，《滇味到龍岡》，頁58。

當熱騰騰飄著家鄉味的米干上桌時，臺灣的大眾食客在品嘗美食時，已將米干當成雲南美食的代表，殊不知米干是滇南的主食之一，且是在滇緬交界的縣份城市廣為流傳。米干的食用時間不分早晚，如筆者在於凌晨三點多，開始訪談米干製作階段，當米干成品完成時，已屆天亮約凌晨五點到六點左右，即有熟客來店品嘗，一直營業到晚上七點到八點收攤，除服務四面八方而來的廣大食客，也撫慰異鄉遊子的思鄉情懷。

4. 米干的器具、配料及物價價格

米干的餐具，依各家不同而有差異，在訪問相關人士中，皆提到早期使用瓷碗，究其原因是當時社會流行且美耐碗並非主流，而後因人潮越來越多，且瓷碗亦因撞擊而破裂，可能是店家在清洗過程中發生，也可能是顧客在食用中一不注意損毀，在張國偉（雲鄉米干 2）記憶中，原先自己店面，最早也是使用瓷碗，因較重不好拿，後改用鐵或鋼的碗材，搬到現在地點就用美耐碗（民國八十三年（1994）開業）。

陳蘭秀（阿秀米干）也說碗有換過，由瓷器的換美耐皿。因此店家約在民國八十年左右，開始採用美耐皿的碗碟，原因是易清潔不易破裂。

在訪談店家中，只有段嘉莉（雙十米干）還在採用瓷碗，由中國大陸進口，其原因是要區隔米干市場，走精緻路線。

雙十米干店主段嘉莉，對使用瓷器碗具的說明：

> 店內所使用的公雞瓷器跟碗碟都是跟大陸買的，特別挑的，搭船半
> 個月來臺的。緬甸所使用米干的碗也是有很多種，瓷器比較多，因
> 為離大陸近，我在緬甸的家離大陸只要三小時就到了，很近。

圖 3-5：公雞瓷碗碟（筆者自行拍攝）

在米干配料所採訪的店家皆會附上自行醃製的泡菜，由謝民嬌（阿嬌米干）說明可知為何有此習慣：

> 我們這區塊基本會有泡菜。緬甸就有附贈泡菜了（緬甸用芥菜），緬甸叫水醃菜，來臺灣用高麗菜是成本考量，便宜。緬甸也有高麗菜但是少，所以到臺灣後已是小本經營所以用高麗菜。

段嘉莉（鄉味米干）對米干配料的說法是，在緬甸就有吃泡菜，有高麗菜跟酸菜，高麗菜在家中吃飯也有拌來吃，我店裡的泡菜不會辣只是顏色好看，顧客部分是由創業就習慣了給泡菜，跟雲鄉米干是一樣附贈的。

圖 3-6：米干附贈的泡菜「高麗菜為主」（筆者自行拍攝）

另在訪談中得知當時米干價位，由店主陳蘭秀（阿秀米干）所說，自己於民國七十多年開始經營米干維生，最早開始是 35 元，印象中民國四十多快五十年時，米干的售價是 5 元、10 元這樣賣。

圖 3-7：阿秀米干最初售價（筆者自行拍攝）

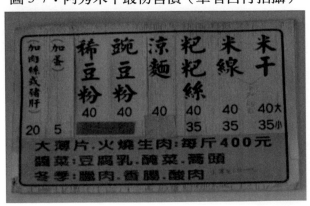

（二）米干製作方法及流程

1. 米干製作方法

張學初（雲鄉米干1）說到米干製作方法及流程如下：

> 我們是純米（生米加熟飯（冷的）是米干好吃的秘訣）每家有差別，都用生米，米干會容易斷裂（雲南話叫沒有筋骨）。做米干凌晨3點就做，流程生米要泡水6小時以上，夏天天氣熱怕發酵，泡水6小時。冬天要泡9小時。夏天晚上9點泡水，冬天傍晚6點要開始泡。夏天太早泡會發酵，軟硬度就變了會讓米干軟掉不好吃，凌晨3點要做米干與做豌豆粉，生米跟水放的比例，磨起來要熱水放一點，像米湯一樣，拿去蒸。磨米約30分鐘，蒸米干約1～2分鐘就出來了。蒸出來要放涼（約1～2分鐘，米干很薄），涼後就切（手工切）我們家還是用手工切。

段嘉莉（鄉味米干）也提及自家米干製作方式：

> 在緬甸就知道米干要如何做，只是來臺灣後在自己去試要如何做出來，張家（雲鄉及阿秀米干店）是前一天先泡好水，我這也是，鄉味跟雙十米干都是我做的，約早上8點做，做到中午。順便把豌豆粉一起做好。米干做出來是馬上就切了賣，賣不完的然後再放冷藏，隔天再賣。

謝民嬌（阿嬌米干）對自己米干製作的說法：

> 我家米干是每天自己做，約晚上9點要去泡米，早上5點起床做米干。我晚上是先將豌豆粉做好隔天早來可直接做米干。謝民嬌還說，米干各家製作不一樣，有用純米做的有添加木薯粉的或太白粉，我家米干製作方法跟張學初家差不多，米是用在來米，現在是越用越好，我店內使用的米都是緬甸進口的。

國旗屋的米干，也是以傳統的熟米混上生米打漿，再鋪上圓盤蒸熟，再將成品晾掛竹竿上，在訪談中張老旺（國旗屋）也說有部分米干店拿客家粄條充數，但張老旺還是堅持每日手工現作米干。

張國偉（雲鄉米干2）在訪談中說到：

> 米干製作流程比較簡單方便。我爸爸（張學初：雲鄉米干創始者），是凌晨3點開始做，我自己是凌晨4點做。張國偉與張學初的製作場地較不同的地方是，張學初是在同一個場域製作一日所需的

每項食物，而張國偉是分開做的，米干在室外做，豌豆粉在室內做。室內作與室外做非為特意，是看各家自行決定如何方便快速完成。

2. 米干製作流程如下

（為求時效豌豆粉與米干同時研磨，綠色（顏色較深者）為豌豆粉）

圖 3-8：米干製作流程（張學初先生示範於於阿秀米干現場）（筆者自行拍攝）

1. 生米前一晚浸泡

2. 用機器將泡水後生米打成米漿

3. 生米、熟米米漿相兌後準備蒸熟

4. 先將作米干模具上油（防沾黏）

5. 米漿倒入模具中搖勻成圓形薄狀

6. 大火將水煮沸（示範者為員工）

7. 米干放入滾水加蓋2分鐘

8. 蒸熟後取出放涼

9. 米干以刀或小竹筷畫外圈後取下

10. 蒸熟後米干晾曬放涼

11. 米干進行折疊（3折成長條狀）

12. 米干成品對照

13. 進行米干手工裁切

14. 備料齊全準備開業

二、米干店的沿革

在民國三十八年（1949）由雲南退向緬甸，異域孤軍在緬甸生聚教訓下，於民國四十二年（1953）第一批撤退來臺軍民到達臺灣後，安置在桃園龍岡的忠貞新村，他（她）們所帶來的滇緬料理，現今成為臺灣的獨特美食。為了營生這群所謂的異鄉人，以對故國家園的懷念及無窮的創意，在想像中烹製了遙遠家園中想像的記憶美食。來臺後謀生不易，在筆者自身訪談以及《忠貞新村訪談錄》中可見端倪，因異域孤軍特殊的背景下，塑造出大量的米干店，也成就了獨特美食景觀。忠貞新村的獨特性，在異域孤軍來臺數十年，實際烹調的是異域孤軍們所感知想像的經驗食物，他們在顛沛流離的過程中找尋到自己安身立命的空間，創造與複製各種流移與漂泊的記憶。〔註14〕

以忠貞新村目前新聞媒體版面最大的國旗屋來說，「國旗屋」所創造的是藉由米干與國旗相連接，訴說這是一種族群與國家表裡的呈現，迥異於其它所處的空間，這是一種屬於與所謂外省人相對應的本省人的美食，也是一個對臺灣其他各地的人，看來屬於不同認知的空間。

還有即是集團經營模式，「根深企業集團」在單打獨鬥的米干店家中是一個異數，用另一種方式在忠貞地區擁有最多家，不同名稱的連鎖集團事業，如：阿美米干、小雲滇、七彩雲南……等，除了以在地出發推廣雲南美食外，也於空間陳設中看到雲南文化的宣導，當您進入用餐時所感受迥異於臺灣的雲南文化環繞其間，也再品嘗美食時，看見與聽到與往常不一樣的五官饗宴。

（一）忠貞新村米干特色店家

大鬍子米干、周家米干、陳家米干、阮家（阿珍）米干，這幾家應是最早期在忠貞新村販售米干的店家，有的已交棒給第二代，有的已化為記憶中的印象。

忠貞新村的米干是各具特色，較為人所熟知店家，老闆就是招牌的「大鬍子米干」，現已交給第二代經營。忠貞新村最有名氣的打卡熱點，以國旗屋打響名號的「九旺米干」（後改名為老旺米干，現統一稱呼為國旗屋），每年元旦升旗及國慶升旗與傳授雲南打歌的店主而聞名。創店老闆以推動雲南打歌有名及現任老闆推出創新料理的七彩米干（雲南馬卡龍），為父傳子的最佳

〔註14〕焦桐，《滇味到龍岡》，頁62。

典範的「雲鄉米干」。雲南公園旁與國旗屋相鄰，吃米干認老闆娘臉為招牌的「阿秀米干」。阿秀米干老闆娘妹妹所開，系出同門的「來來米干」。感受雲南異鄉風情及牛趴呼（清燉）風味的「鄉味米干」。充滿國家情懷及走精緻風的「雙十米干」。傳承老店周家米干且具傳承與創新的「阿嬌米干」。與國旗屋為親兄弟所開的米干店「大理米干」。

在地特色店家，地點位置便捷好記的，有位於龍岡清真寺旁的「唐記米干」。滿滿雲南風情菜單供君挑選的「向記米干」、「雲南人家」、「老雲南」等店家。有二十四小時營業的「楊家將米干」。與楊家將米干同一個媽媽傳承手藝，各有千秋的「雲南小館」。觀光客滿滿的「無招牌米干」，改變為現有名字的「忠貞誠米干」。有緬甸曼德勒滋味的「異鄉瓦城小吃」。可品嘗較清淡湯頭的「陳家米干」。以船型碗裝容器大份量為主的「宏珍米干」。回民（伊斯蘭教）所開的「不一樣小吃館」與「閃妹米干」及「清真園——回民料理」米干店家。蛋花滋味豐富的「蔡記米干」。吃的就是雲南家鄉味的「盧媽媽米干」。忠貞新村中老字號的「禧年米干」。米線聞名的「光復雲仙小館」。主打好吃滷味的「忠貞眷村口米干」。清淡口味的「忠貞米干」。吃素的朋友也可品嘗的「李記素食米干」。全新改裝有文青風的「異域 MORTAR & PESTLE」米干店。標榜龍岡第一家的米干店「胡家米干」。

根深集團企業旗下的餐飲連鎖，「七彩雲南」、「阿美米干」、「云滇」、「小云滇」、「版納傣味」、「八妹婆婆」，由內部呈現不同異國風味所主打的米干系列。當然還有許多知名但未在商圈中的米干店，如阿珍米干、大漢饌……等，就印象中介紹，恐有疏漏，也請各米干店主包涵見諒。

圖 3-9：各領風騷的米干店家

清真園——回民料理米干　　　　　　　　　忠貞眷村口米干

向記米干

阿珍米干（老店之一）

禧年米干（老店之一）

李記素食米干

唐記雲南米干

忠貞誠米干

有唐明寶（緬甸油飯）的回民米干店

宏珍過橋米線、米干店

大漢饌雲南拉麵

光復雲仙小館

雲南人家

蔡記米干

清真認證的閃妹小廚

忠貞米干

雲滄小館

雲廚世家

雲南小館

楊家將米干米線

味珍雲南素食米干　　　　　　　　　　盧媽媽米干

胡家米干　　　　　　　　　　　　異鄉瓦城小吃

圖 3-10：忠貞新村米干店分布圖（參考黑洞雪莉部落格自行勘查繪製）

（二）米干店發展的起源

在林欣美《族群經濟與文化經濟的對話──中壢火車站和忠貞市場南洋背景商店的比較研究》〔註15〕論文中將忠貞市場的米干店的由來做出說明：

> 早期忠貞市場主要是由滇緬撤來的軍眷擺設攤位而成，起初在忠貞新村中並沒有一個明顯的且固定的市集存在，周雲南小吃店、大鬍子米干、阿美米干以及忠貞雲鄉米干老闆也表示，住在這附近居民一開始為了生活上的種種需求，有人在自家竹籬笆前經營雲南小吃，有人自己動手耕種蔬果或飼養牲畜，這些居民帶著自家牲畜、蔬果或者自己烹煮的菜餚，進行以物易物的商品交易行為，而這個風氣逐漸形成忠貞新村的特色，越來越多居民也開始在自家門前販賣起家鄉味的小吃，但都維持著小生意或者小麵攤之類的飲食店，並沒有產生大規模型態的店家……。會形成忠貞市場並非由政府（官方）來規劃，是由於人潮逐漸在此經營一些攤位或商店，才有現今忠貞市場的規模出現。

本研究所訪談者或報導人，其米干店的起源經過如下，也是目前在臺雲南籍人士來臺的原因：

1. 戰爭遷移

張老旺（國旗屋），為滇緬孤軍游擊隊支隊長張健生之子，隨父親於民國四十二年（1953）來臺。

2. 來臺求學

由段嘉莉（鄉味米干）轉述其妹段嘉秋來臺經過，我（段嘉莉）妹妹是僑生來臺灣讀大學（政大），妹夫是北科大（緬甸僑生）。現在妹夫回緬甸發展，所以妹妹跟我一起住，我（段嘉莉）就開了雙十米干給妹妹經營，我也會來幫忙。

3. 來臺依親、撫養

報導人張學初（雲鄉米干1），是在緬甸果敢山生，祖籍雲南鎮康。根據其述說可知，我（張學初）爸是老兵，我是反共救國軍的第二代，爸爸來臺後才把我接過來。

〔註15〕林欣美，《族群經濟與文化經濟的對話──中壢火車站和忠貞市場南洋背景商店的比較研究》，頁33。

　　張國偉（雲鄉米干2）太太，也是緬甸華僑，由張國偉的談話中得知，我太太是我爸（張學初）介紹的，張國偉太太是緬甸東枝人，在緬甸的家鄉也是果敢，張國偉太太是來臺灣依親後，在臺中居住。張學初對來臺依親較有認識及會辦手續，張國偉太太的姨媽知道桃園忠貞新村有這個會辦來臺相關手續的人，就委請我（張國偉）父親幫忙辦理來臺依親手續，後由依親變成撫養，因為來臺時已十五歲，要辦依親時已五專畢業且年齡已過，所以無法辦理依親只能辦理撫養。

4. 婚姻關係

　　段嘉莉（鄉味米干），約 30 歲藉由婚姻關係過來的，先生去緬甸娶我，我再過來臺灣的，我（段嘉莉）先生是去緬甸臘戌娶我的。

　　謝民嬌（阿嬌米干），我祖籍在雲南但是我在緬甸出生，我出生是在傣族的地方，那地方呈現的是少數民族的風味。我是在西雙版納附近是臘戌地區（出生長大）。後來嫁給嫁給張老旺（國旗屋）妹妹的兒子，我們是相親認識的。

　　陳蘭秀（阿秀米干），我祖籍是雲南鎮康，祖輩之後也在緬甸臘戌落腳，我是張學初（雲鄉米干 1）去緬甸把我娶回來的。

　　探究所訪談的米干店的起源及開設，所採行的是藉由姻親關係來臺灣發展起來，而可分成兩大部分，一部分是由張學初及其太太陳蘭秀（阿秀米干）所建構，如雲鄉米干、鄉味米干、來來及雙十米干，都是與其（阿秀米干）有姻親關係或曾於其店內工作過後再自行開業或接續家業。另一個為由原本最老米干店之一（周家米干）所傳承及去該店打工學會米干相關製作後，開業的米干店，如阿嬌米干（傳承）及國旗屋（自行開業）。所以當顧客去相關聯的店家品嚐米干時，會有似曾相識的口感出現，細微差異是在各家米干店不同的調味部分。

三、米干的記憶與想像

　　在 Harold R. Isaacs《族群》一書中所提，從先人那邊，集體經驗與個人的歷史和起源緊密結合，這種把過去與未來串連起來的「時間」定位，滿足了個人某些最深沉，最迫切的需要。……此一共同擁有的過去，即是每個人的歷史起源，深植於個人認同之中，而個人認同又是基本群體認同的一部分，兩者都是同一個模子打造的。〔註16〕藉由一同經過的顛沛流離，又進入一個

〔註 16〕Harold R. Isaacs，鄧伯宸譯，《族群 Idols of the Tribe》，頁 178～179。

異域陌生的環境，想像記憶中痛苦與美好的滋味皆須找尋到發洩的出口，而米干正是勾起族群中，內部最深刻對故國家園的依戀及不捨，而族群在保存自己的歷史上，許多族群與文化無不竭盡全力，好讓族群的記憶得以鮮活地流傳給後代，但巨大的變動往往使一般人很難保留這類資料。〔註17〕

林開忠認為，族群食物的偏好成了文化邊界的標誌，可判別自我與他人之間的差異，可視為是族群認同上的重要表徵。〔註18〕

（一）大陸及滇緬邊區時期對米干的記憶

李嘉德在提及馬幫時也順便回憶起逃難時，在滇緬邊境對米干的印象：

> 當地市集是很多逃難的漢人，在那個地方蓋房子，一蓋一整排，蓋起
> 來以後，兩排住家的中間就有一些空間，也蓋茅草屋，用竹籬笆搭建
> 起來，離地大概一公尺，一小格一小格連起來就算店面，在那邊擺小
> 攤，賣些布料、煙草、糖、緬甸的一種雪茄、泰國的布料阿，馬幫下
> 去也會弄一些在那個街上擺，也有賣菜、賣米干和涼粉。〔註19〕

覃定榮（雲南車里人），在口述訪談中提到：在緬甸游擊生涯中「我家裡就在猛勇那裏做點小生意，賣點米干、米線等等，生活才勉強過下去。」〔註20〕

李玉蓮口述，我在緬甸當陽出生，家裡在有記憶就是做一點米干賣，環境不是很好，且父母親做此工作太累了。〔註21〕

刀雲仙（西雙版納水擺夷）的訪談記錄中得知：「我們在西雙版納多半吃糯米，粄條（米干），米線是另外一種米，我們叫『飯米』，一般來說，兩種米都是主要食物來源，但逢年過節時糯米吃的比較多，因為節慶時所做的應景食品，大多是糯米當原料。」〔註22〕

祁小團（雲南鎮康）的訪談記錄中說道，民國三十八下半年（1949）：「在

〔註17〕Harold R. Isaacs，鄧伯宸譯，《族群 Idols of the Tribe》，頁180。

〔註18〕林開忠，〈跨界越南女性族群邊界的維持：食物角色的探究〉，《臺灣東南亞學刊》，3卷1期（2006，南投），頁74。

〔註19〕黃琇美，《環境教育在歷史教學上的理論與實踐──以桃園縣龍岡地區忠貞新村的人文環境為例》，頁357。

〔註20〕龔學貞等口述，張世瑛、葉健青主訪《不再流浪的孤軍──忠貞新村訪談錄》，頁206。

〔註21〕黃琇美，《環境教育在歷史教學上的理論與實踐──以桃園縣龍岡地區忠貞新村的人文環境為例》，頁196。

〔註22〕龔學貞等口述，張世瑛、葉健青主訪《不再流浪的孤軍──忠貞新村訪談錄》，頁85。

逃亡期間，先跟者別人賣豌豆涼粉，從早到晚做生意⋯⋯我除了參加游擊隊外，還邊走邊賣豌豆粉來維持最基本生活，通常我們最多一天只吃兩餐。」〔註23〕

段嘉莉（鄉味米干）說道，「我從小就吃米干長大，臘戍地區米干、麵都有，還有米線跟粑粑絲。緬甸粑粑絲比較多。」

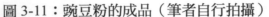

圖 3-11：豌豆粉的成品（筆者自行拍攝）

豌豆粉成形倒入容器成型　　　　　　　　豌豆粉切片分裝

（二）在臺米干店的創立與記憶

1. 米干創立的記憶

米干店皆以各自記憶中的味道呈現，這是屬於異域孤軍的味道，在品嘗米干時，如果您知道異域孤軍的歷史，可以感覺另一種戰爭的記憶，這是一種生活克難時期的食物，處處顯露著因陋就簡的簡樸食物，在那個所謂異域烽火，朝不保夕的亡命時代，能有一碗米干吃就足矣了。走過了顛沛流離的動盪時代，現在所呈現的米干是加了豬肉、豬肝、蛋包如此豐盛的配料，是一種奢侈的享受，是緬懷過去給自己內心創痛的撫慰，也是在感謝在現今的土地上能延續家鄉鄉愁的記憶。

周家（周朝義）米干店的創立，在民國五十年（1961）開始經營，一開始是在眷村自家門口擺設小吃攤，店主本為雲南反共救國軍一員，因夫妻倆懂得料理雲南菜便一同開設雲南米干店，也是因為希望能有穩定收入。〔註24〕後傳承給兒子經營五到六年因生病而無法再做，女兒也沒意願接手，因此轉為阿嬌米干接手承襲老店風味。

大鬍子米干店老闆（大鬍子是老闆的招牌），因具有反共救國軍背景，來臺後繼續於軍中服役，直到退休，為維持生活開銷，便與同為雲南籍妻子一起經

〔註23〕龔學貞等口述，張世瑛、葉健青主訪《不再流浪的孤軍——忠貞新村訪談錄》，頁 48～50。
〔註24〕林欣美，《族群經濟與文化經濟的對話——中壢火車站和忠貞市場南洋背景商店的比較研究》，頁 91。

營雲南米干店。烹煮米干、米線手藝是再去學的，並不是一開始就會的。〔註25〕

2. 忠貞市場與米干的關係

未拆遷前的米干與忠貞市場之關係如下：

> 忠貞新村原市場在拆遷前範圍，是以前龍街、後龍街、龍平路、中山
> 路、貿東路為主。前龍街為正式進入忠貞市場內第一條道路，有三家
> 專賣滇緬口味小吃店，分別是新曼谷（泰式）小吃店、雲滇小吃店（阿
> 美米干分店，裝潢與客群導向不同）、無名米干（現忠貞誠米干店）。
> 後龍街有名外省美食是秦記饅頭，只有一家帝冠雲南米干，販賣米
> 干與粑粑絲等料理，因後龍街多數商家非雲南及住戶，因此在此處
> 也是以販售閩、客等飲食商品為主。
> 龍平路上與米干的相關店家，有攤販類型的何媽媽醬菜、大鬍子米
> 干、雲南小館、忠貞雲鄉米干、九旺米干（現國旗屋），此區為較接
> 近忠貞市場內部位置，可連接龍東路巷弄小徑，分別是陳家米干與
> 好料理小吃。
> 中山路是忠貞市場最多滇緬小吃店、攤販所聚集的路段，最明顯聚
> 集地是龍平路與中山路上，米干店有：忠貞馬家、阿美米干、（阮）
> 阿珍米線、伊斯蘭泰國雲南小吃店、光復雲仙小館。〔註26〕

林欣美，《族群經濟與文化經濟的對話——中壢火車站和忠貞市場南洋背景商店的比較研究》原住戶米干店家亦提及：

> 目前在忠貞市場經營滇緬料理的小吃店或攤販，她（他）們很多，
> 以前就是住在這的居民，而父母親那一代也都是軍人和眷屬最多，
> 承傳著上一代父母親的烹飪技巧，到了她（他）們這一代接手繼續
> 經營起滇緬料理餐飲店。在忠貞新村還未拆遷前，眷村的位置是在
> 現今龍東路和中山路上，目前還可看見許多滇緬商店聚集在龍東路
> 和中山路上經營小吃店和攤販，此處也成為每逢假日時人潮最多、
> 最熱鬧的地方。〔註27〕

〔註25〕林欣美，《族群經濟與文化經濟的對話——中壢火車站和忠貞市場南洋背景商店的比較研究》，頁91。
〔註26〕林欣美，《族群經濟與文化經濟的對話——中壢火車站和忠貞市場南洋背景商店的比較研究》，頁36。
〔註27〕林欣美，《族群經濟與文化經濟的對話——中壢火車站和忠貞市場南洋背景商店的比較研究》，頁36。

圖 3-12：原忠貞市場米干店及滇緬商家分布圖

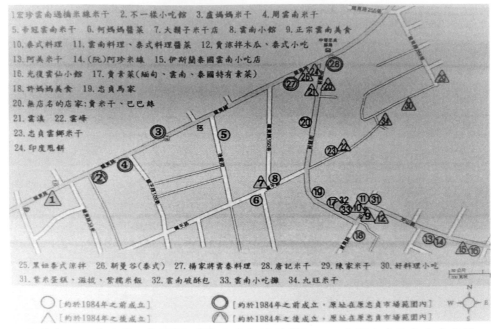

資料來源：林欣美，《族群經濟與文化經濟的對話——中壢火車站和忠貞市場
南洋背景商店的比較研究》，頁 35。

3. 受訪者米干店的創始經過

張學初（雲鄉米干 1），訪談中所說，忠貞新村龍平路上米干店，基本上
都是有姻親關係的：

> 在龍平路上米干店，大都有親戚關係（國旗屋是我堂兄（張老旺）
> 開的，阿秀米干是我太太（陳蘭秀），雙十米干是我太太堂弟的老婆
> （段嘉莉）開的，雲鄉米干是我兒子（雲鄉米干店主），來來米干是
> 我太太妹妹），姻親家的米干店都是自己做米干。像阿秀米干是我老
> 婆陳蘭秀的（二兒子負責）、我是雲鄉米干（大兒子負責）。陳蘭秀
> （阿秀米干）在緬甸就已經做米干，我還沒跟她結婚她就做米干了。
> 我約民國七十年（1981）左右到臺灣，到臺灣後才做米干。我爸是
> 老兵，我是反共救國軍的第二代，爸爸來臺後再把我接過來。我跟
> 太太在緬甸認識結婚後一起過來。

張國偉（雲鄉米干 2）也說出自己是如何接下雲鄉米干的經過：

> 民國八十三年（1994）開始接觸米干到現在，之前是協助幫忙性質。
> 本來是在部隊服務，一直升到少校服役滿二十年後，陰錯陽差退下

來，退伍後直接作米干。我爸想退休，年紀大累了，問我想不想做，不想做就租給別人，當下自己也沒別的選擇，自己就把這家店接下來，做到現在。

陳蘭秀（阿秀米干）對自己創設米干店的記憶：

我約十五至十六歲就開始作米干，在緬甸就開米干店，從小就跟我媽就開始作米干，我現在快七十歲了。民國七十一年（1982）到臺灣，進來後先上班後過了約年才開始做米干，先在克林登工廠做，克林登關門後就做米干，不會因為觀光客而改變口味，就在調味與米干製作上都是雲南味。我們剛來臺灣時，吃老一輩米干（周家、大鬍子）是還好，但湯頭不習慣，買回來都自己再加料及醬，我的醬料有（辣椒油、花椒油、芝麻油、大蒜油），在緬甸時都是用石磨去磨米漿出來，來臺灣剛開店時就開始用機器磨了，緬甸跟臺灣味道就是不同，有些店家做米干還有摻別的配料所以口感就會不同。

段嘉莉（鄉味米干）對自行開業創立米干店在訪談中提及：

到臺灣後想開米干店，個人認為這應該是個傳承吧，因為從小吃到大，來臺灣後先上班約十年，約民國一〇六年（2017）開鄉味米干，因為有興趣，所以開鄉味米干，自己原本的工作是電子業。當初嫁來臺灣時，很好找工作，但是因為電子業工作累，所以想換環境，當初自己也是摸索要如何做出米干，雖然在緬甸就知道米干要如何做，只是來臺灣後，要再自己去試如何做出來美味又好吃的米干，自己也曾在阿秀米干幫忙過，所以會對整個米干製程及配料更加熟悉，也讓自己開業能站穩腳步，更進而協助妹妹開立雙十米干店。

謝民嬌（阿嬌米干），對自己米干店的由來歷程，有詳細描述：

之前接觸米干已經有十七到十八年了，前面已在周家米干做過，我自己是在婆婆（張老旺（國旗屋）的妹妹，張玲慧女上）牽線下，進入老店「周家雲南米干」成為接班人，自己是將對米干既定印象打破，從零開始學起。

周家米干是最早的米干店之一。剛開始我來周家店裡工作只是為糊口，因為做米干真的很累，而且我家從小就是做粑粑絲（緬甸），

> 我雖然沒下去做，但光是看就真的很累（蒸米干很辛苦，我娘家是
> 粑粑絲工廠，我自己看工人工作，都覺得很辛苦），所以剛開始沒
> 想接手。後來是因為我先生沒工作，因為他工廠遷到大陸，所以家
> 庭受到影響。我周遭朋友也是工作被裁員不穩定，碰巧周家奶奶本
> 想把這門手藝傳給他兒子，他兒子做了五到六年後來不想做，女兒
> 也因為生病不想接，然後周家奶奶就問街坊鄰居有誰願意接手，我
> 本在周家米干店打工，但覺得工作很累，我聽到店要頂讓，所以我
> 在要不要去接米干店的意願掙扎中，後來我婆婆跟周家奶奶是親
> 戚且很要好，問一下我願不願意接手，於是我就去接了。我在緬甸
> 就已經知道作米干的流程，知道要有哪些東西，我接了後，學二個
> 月就能上手了，就像廚師一樣，本來就知道廚房東西如何使用，現
> 在有人告知訣竅會學得會更快。我自己接手是民國一〇一年
> （2012）。周家奶奶在我接手後有指導我做米干跟賣米干，將米干
> 口味調整到原眷村居民認可的口味，在觀光客源的增加下才退休
> 享清福。然後再跟我說，正式接手後就把店名改成自己的名字！這
> 樣才是擁有自己的店。

民國一〇一年（2012）「阿嬌米干」在龍東路開幕，賣的除了周家奶奶的雲南家鄉味米干回憶，也增加了兩款美食，表達自己對緬甸的思念──「京東米線」與「魚湯麵」，現在店面，也轉移到忠貞商圈，中山路上米干聚集點落腳。

張老旺（國旗屋）很自豪地介紹自家米干：

> 我這米干是自己做的，忠貞新村每一家的手工米干都差不多，最主
> 要是在湯頭，我們店裡的風味是道道地地金三角風味，因為我老婆
> 就是那裏人（由張學初（雲鄉米干創始人）介紹去迎娶的，在緬甸
> 耿馬地區），現在營業地址的國旗屋，是我去跟地主買下來的，我當
> 初因為某些事情從軍中退役（本為職業軍人），後來曾做過工人，開
> 過校車，之後購買了這塊地，讓太太開始經營米干店。

張老旺的國旗屋米干店原名為「九旺米干」，演變成「老旺米干」，再來改為「國旗屋」，為龍岡地區的知名地標，想去忠貞新村不知如何去，只要說國旗屋是人人皆知。

忠貞新村住民依果（緬甸當陽擺夷族）對早期米干店的印象是，我在鄰

居家幫忙賣米干，……每天工作就是早上三點鐘得起床幫忙開店，一直做到早上十一點多。〔註28〕

（三）記憶的凝聚與想像

趙婉君，《屋裡屋外的味覺展演——以清境地區族群為例》對族群飲食有其說法：

> 族群飲食依循歷史脈絡的腳步，可形塑出代表族群文化的飲食內涵。而族群在不同環境、文化背景下，亦可能造就出差異化飲食。可理解的是族群並非封閉的，飲食在外在環境改變及族群外移的牽動下，所產生的變化更在所難免。同樣的，族群飲食歷經變遷後，亦可能對於族群文化內涵產生影響。〔註29〕

張老旺（國旗屋）認為，忠貞新村保存下來最重要的文化之一，就是居民從緬甸帶到臺灣這片土地上的「米干」飲食，代表了雲南文化的傳承。張老旺（國旗屋）也在訪談說道：

> 忠貞新村保存下來最重要的文化之一，就是居民從緬甸帶到臺灣這片土地上的「米干」飲食，代表了雲南文化的傳承。以前國慶日，全臺灣都有旗海，現在旗海只能在國旗屋看了，每年元旦我們這裡會舉行升旗典禮，今年國慶，民國一〇九年（2020）我也準備三萬面國旗，現在中華民國慶典全國掛國旗最多地方，不是在總統府是在我這。我對國旗很有感觸，因為有它也才有我，有人說我是沾了米干節的光才有國旗屋，他們搞錯了，是先有我的推動並以國旗打響名號，才有米干節的誕生，我的國旗都是我自己掏腰包買的，國旗屋歸我太太管，我現在是以打工的性質，我太太給我薪水買國旗，這是我對國家的懷念，也是我對我父親的懷念。

藉由國旗屋米干店的開設，米干的滋味讓張老旺（國旗屋）將國家與族群相結合，米干的滋味延續在建築物空中的國旗飄揚上，張老旺心中對國家的認同隨著國旗飄揚，得以紀念顛沛流離的大半生，而米干的推廣讓族群文化得以傳承，思念中雲南的想像，得以隨米干在食用中熱氣裊裊而上，忠貞新村那段雲南族群們一同奮鬥的歲月，將永遠烙印在他心中。

〔註28〕龔學貞等口述，張世瑛、葉健青主訪《不再流浪的孤軍——忠貞新村訪談錄》，頁93。
〔註29〕趙婉君，《屋裡屋外的味覺展演——以清境地區族群為例》，頁84。

段嘉莉（雙十米干）在訪談中說出對家與國的想像：

> 雙十米干店二樓，在用餐空間的中間桌上，鋪上國旗是以愛國為主
> 體展現，那是我對中華民國的感覺，一樓冰箱上的兩個小國旗，分
> 別是緬甸跟中華民國，是代表自己所認同的兩個國家或地方，一個是
> 出生地，一個是日後埋骨的地方。我自己平常飲食是以魚湯麵或米
> 干混著吃，都是我生長記憶以來所吃的食物。

圖 3-13：雙十米干店，中、緬國旗展示（筆者自行拍攝）

張國偉（雲鄉米干店主）用眼神凝視牆上照片及物件時說道：

> 自己有空餘時間會想用圖片，想將牆面裝飾在奶奶還在世時，由緬
> 甸時期帶來的文物如爸爸（張學初）（雲鄉米干創始人）小時候使用
> 的帽子及草鞋，比較有意思的東西，再加文字敘述，以說故事的方
> 式來加強自己所欲表達對忠貞新村的認知，與懷念及對故鄉的感
> 覺。曾收集過眷村老照片，對自己生活成長下青春年少的眷村時光
> 遙想。

米干除以姻親關係為主的店家外，還有一個是米干界連鎖型企業，在忠
貞新村起家，根深集團創辦人（王根深）由他所說的創業理念，頗能將記憶
的凝聚與想像做一個向外發展的說明。忠貞新村開始一間小飲食店（阿美米
干）將米干店發揚光大，再將流落在在泰緬各地的親人都接來了臺灣。成立了

根深企業，創造了「七彩雲南」、「阿美米干」、「云滇」、「小云滇」、「版納傣味」、「癮食聖堂」、「阿美金三角點心」、「黑山銀花」、「阿美米干1981」、「八妹婆婆」等品牌，成功的將雲南飲食和雲南文化帶入臺灣了大眾的印象。

　　根深連鎖企業，在忠貞新村以阿美米干為主體，並藉由各自品牌所創設的分店，店內裝潢，融合傳統雲南少數民族及現代簡約風設計，連店員所穿著服飾皆是經過設計改良的雲南少數民族服飾，除了硬體設施外，牆上所掛照片、店內播放的音樂，皆是挑選過符合各家店主體經營所營造出的氛圍。在品嘗雲南美食時，聽著雲南小調，觀看牆上對雲南風俗介紹，了解飲食與文化的傳承，兼顧了五官的感受，彷彿到了另一個國度，一個想像的異域風情出現。

　　黃琇美論文中，王根深自身對企業集團由來的口述訪談中，可以一窺想像的文化及飲食空間形成的概念：

> 米干店大部分是單店經營，父親守完換兒子守，不會去做改變的。比如我們做吃的，不單單是味道要好，味道是最根本的，但是文化呢？你就要把文化加上去，文化就包括服飾、音樂等。我們店裡的音樂是雲南小調，就只能放這個，他是一種味覺、視覺、感覺的綜合，味覺就是你吃的味道對不對味，視覺是你看出去的裝潢、服飾適不適合，那感覺就是音樂還有服務態度等，這些都要抓得準……。還要把食物做的有故事性，例如過橋米線的小故事啊，這要做出來，「食物」賦予他生命就有傳奇性……做飲食也是，要把食物的故事性還有文化加上去。〔註30〕

　　王根深所創建的連鎖集團企業，在雲南文化空間想像上，如同他自己當初創立阿美米干的想法：「人都是有個階段性的想法，哪個才是你要的樣子？」〔註31〕當雲南料理，藉由異域孤軍由滇緬邊區飄洋過海來到桃園龍岡忠貞新村，一個異鄉遊子所創造的雲南家鄉味，征服了臺灣人的味蕾，也以傳統的雲南味，加入創新的緬泰味，讓遊子的鄉愁轉為在地的記憶，營造另一個異域想像的空間。

〔註30〕黃琇美，《環境教育在歷史教學上的理論與實踐──以桃園縣龍岡地區忠貞新村的人文環境為例》，頁41～42。

〔註31〕黃琇美，《環境教育在歷史教學上的理論與實踐──以桃園縣龍岡地區忠貞新村的人文環境為例》，頁43。

圖 3-14：根深集團連鎖企業（筆者自行拍攝）

阿美米干

阿美金三角點心店

八妹婆婆

七彩雲南

版納傣味

小云滇

癮食聖堂

異域故事館

　　當根深企業以連鎖店形式，並以不同品牌區隔客源下，除區分不同群體的觀光客，也以美食招睞客源，藉由外場服務人員的服飾，穿著具滇緬少數民族風情，以雲南擺夷民族風為主，店員並相互以雲南話的交流，老闆也會

親自在店裡招呼客人，並使用雲南話問候對方，給觀光客宛如到「異域」一般的身歷其境，充分表現出藉由文化模式帶動經濟效益的「文化經濟」特色，〔註32〕此一特色也渲染至訪談者的店家，各以其族群的特色訂製對應的衣服，而逐漸形成包含「文化經濟」屬性的經營方式。

（四）凝聚在米干下的共同記憶

王明珂以其經驗提出自身對族群的看法，可替忠貞新村的雲南族群，下一個共同記憶的註腳：

> 社會學者或文化人類學者大多有一共識，那即是族群並不是單獨存在的，它存在於與其他族群的互動關係上，無論從族群關係或族群本質來看，我們可以發現，沒有族群意識就沒有本族意識，沒有「他們」就沒有「我們」，沒有「族群邊緣」就沒有「族群核心」。〔註33〕

忠貞新村居民以雲南裔為多，在異域孤軍退到滇、緬、泰附近區域生活時，部分與當地通婚而一同來臺，大部分皆未娶親，而由雲南西南角邊區民族概況，除漢族外，以傣、苗、彝回、卡瓦等族最多，傣族（擺夷）多分布於西南部，從事農耕，民性純厚。苗、彝回等族居於滇省東北及滇西山谷地區。卡瓦族則住滄源附近之卡瓦山區，民風較為強悍，多嗜煙酒，出產不豐，生活艱苦，各族之間，不相往來，各自為政，仍以土司為最高統治者。〔註34〕

《雲南反共大學校史》中提及游擊隊在滇緬當地主要飲食，擺夷生活簡樸，只吃糯米飯而不吃菜，即使吃菜也是吃一些咪咪嚓嚓（溝邊野芹和蕨菜，河中小魚、小蝦，統稱為咪咪嚓嚓），滇緬邊區除擺夷主食（糯米）。〔註35〕山胞主食（玉米、馬鈴薯）和我們教種的旱穀（臺灣的在來米）外，就連蔬果也是野生的多。很少人種植，也不會種植。〔註36〕各部隊早以生產菜蔬，惟缺佐料，所以趙師母（時任雲南省府參議兼財稅副處長趙鴻德夫人）專種各種佐料，諸如：香菜（芫荽）、薄荷、紫蘇、蒜苗、番茄、小蔥、生薑、辣椒、

〔註32〕林欣美，《族群經濟與文化經濟的對話──中壢火車站和忠貞市場南洋背景商店的比較研究》，頁119。

〔註33〕王明珂，《華夏邊緣：歷史記憶與族群認同》（臺北：允晨文化公司，1997年），頁24。

〔註34〕龔學貞等口述，張世瑛、葉健青主訪《不再流浪的孤軍──忠貞新村訪談錄》，頁6。

〔註35〕譚偉臣，《雲南反共大學校史》，頁87。

〔註36〕譚偉臣，《雲南反共大學校史》，頁187。

大蒜頭⋯⋯等。〔註37〕

在羅子喻《跨越三代尋找自己：一位社會工作者的自我認同敘說》由梅蘭華口述可知：

> 我的家族是傣族，我是漢傣⋯⋯打仗時環境跟生活都不好過，煮飯就是拿幾個石頭擺在一起墊著，米放在鍋子裡這樣就煮了，煮到一半忽然聽到有人說要跑了，但米很珍貴，不能丟阿，就把米倒進去芭蕉葉，包起來就趕快跑，你看現在市場裡面有人賣芭蕉葉包飯，以前我們就是這樣吃的。〔註38〕

由葉子香訪談紀錄中所提，在其訪談人哈尼族（阿卡）的甫妹（報導人化名）說：「我們不會做米干」，雲南著名豌豆粉、米干、米線等豆類米製食品，是漢族與傣族的加工食材。〔註39〕

藉由以上資料也可反映當時異域孤軍退至緬甸時，糧食及生活日常的飲食問題是如何解決的，也可呼應出米干的起源是來自雲南，此一說法是確實可考的。

忠貞新村以雲南為背景，在滇緬邊區撤退來臺後，以米干為飲食記憶的傳承，所構成的社群，在臺灣是具有獨特性的。所謂的社群，大致可界定為彼此認同、具有共識的任何一群人，不論這種認同感是居於居住地、種族或族群、宗教、組織結盟、或是職業而產生的。〔註40〕

段嘉莉（雙十米干）的店門口，有色彩鮮明的兩面招牌，招牌上所說的兩句話：「也許我們不一樣，但是我們有一個共同的生日叫雙十」藉由雙十國慶，突顯國家認同的展現。另一個：「彩虹之所以美麗是因為他不分顏色」以彩虹符號的七彩顏色，作為雲南多元族群的集體意識凝聚。這兩面招牌所欲表達的是忠貞新村雲南裔居民，由自身所面對的困境及經驗，希望在臺灣這地區人們能由相互團結，不論先來或後到，皆能團結在一個共同的國家信仰下，與不分族群間的和平共榮相處。（招牌中揮舞國旗的小女孩是雙十米干店主的女兒，內文中的文字皆是店主夫妻所構思出來的，兩者皆為緬甸來臺僑生）

〔註37〕譚偉臣，《雲南反共大學校史》，頁190。
〔註38〕羅子喻《跨越三代尋找自己：一位社會工作者的自我認同敘說》，頁48。
〔註39〕葉子香，《文化的認同與變遷——以居住台灣的雲南族群為例》頁84。
〔註40〕Donald A, Ritchie，王芝芝譯，《大家來做口述歷史》，頁377。

圖 3-15：米干下的族群認同（雙十米干店外招牌）（筆者自行拍攝）

也許我們不一樣，但是我們有一個共同的生日叫雙十

彩虹之所以美麗是因為他不分顏色

張國偉（雲鄉米干2）在訪談中提到藉由米干所凝聚的族群記憶：

> 我們人在臺灣但是心還是繫念著緬甸跟泰國的親人，像我太太也是緬甸華人，岳母現住在緬甸，我們很多親人都在泰國，所以對緬泰存有很多情感在。當我們人在緬泰那邊，所接觸的事物其實都在臺灣，現在已在臺灣很多東西不得不偏向臺灣了，我能簡略用三句話表達大部分忠貞新村雲南人的心理「雲南根，泰緬情，臺灣心」。

陳蘭秀（阿秀米干）所說：

> 現在雲南人包含眷村搬出去的，只有過年回來買臘肉跟豆腐腸，米干就是嘴饞想回來填飽肚子而已。買香腸、臘肉是找回那個屬於童年過往的眷村回憶。

當眷村原住戶又回忠貞新村吃米干，老闆娘（陳蘭秀）含蓄說，只是為填飽肚子罷了。但在雲南族群的記憶中，米干除了吃得溫飽外，吃的是老一輩在顛沛流離下的苦難中甜美的回憶，中生代迴響在忠貞新村過往年少與放蕩不羈的青春，新生代再由米干的滋味與父、祖輩口耳所說，由記憶的凝聚與想像，再次傳承族群文化而使其一直延續下去。

葉啟政，〈一塊被撕裂的土地——台灣人失落的國族認同迷思〉提出在老一輩的本、外省人逐漸退出歷史舞台，接下來的世代在族群不斷融合下，共享更多生命經驗，在臺灣內部現今的改變，而有不同階段的歷史軌跡出現，當然舊世代所累積的歷史經驗還是具有磁滯作用，影響下一個世代。〔註41〕

藉由大眾傳播媒體的廣泛渲染下，目前大家已先撇開國家認同的問題，在臺灣群眾集體的記憶中，米干已成為忠貞新村的印象符號，大眾媒體對閱聽人的認知及感受的營造，更加深入人們對此印象的記憶，由張學初（雲鄉米干1）所說：「要吃米干就是來忠貞新村，觀光客來忠貞新村是以吃米干為主，其他東南亞食物是另一種美食，雙方沒衝突，提供觀光客更寬廣多元的味蕾饗宴而已。」

四、時勢潮流下的轉變

忠貞市場位於前龍街，前龍街亦是商品集散地中心，忠貞市場以及周邊的滇緬美食，都是由民國四十二年（1953）進駐忠貞新村的異域孤軍所引進，

〔註41〕廖炳惠等編，《重建想像的共同體——國家、族群、敘述》，（臺北：行政院文化建設委員會，2004年），頁337～339。

因此形成特殊的異國風味。現今臺灣地區所提供的東南亞美食，絕大多數是位於大型大學週邊及人口較密集處，由來自東南亞僑生或是新住民，因思鄉及謀生所開設的飲食店。但忠貞市場不同，所提供的飲食是為滿足由緬甸來臺異域孤軍的滇緬家鄉味，這是兩者最大的不同點，而「雲南村」就成為附近非雲南裔居民或外地遊客對忠貞新村的稱呼。在忠貞新村拆遷後，還是以原雲南省籍居民為主體，但在米干節的創立後，整個忠貞新村出現了不同的改變，不論是在整體空間、形象塑造、文化巧思下都與外界相交流，唯一不變的就是那記憶中帶著鄉愁的米干滋味。

陳蘭秀（阿秀米干）提到自身店面的改變：

> 忠貞新村改變很大，在遠雄集團所蓋高樓大廈完工後改變很多，變得更加熱鬧。人潮有聚集效應，來的人潮吃米干絡繹不絕，因為很熱鬧，自己現在星期六、日下午都會開店。這一至二個月（2020年7～8月）才開店到晚上，一方面是疫情影響（新冠肺炎），另一方面想趁晚上也有人潮，就想試試看（延長時間）。

張國偉（雲鄉米干）回答筆者店內有何改變時，說到：

> 店內所使用電子化付費及 Uber 等平台介面是自己想出要做這些，當然還是有人推薦，像電子付費這都是別人來店裡推薦的。還有悠遊卡，我們商圈（忠貞新村）可用悠遊卡支付，Uber 是業務來接洽看有沒有合作機會，我聽完業務解說後就簽約，這也是潮流趨勢，但電子商務平台抽取的利潤很高，我的心態是打廣告在平台讓大家更知道，好吃且有家鄉味的米干在雲鄉米干店。現在思索是想做店面的改造，因為現在一般人都注重店面環境，在米干的飲食部分沒有太大變化，一方面是自己時間有限，另一方面我不是餐飲科班出身，對食材並沒有特別的獨特偏好及調配，如自己有在雲南餐館從業或待過，可能會有所創新，但現階段以維持傳統為主。

在口味上是否有所變革？張國偉（雲鄉米干）是這樣告知的：

> 我不會想因為觀光客將米干口味做調整，觀光客來忠貞新村就是為吃這個雲南味道，不會讓觀光客去改變我自身的味道，當然有食客會在我臉書（FB）留言說湯像泡麵的湯，或說火燒生肉太酸，花生芝麻放太多，我會依食客留言去查證，原則上只要不是太超過，

還是會維持原則，不會刻意去調淡味道，如一昧迎合觀光客那就不是我記憶中的雲南味道了。像某些店家會因觀光客要求而調整味道，最後不知是吃誰的味道了。

謝民嬌（阿嬌米干）提及，在米干節的效應下，自身店內裝潢的改變：

忠貞新村的商圈改造由桃園市政府自 2019 開始每年都會挑幾個店家進行協助改造，要檢驗合格才得以協助，我是正好在今年被評選合格是忠貞新村米干店的唯一一家，在政府部門（桃園市政府）釋放補助金額也告知能協助改造店面，正好店面也需要改造，因此我把我的構想告知協助人員，進行店面改造。現在我店裡米干賣到晚上 8 點有一段時間了，本來在龍東路開業約 7 年，搬來現在這地點已 3 年了。別家米干有分時段賣，我是平日有午休，假日都沒休息一直做到晚上。有請工讀生跟一位阿姨一起做。

做長一點也是要增加收入，我個人覺得延長時間跟米干節關係不大，客源不是觀光客為主要，自己覺得米干店不要休息比較好，員工分批輪休可延長店面營業時間。

謝民嬌（阿嬌米干）也提出自身對未來展望：

在米干節的效應下，忠貞新村的商圈改造由桃園市政府自民國一〇八年（2019）開始每年都會挑幾個店家進行協助改造，要檢驗合格才得以協助，我是正好在今年被評選合格是忠貞新村米干店的唯一一家，在政府部門（桃園市政府）釋放補助金額也告知能協助改造店面，正好店面也需要改造，因此我把我的構想告知協助人員，進行店面改造。現在我店裡米干賣到晚上八點有一段時間了，本來在龍東路開業約七年，搬來現在這地點已三年了。別家米干有分時段賣，我是平日有午休，假日都沒休息一直做到晚上。有請工讀生跟一位阿姨一起做。做長一點也是要增加收入，我個人覺得延長時間跟米干節關係不大，客源不是觀光客為主要，自己覺得米干店不要休息比較好，員工分批輪休可延長店面營業時間。我個人不會想把在這的米干帶回緬甸開店，只想不斷鑽研越做越好，自己有個夢想，我想進臺北開分店，想進中和華新街，華新街賣緬甸口味飲食很多，但是沒有賣米干，然後火車站也沒有，所以我夢想去臺北開店，把雲南口味傳出去。

段嘉莉（鄉味米干），對忠貞新村變遷的看法：

> 我開店的時候眷村已經沒有了，跟忠貞新村的聯繫不深，客源以觀
> 光客為主。印象中是民國一○○年（2011）開始的米干節後，政府
> 有開始補助，我沒有去申請，這個商圈只有阿嬌米干（謝民嬌）申
> 請到。我不知道有這項福利，等到阿嬌在整修時我才知道，我也希
> 望能申請到補助。我賣米干時間會賣到一整天，鄉味是上午十點半
> 開到下午二點半休息。雙十是上午八點一直開到晚上八點，因為兩
> 家都是我的，雙十是請妹妹協助管理。商圈的改變對我店面的影響
> 的裝潢也有影響，最近的疫情（新冠肺炎）對我的店面也有點影響，
> 在現代化的潮流下兩家店面也加入流行科技如 Uber，為打廣告及增
> 加營收。

忠貞新村在異域孤軍來臺後，忠貞市場的商圈是以雲南族群為服務對象，
且因人口足以支撐商圈，因此在筆者的印象，一直保存著記憶中的雲南味道。
隨著眷村的拆遷，商圈人潮有一陣子趨於平淡，但眷村居民連結情感還是在，
逢假日、年節即呼朋引伴，攜家帶眷回來品嘗雲南美食，一解思鄉之情。當
米干節的效應及遠雄集團的大樓出現，給商圈店家又不同的刺激，除人潮回
流外，各項新商機的引進及利用，使忠貞新村米干店的名號開始傳播至臺灣
各地，讓更多人慕名而來，有人潮就有錢潮，在工商繁忙社會的家庭或年輕
人常會因忙碌錯過正餐時間或將就在外解決一餐，當知道米干店營業時間延
長，外帶方便的米干可隨即填飽肚子，故很多店家延長自身營業時間，以符
合時代所需，但在口味上還是不打折的，不過在現今疫情下〔註42〕對顧客來
店總量還是有所影響。

〔註42〕疫情：2020 所發生影響全球的 COVID-19（新冠肺炎），因桃園市屬於疫情感
染重大區，也造成觀光客對米干店的卻步。

肆、日久他鄉是故鄉

　　李亦園，《人類學與現代社會》中提及，「人與文化的關係是多層面的，假如文化發展的方面只偏重於某一層面，而忽略了另一些層面，就容易造成畸型的發展。文化對人而言，是有意義作用的，假如忽略了文化對人本身的意義，這就失去其實際存在的真正目的。」〔註1〕

　　Kalra 所著《離散與混雜》說道「離散主體是某種意識的乘載者，此意識提供了差異性的警覺，而此種認知是建立自我認同的基礎，換句話說，離散意識某種程度構成了部分的認同生產與再製活動，透過轉型與體認差異下進行」。〔註2〕

　　李亦園也再提出文化的層面是多重的，「由人與自然的關係，到人與人的關係，一般稱為「社群文化」或「倫理文化」，再次是人與超自然的關係（表達文化），也是本章節欲探討的重點，⋯⋯文化提供一個人在空間、時間、自我存在等認知方面的意義；文化也帶人如何行動、如何實踐自我的準則。」〔註3〕

　　在忠貞新村以國旗為號召，並從「米干」的創新與推廣，口味大眾化與年輕化，店面的改造及更具異域風情吸納新血加入。目前約有二十來家在營業，當公部門的介入後，米干的沿革變遷及口味調配上是否因現實環境的不同而有改變，在公部門所推展的米干節活動，看店家如何進行內部的更新及異域形象的塑造及如何營造出族群的想像認同。

〔註1〕李亦園，《人類學與現代社會》（臺北：水牛出版社，1988 年），頁 80。
〔註2〕Virinder S. Karla, raminder Kaur, John Hutnyk；陳以新譯，《離散與混雜》（臺北：韋伯文化國際出版有限公司，2008 年），頁 51。
〔註3〕李亦園，《人類學與現代社會》，頁 80。

一、鄉愁的轉變

（一）忠貞新村拆遷前後的樣貌

由柏楊所寫的《異域》，並藉由異域孤軍打響名號的忠貞新村，其所在地與龍岡有著緊密相連的關係，在其所面臨拆除命運時，以「龍岡圓環」、「龍岡大操場」、「忠貞市場」等，變成對外所訴求的想像共同體，在外界的認知下，建構出的異域風情，富含滇、緬、泰美食的區域，變成了異域孤軍的代名詞。

由龍岡地區眷村的代表之一「忠貞新村」的興建與殞落，看見國府由民國三十八年（1949）底，來臺後眷村的類型：1. 接收日軍軍事設施及其宿舍。2. 修建既有舊工廠、倉庫、校舍提供遮風避雨空間。3. 自行覓地搭蓋屋舍。忠貞新村歸屬於第二種，雖由國家所興建，但卻是僅夠遮風避雨的狹小空間，沒有衛浴設備或廚房，眷戶必須使用公廁，伴隨著家庭人口的增長，眷戶幾乎都會往外加蓋以滿足全家所需。〔註4〕

當以雲南裔為大宗群體的聚落，忠貞新村面臨被拆除的命運，雖然眷村居民盼望著改建，以搬進所謂現代化的國宅，但在改建後所代表的是桃園所獨有的單一眷村文化的消逝。忠貞新村居民搬遷至不同地區新建國宅後，所直接面對的是需適應現代化的新生活，在高樓林立與電梯升降中，須面對的是一個全新陌生的環境，在搬遷後的眷村訪談中，許多老一輩皆說，搬到新環境，人不認識，好多老戰友都過去了，想以前的忠貞新村，但這只是老一輩心裡的感受，因新的國宅與舊有眷村是對比，明亮寬敞與狹小陰暗，秩序調理跟擁擠雜亂，形成了在生活感觸上的對比。在細究搬遷前的心境不外乎以下三種：〔註5〕

一、樂觀其成：以原先因陋就簡的眷舍，期望進入新居的期待。面對原眷村周遭環境的變化，對自身居住的產生失落感。原眷戶無所有權，遷入新居可擁有自身房產。

二、隨遇而安：部分眷村是原地拆遷重建，原眷戶是能再聚首，且一輩子跟隨黨國，相信黨國會給予最好的安排，且以飄零半輩子，能有一個可與老鄰居閒話家常的現代化建築，其願已滿。

三、眷戀不捨：原眷村的街坊鄰舍是生活重心所在，在搬遷進入公寓大

〔註 4〕黃承令建築師事務所，《中壢龍岡地區眷村調查》，頁 2-5／2-7。
〔註 5〕黃承令建築師事務所，《中壢龍岡地區眷村調查》，頁 2-35～2-36。

樓後，面對陌生環境所產生的疏離感，是原眷戶所不願面對的，因而無法忘情原眷村所給予的人情味與家鄉味。

以忠貞新村為基點所圍繞的雲南米干店，因歷經五十餘年支持的鄉親顧客不在，隨著眷村的拆遷，而散落於龍岡周邊區域，在資本主義市場機制下，一部分因自身年歲已大，就此替自己以前奮鬥歲月畫下句點。一部分搬遷他處另起爐灶，希望憑藉自己手藝站穩腳步，讓新客源能適應並融入周邊族群的口味。再一個即是本論文所訪談的米干店家，守著傳承的記憶，堅持自己由原鄉帶來異域（臺灣）的家鄉風味，一方面迎接在眷村拆遷後，因米干節而湧入絡繹不絕的觀光人潮，另一方面更是守著故鄉的味道，讓分散在各地的雲南遊子，在想念家鄉味時，能有大快朵頤的地方。

在強人逝世，政黨輪替，國家思維漸消逝下，由忠貞新村的拆遷後，摧毀了國族與族群的凝聚力，忠貞新村所建構出的「國族意象」以反攻復國自居的精神堡壘，在被拆毀後國族意象已完全消逝，取而代之是希望藉由「族群意象」凝聚在臺雲南人，但在語言的流失，文化的消逝，年輕人對於傳統飲食記憶不復以往熱情，讓有心維繫族群不散的人們，心中產生焦慮與無奈，雖有米干節的歡騰喜鬧，但其背後所隱藏的卻是「時間不待，後繼無人」的感慨。

二、想像的鄉愁與族群意識的空間呈現

在異域孤軍的認同經驗中，第一代的流亡經驗，由中國雲南到緬甸，或散居滇、緬、寮、泰的離散意識，來臺後塑造出自我族群認同的模式。在世代交替繁衍下，忠貞新村第二代，少部分有著自出生後流離的記憶與在臺灣生長下共同的回憶與歷史經驗，一、二代在離散的記憶是有所選擇與不同的，特別是現今在忠貞新村所接手之米干店負責人，對自身族群認同的內涵形塑及記憶，是以自身離散經驗所建構出雲南族群認同。

（一）米干店內外部空間的意象

1. 米干店家內外部意象空間的轉變

段嘉莉（鄉味米干）的空間裝潢陳設上，想要呈現什麼或給觀光客怎樣的雲南意象？段嘉莉回覆到：

> 如同在牆上圖片的擺設，圖片中那是我們雲南用的香料，有草菓、

花椒等（在緬甸就有在吃）。最早室內牆面的圖片的擺設上，有香料
的圖樣。那是我們雲南用的香料，有草菓、花椒、八角（在緬甸就
有在吃），以味覺的饗宴讓來用餐的客人，可以在品嚐米干時，感受
我記憶中的雲南印象。我的香料現在都是由緬甸進口的，米是臺灣
的有固定商家叫來的（作米干用）。現在店內另一側牆面還可看見三
個小孩遙指遠方，感覺充滿雲南的意象，段嘉莉告知，那是在網路
買的（大陸的網站），然後由我（段嘉莉）妹夫及我妹設計的，我妹
夫是電腦工程師，藉由食物及雲南意象的圖片以形塑店家來自雲南
且所用香料都是相連結的。在鄉味所賣的東西要所要傳達的訊息，
就是賣一般雲南老鄉都會吃的，比較特別的是鄉味米干內部空間牆
壁上的手繪海報，特別賣有牛肉口味的米干，只有紅燒跟牛趴呼（清
燉）兩種口味，以雲南人稱呼清燉為牛趴呼。段嘉莉自己又補充說，
在緬甸就有吃牛習慣，這附近店家，牛肉賣得少原因可能是價錢貴
或是不太會處理牛肉的腥味。

　　段嘉莉（雙十米干）同時擁有雙十及鄉味米干兩家店，雙十是給其妹妹
段嘉秋打理，在雙十米干內外空間所欲呈現的意象如下：

雙十是給我妹妹段嘉秋打理。鄉味的室內設計是找裝潢公司做的，
把自己想要的東西及想法告知裝潢公司，要裝潢公司做出來，例如
竹子的部分是對雲南，西雙版納的印象與傣族（擺夷）的連結。雙
十米干店內設計也是營造雲南意象，把構想跟裝潢公司說，他們就
會做出來；外面藉由米干、米線大幅輸出的照片及各式菜餚照片以
吸引遊客目光。樓上中間桌面鋪國旗是以愛國為主體展現，冰箱上
的兩個小國旗是代表自己所認同的兩個國家或地方（中華民國與緬
甸），一個是出生地，一個是日後埋骨的地方。

店面設計是由段嘉莉妹妹跟妹夫設計的，藉由外部空間兩面招牌所
構築的國族意象，帶進內部空間族群認同的想像，由一樓阿斯瑪的
環境布置，到上樓梯抬頭所見的撲克牌，充滿了一種古今時空交錯
的幻覺，在進入二樓空間由竹子及孔雀所建構的雲南印象，中間所
放置的國旗彷彿在提醒遊客這裡是中華民國，你現在所在地是由在
中華民國的雲南人所建構出來的中國雲南想像的異域之地。

圖 4-1：鄉味米干內部意象營造（筆者自行拍攝）

雲南意象布置

調味香料圖片展示

三個小孩遙指遠方，對故鄉思念的轉變

雲南飲食的呈現（牛趴呼「清燉」）

圖 4-2：雙十米干內外部意象營造（筆者自行拍攝）

外部牆面特色布置

西雙版納意象（竹子）

國族與族群的展現

餐廳 LOGO 及菜色美食

在訪談張國偉（雲鄉米干 2）其背景較特別（職業軍人退伍），且是政治作戰學校大眾傳播相關科系畢業的，因此店內外空間陳設皆是出於其巧思。張國偉自己認為他所設計的理念構想是：

> 我們整個村子（忠貞新村）都是雲南人，想呈現出眷村的雲南人，想把之前忠貞新村的歷史過往，就是我們走過的足跡，還有我們的歷史背景，更有我們雲南的文化。就是來這吃米干就想回到家鄉，來這吃米干能想到自己以前的回憶。內部空間擺設有由緬甸帶回的木雕，有父親張學初（雲鄉米干創始人）所傳家「打歌」文化的三弦樂器，還有獨特的緬甸財神一隻金雞，類似臺灣的土地公。一進門入眼簾的牆上，有一幅大型忠貞新村未拆建前的海報，及一幅緬甸地圖，代表張國偉（雲鄉米干店主）的不忘本。緬甸出生的他，在八歲與妹妹一同來臺依親，懷念著緬甸童年時光及生活在緬甸的親戚故友，進門就可看到的大幅忠貞新村海報，代表在臺灣成長的故事。

往事並不如煙，在張國偉的講述中知道原本在龍岡地區三大眷村的方位，也知道忠貞新村實際的位置與現在相對應的地點（雲南公園）。

張國偉（雲鄉米干 2）店外空間外部則採壁貼模式，將能透光的壁貼，以忠貞新村的老照片述說著忠貞新村過往的故事，有雲鄉米干的老照片、有忠貞新村活動中心老蔣總統的銅像照片，還有充滿童趣的忠貞幼稚園長頸鹿照片。在筆者詢問他為何挑這些照片時，他回筆者說，不為什麼，這就是我對忠貞新村的印象，也是每一位在忠貞新村成長的，我那一輩人共同的記憶（張為雲南裔的第三代）。

圖 4-3：雲鄉米干室內外裝潢意象（筆者自行拍攝）

正後方牆面上為原忠貞新村老照片　　眷村照片與三弦展示（右後方牆面）

入口玻璃門的忠貞新村回憶

店內食品調味料區及擺設

張老旺（國旗屋），想要問忠貞新村哪家米干店名號最響亮，十之八九的人會說去國旗屋。自1990年代開始，每年的雙十節升旗典禮，張老旺將自身米干店內外，置放國旗，所見之處，皆是旗海飄揚。當政黨輪替後，國旗變成一種點綴，但在國旗屋找到一個中華民國所在的符號屬性，變成來忠貞新村的打卡聖地，年輕人對國家與族群或許無感，對米干好吃與否不知，但藉由網紅在各通訊媒體上的推波助燃，對時尚流行的追隨卻是一種風潮，屋裡內外空間皆是國旗的國旗屋，讓年輕人隨著網紅，不斷地被反覆提及被形塑成來忠貞新村一定要打卡的顯著地標，張老旺自身也結合此風潮將其個人看板與國旗背景相結合，變成國旗屋的活廣告。

圖4-4：國旗屋結合國族與個人鄉愁的米干空間（筆者自行拍攝）

國家意象的展現

將個人與國族及國旗相結合

屋內國旗及個人政黨取向

室內也是國旗充斥的場域

謝民嬌（阿嬌米干店），對自己米干店的改造，提出說明：

本來是只有名字的店面，後來申請到桃園市政府的商圈店面改造補助，店面整體規劃是我自己想的，初步構想跟設計師說，設計師就幫我做成了整體規劃設計。使用竹子做代表，因自己家鄉離西雙版納很近，西雙版納產竹子，因此就是用竹子做為店內外主體空間的呈現。我自己店內以米干為主體，但認為代表緬甸的是魚湯麵，代表雲南的是豌豆粉與稀豆粉（豌豆粉未凝結前的樣態），緬甸傣味米線（京東米線）。還有現在網路及實體店面力推的「嬌點三寶」（雲南臘肉、香腸、牛肉乾），要順應時代潮流。

圖 4-5：阿嬌米干店的室內外設計（筆者自行拍攝）

以竹子建構雲南西雙版納的意象

改裝前店面無大型招牌

更新後的主視覺價目表

改裝後店面有人形大型招牌

嬌點三寶（香腸、臘肉、牛干巴）

店門口雲南美食（豌豆粉三吃）介紹

三、社造所建構的整體意象

當消費者不再滿足口腹之慾後，所設想的即是舒適的用餐環境，讓消費者有能學習到文化也能享受美食的地方，米干的店家，也開始求新求變，由內而外的改變，如果現在去忠貞市場，會看到「雲鄉」、「阿美」、「阿嬌」、「雲南人家」米干的店家，開始藉由設計改變吃的形象，讓因為米干節慕名而來的遊客，在經過時會被其外觀所吸引而入內用餐，也會形成當地人跟觀光客的口味區分，有些店家還會要求服務人員穿上雲南地區少數民族傳統服飾，在店外招攬客人。周邊店家以符合現代化經營模式，要求外部窗明几淨，內部用餐動線流暢。由貼在牆上的價目表，演變為點菜單，現在更講求快速且有效率不易用錯的電子出菜單，讓觀光客能知道自己的出菜順序及須等待多久。資本主義化的現象即是國稅局的查稅，上述部分店家有開立發票，即代表每月營業額超過二十萬元。

圖4-6：電子化付費及開立發票（右圖中間黑色發票打印機）（筆者自行拍攝）

本研究所訪談者店面屬於獨自經營，小本營生，且部分是承租的店面，因此在店面改造下，面臨較多阻礙，但皆朝向現代化及內外空間意象化走向，也有接受社區總體營造進行改裝的店面出現，由訪談的米干店家，可看出有凝聚國家意識的國旗屋米干，內部充滿緬泰風情的雙十米干、阿嬌米干，直接以米干為訴求的阿秀及來來米干，以雲南為主體的鄉味米干及以忠貞新村懷舊系列為主打的雲鄉米干，雖各自有其不同主軸的內部意象，但在現在消費意識高漲下，米干店內部整體所呈現是寬敞明亮的，讓消費者能有更好的美食享受空間。在調查中亦發現具姻親關係之米干店所採行的經營方式是在有默契下的競爭又合作，可由店面公休時間看出，如位於米干一條街（龍平街）上的阿秀米干休星期二、雲鄉米干休星期三、國旗屋休星期四，既可滿足觀光客或周邊居民來此找尋店家的口腹之慾，也兼顧個人家庭生活品質，最重要的是族群間的和諧及情感的聯繫。

圖 4-7：社區總體營造下的米干店

　　網路的普及也帶來商品資本化的便利性，街頭支付的形成，網路 APP 下單，商品宅配服務，讓顧客在商品的需求及便利性更能得到滿足。現代人在心態上是矛盾的，最近又開始有懷舊心理出現，所以在商品呈現又有仿舊模式呈現，這是另一種商品模式的出現，滿足不同人對事物的需求做出不同區隔的市場，只要能被市場接受就是好東西。像此次民國一〇九年（2020）米干節也出現北伐到抗戰時期的軍人服裝的展演，是為展現國家精神的傳遞亦或只是藉此緬懷無法再倒回的往日情懷，端看個人的自由心證。在民國一〇七年（2018）縣市長選戰後，因為韓流〔註6〕（韓國瑜）的衝擊下，許多忠貞新村店家也開始張貼及特定節日懸掛國旗，開始找到自己族群中所能展現空間符號的最大公約數，即是那面青天白日滿地紅的國旗。

圖 4-8：國慶國家意象展現（筆者自行拍攝）

國慶日，國軍懷舊軍服展示　　　　　　國慶日海報宣傳

〔註 6〕韓國瑜 2018 年代表中國國民黨參選高雄市市長，擊敗民主進步黨候選人陳其邁而獲勝，結束民主進步黨在高雄市 20 年及原高雄縣 33 年的執政。2020 年參加總統選舉，輸給民主進步黨蔡英文，同年被罷免解除高雄市長職務。

四、多元族群節慶的融入與雲南族群意識的凝聚

（一）多元族群飲食的融入及雲南飲食的主體性

由民國一百年（2011）開始一直到現今，在米干節的名號打響後，不斷的擴張攤位及人數，大量人潮的湧入也已超出忠貞新村的負擔，因此藉由六軍團軍方的應允下，得以借用龍岡大操場舉辦米干節，連帶改善龍岡地區的街道整潔及路燈的增設，並為此興建數個孩童遊戲公園，且讓龍岡大操場荒廢已久的「五百障礙」項目重新設置，得以讓當過兵的人重溫舊夢，沒當兵的人也能過過乾癮。忠貞新村的國旗屋，由孤軍後裔張老旺（國旗屋）所建構出來，他以國旗對自身認同的連結，更成為雙十國慶各大電視台的焦點之一，看忠貞新村的旗海飄揚，所代表的是一個族群對國也是對家的想像。回教宗教信仰中心「龍岡清真寺」，本以雲南孤軍後裔為主要信奉主體，現在因為桃園地區東南亞移民或移工大量進入，產生新的信仰人口，也可看到許多不同文化的引入，在此地並未有任何違和之感出現。

忠貞新村在米干節效應下，持續推展雲南美食及文化，也接受異國風味的加入。將原居住於忠貞新村雲南美食如牛干巴（牛肉乾）及漢人年節必備的臘肉、香腸，特別是有雲南獨特風味的豆腐腸。雲南點心及蛋糕的出現如，破酥包、紫米蛋糕、粑粑（糍粑）、紫糯米飯、擺夷點心。滇緬醬菜的滋味，如：雲式豆腐乳、水醃菜、雲南醬菜、辣油、等。與雲南菜伴隨著飲食是緬甸口味的，如：緬式蝦酥、甩餅、咖哩金三角（油炸物）。新融入的亞洲風味美食有越南麵包、泰式涼拌木瓜絲、廣東腸粉、辣麵、點心……等。各國飲食在此交融，卻看不出有任何違和感，是因能相互體諒共同離散的情感，或是人際間的疏離，但卻是在忠貞新村找到共同的話語，體驗著飲食無國界的真諦。當忠貞新村舉辦米干節時，各項美食傾巢而出，令人目不暇給流連忘返。忠貞新村在飲食上已不再是傳統雲南米食為主體性的社區，忠貞新村此名稱只是一種主體意識的連結，當熟悉的硬體建設眷村已不再，需找尋眷村一、二代的回憶及過往，應只剩下記憶中兒時食物的味道，也藉此味道，找到一條思鄉道路的捷徑。

圖 4-9：異國風味與雲南美食的交流（筆者自行拍攝）

雲南醬菜油雞（機）樅

咖哩風味的金三角

東南亞點心

雲南破酥包（鹹甜口味皆有）

（二）多元族群節慶的融入及雲南族群意識的認同

　　散居在臺灣各地的雲南後裔為凝聚自身族群的認同感，陸續提出證明自己族群的文化節慶。自原臺北縣中和市（現改為新北市中和區）宣告，潑水節是當地的在地文化節慶，桃園縣（改制後為桃園市）政府文化局也推出以原住民與雲南打歌為重心的文化節活動，民國九十六年（2007）南投縣邀請雲南少數民族籌畫跨年活動，並改至清境農場舉辦。民國九十七年（2008）南投清境農場藉雲南火把節及擺夷風味餐，成功的打響在地特色。〔註7〕也因清境農場及中和華新街之行銷成功，桃園縣（市）政府也開始以忠貞新村雲南族群的米食「米干」，做為行銷企劃，並接連推出火把節、潑水節、長街宴、目腦縱歌⋯⋯等活動。南部屏東里港信國社區也推出趕擺、潑水節、火把節、米線節、長街宴等雲南少數民族的節慶活動，藉有北、中、南三區的觀摩與學習，三方皆由社區創生或雲南族群相關協會進行交流，各自形成區域範圍，並藉由當地政府之經費挹注，開啟了不同以往的文化展演，並藉由飲食分享，

〔註7〕葉子香，《文化的認同與變遷——以居住台灣的雲南族群為例》，頁134。

使非雲南族群得以更認識雲南文化在臺灣的發展。

藉由與忠貞新村米干店家訪談中得知，雲南飲食中米干的味道，對族群身分的認同是有相當助益的，在雲南族群飲食的文化傳承下，提供雲南族群去記憶並理解自己的身分與認同，藉由忠貞新村的米干飲食，足以代表雲南族群的特殊性飲食，區隔我群與他群的差異，雖判斷自身族群為何，是需多面向比較及思考的，但在飲食上，從自身吃何種食物即可替自己找到族群來源的定位。當異域孤軍第一代歷經大環境的變遷，當離散下的飲食寄託的味道，與現今二、三代的傳承，是會有所差異，當傳統與創新產生了隔閡，要如何去拿捏傳統與創新的分界就顯得頗為重要。在飲食商業化的衝擊之下，族群飲食會因外界的觀看及參與，會有些許修正原本飲食的內涵味道，無法完整保持第一代所傳承的飲食記憶，在要符合商業化經濟下的妥協，雲南族群文化的內涵是否有所轉變，也正因順應時代潮流的求新變，欲獲得商業飲食文化展演的機會與支持，則需有不同面貌的展現，讓雲南族群美食成為桃園地方飲食的代表，也藉由米干節中飲食文化的展演，無形中潛移默化每一位參與米干節遊客的味蕾，促成在地居民對雲南族群的認同感出現。

伍、米干節與雲南民族風情的展演

一、社區與政府的協力

在 Ulrich Beck，《全球化的形成、風險與機會》的書中，內文觀點是認為文化的全球化，不如說是文化的「全球在地化」，因為全球化牽涉到地方化。單面向的全球化，正是全球化議題論爭中，大眾誤解的來源。相反地，「全球化」一詞，在各地都導致對地方文化的重新強調與認同。〔註1〕

臺灣在面臨全球化的趨勢下，在學校推出所謂的「國際教育」，由中小學國際教育能力指標即開宗明義說明：

> 國際教育之四大目標「國家認同」、「國際素養」、「全球競合力」及「全球責任感」，認知面，培養學生認識全球重要議題、瞭解本國與國際文化的異同性……，培養學生欣賞與尊重不同的文化、建立具本土意識的國際視野，以及促進國際文化的融合與交流，在課程目標：培養學生具備國際視野的本土文化認同與愛國情操，實踐個人對國家的責任。〔註2〕

在全球化的浪潮下，以臺灣桃園的忠貞新村雲南族群藉由自身文化所展現的新樣貌，以族群生活方式切入，讓生活模式成為桃園市本土化的地標，緊密結合在地並連結原鄉，對現居地忠貞新村，在地生根的強調，使得雲南文化的特殊性在全球化的浪潮下得以抗拒，以其自身的文化擋住全球化單一的趨勢，並能藉由米干節的文化展演，提供臺灣其他地方民眾，尊重與欣賞

〔註1〕Ulrich Beck 著，孫治本譯，《全球化的形成、風險與機會》（臺北：臺灣商務印書館股份有限公司，1999 年）。

〔註2〕中小學國際教育資訊網：https://www.ietw2.edu.tw/ietw2/include/index.php

不同文化以及跨文化溝通與反思力，當然這亦是政府部門對學校內「國際教育」的遠大理想與目標。

　　米干節作為雲南族群展示的儀式活動，族群成員參與其中，表現自我族群的文化特質，外部社會也藉著各項節慶活動，去觀賞、凝視或體驗與自身不同的文化，所以在米干節所展演的場域中，雲南族群處於一種看與被看、想像與被想像、解構與重構的主題化舞台，雲南族群也藉此活動找到自我認同的價值及開創不同的文化風貌。

（一）由米干節行銷看政府部門的推動狀況

　　李亦園曾說：「飲食乃是日常生活中最不可或缺的一部分，除了充飢實用面外，在美學面及社會文化面，亦有豐富的象徵意涵。」〔註3〕忠貞新村商家藉由米干節給自己找到族群定位，但在凝聚族群意識時所面臨的亦是每個地方文化在型塑主體意識時，所擺脫不了的由國家政治力的介入，由翟振孝，《經驗與認同：中和緬華移民的族群構成》、吳秀雀，《從「義民」到「擺夷」？清境義民人群之認同內涵與變遷》、陳振與，《異域之火：探討桃園忠貞新村火把節對地方依附、社區意識與社區發展之影響》、趙婉君，《屋裡屋外的味覺展演──以清境地區族群為例》……等，所探討民族主體意識之成形，政府部門以經濟力量的介入，並將自身所設想的文化想像，套諸於需要經濟援助的群體，以建構新的文化基調。無論是文化的展演、商圈的營造、民族意識的培養策略，皆會以國家政治的需求，做為節慶走向的依歸。

　　桃園市外籍配偶人口數居全國第二，軍眷戶數全國第三，在如此大的多元文化的串連下，桃園市得以對境內節慶慶典進行各項展演與慶祝，在外省族群的慶典除「眷村文化節」外，另一重頭戲即是「龍岡米干節」，現將桃園市龍岡米干節的施政計畫、施政成果報告分述如下：（已現有資料分析）

表 5-1：桃園市觀光旅遊局各年度對米干節施政計畫

一、觀光旅遊局 104 年度施政目標與重點：23,500（千元）
實施計畫： 辦理龍岡米干節、北橫旅遊節、石門觀光節、跨年晚會、走春套裝行程等活動，吸引遊客來訪，體驗在地特色文化。

〔註 3〕李亦園，〈中國飲食文化研究的理論圖像〉，張玉欣編，《第六屆中國飲食文化學術研討會》（臺北：中華文化飲食基金會，2000 年），頁 1～2。

二、觀光旅遊局 105 年度施政目標與重點：3,000（千元）

桃園市中壢平鎮八德金三角米干節實施計畫：

中壢平鎮八德金三角米干節活動內容涵括火把節、潑水節等雲南特色慶典，並提供各項雲南美食、文化體驗及展示。

（二）成功挑戰「最長米干長龍」金氏世界紀錄及「雲南傳統長街宴」等方式，邀請在地米干店家一同打造雲南特色料理品牌。

（三）中壢平鎮八德金三角米干節的辦理，不僅是推廣在地雲南料理，更希望延續當地特色雲南文化，提升民眾的歸屬感及榮譽感，讓全國民眾了解中壢平鎮八德金三角所代表的歷史意義，未來將持續與在地產業結合辦理系列活動。

三、觀光旅遊局 106 年度施政目標與計畫：4,500（千元）

魅力金三角米干節實施計畫：

（一）本府自 2011 年起以米干為主軸，雲南少數民族節慶為基底，結合美食攤位、DIY 體驗、主題講座、打歌文化、文物展出、裝置藝術展示、歌舞表演等精彩內容。

（二）2014 年米干節成功挑戰「最長米干長龍」金氏世界紀錄，2015 年以「雲南傳統長街宴」，邀請在地米干店家一同打造雲南特色料理品牌，2016 年延續長街宴特色，擴大辦理「千人歡舞長街宴」，並邀請駐華大使及駐華機構代表參加火把晚會活動，體驗在地雲南料理、火把慶典，成功將龍岡米干節推向國際。

（三）米干節不僅推廣在地雲南料理，更希望推廣當地特色文化，讓民眾了解中壢平鎮八德金三角所代表的歷史意義，未來將以金三角在地特色為活動主元素，持續與在地產業結合辦理。

四、觀光旅遊局 107 年度施政目標與計畫：5,000（千元）

魅力金三角米干節實施計畫：

（一）本府自 2011 年起以米干為主軸、雲南少數民族節慶為基底，結合美食攤位、DIY 體驗、主題講座、打歌文化、文物展出、裝置藝術展示及歌舞表演等精彩內容。

（二）2015 年以「雲南傳統長街宴」邀請在地米干店家一同打造雲南特色料理品牌，2016 年延續長街宴特色，擴大辦理「千人歡舞長街宴」，並邀請駐華大使及駐華機構代表參加火把晚會活動，成功將龍岡米干節推向國際。2017 年首度開放民眾參與長街宴活動，成功創造話題。

（三）2018 年預計持續結合在地產業，推廣金三角特有滇緬文化及雲南料理，並以中壢平鎮八德金三角特色元素規劃主軸活動，讓民眾了解金三角代表之歷史意義，期能拓展米干節活動效益，提升國內外旅遊市場知名度。

五、觀光旅遊局 108 年度施政目標與計畫：7,000（千元）

魅力金三角米干節實施計畫：

龍岡地區擁有全臺獨樹一格之雲南美食聚落，「米干」更是當地特色小吃，聚集超過40 家米干店且擁有獨特雲南文化，自 100 年起辦理龍岡米干節加以推廣，活動場地自初創時僅利用龍岡國中停車場一角，至近年擴大於雲南文化公園辦理，隨著參與人潮增多，107 年再移至龍岡大操場舉辦，活動內容涵括火把節、潑水節、長街宴等滇、緬、雲、泰特色慶典，並提供各項雲南美食、文化體驗及展示。

六、觀光旅遊局 109 年度施政目標與計畫：10,000（千元）
魅力金三角米干節實施計畫： 筆者查閱資料並比對顯示，109 年度計畫與 108 年度相同。
七、觀光旅遊局 110 年度施政目標與重點：8,000（千元）
龍岡米干節實施計畫： 筆者查閱資料並比對顯示，110 年度計畫與 109 年度相同。
八、觀光旅遊局 111 年度施政目標與重點：8,000（千元）
龍岡米干節實施計畫： 龍岡擁有全臺獨樹一格之文化美食聚落，聚居戰後來自滇緬泰之移民，隨著遷徙帶來家鄉美食及文化，「米干」已成為龍岡當地特色小吃，且形成獨特美食商圈，以「龍岡米干節」為名，每年 4 月搭配緬泰新年，舉行潑水節、火把節及長街宴等主題特色慶典，展示滇、緬、泰等國化特色，提供多元族群交流，更體現桃園友善多元之城市意象。

資料來源：桃園市觀光旅遊局施政計畫。（以上各表出處相同）https://tour.tycg.gov.tw/zh-tw/govinfo/policyobjectivelist

　　在行銷米干節金額上，可看出桃園市政府觀旅局行政人員，對於商機的靈敏度及桃園地區對於異國文化的接受度，藉由能取得官方資料分析，在 104 年度（2015）施政目標與重點是採行「辦理龍岡米干節、北橫旅遊節、石門觀光節、跨年晚會、走春套裝行程等活動，吸引遊客來訪，體驗在地特色文化。」以包裹式方式分配相關金額給各節慶使用，在龍岡米干節知名度尚未達一定程度，所分配資源一定是相對弱勢，不會超過 105 年度（2016）的 300 萬元，但也足以推銷龍岡米干節呈現在國人眼前。自 106 年度（2017）桃園市政府也將米干節的主軸定位為「魅力金三角米干節」，因忠貞新村為以「中壢、平鎮、八德」三區交界點，以此三區的人文景觀所建構出的觀光旅遊景點，並呼應由「泰、緬、寮金三角」來此處深根落腳的異域孤軍後裔。當觀光效益出現，人潮大量流入，並藉由渲染效應帶動龍岡地區周邊商圈的發展，忠貞新村米干店家再重新定位自身形象，以自有名稱為主打，且藉由全國第一座「雲南公園」的成立，將雲南文化的軟實力及硬設施，推展至大眾眼前，又再次將名稱定位為「龍岡米干節」，更加聚焦在自身族群的認同及文化展演中。在 108 至 110 年度米干節因人潮已呈現固定成長，推測在施政計畫上承辦人員書寫亦是接續往例而推展。米干節雖已有知名度出現，單就米干的單獨飲食商機，吸引力不足以招睞遊客前來桃園龍岡地區遊玩，因此在忠貞新村商圈及地方人士努力下，以雲南族群中相對弱勢的少數民族的節慶，如傣族「潑水節」、彝族「火

把節」、哈尼族「長街宴」、景頗族「目腦縱歌」等傳統節慶加以包裝，外加美食為號召，藉由雲南地方節慶活動為吸引人流的文化內涵，自 105 年度（2016）起，桃園市政府所給予之經費逐年增加，但皆須以企畫書形式進行招標及選拔，雖投標團體頗多，但卻需在理念及意象上能配合桃園市政府且能以獨特文化及慶典活動的搭配吸引人流，才能順利獲得桃園市政府的標案。

圖 5-1：米干節展演及宗教節慶（筆者自行拍攝）

三絃：雲南打歌必備樂器

拉老道遊戲

米干 DIY

潑水節中之浴佛活動

表 5-2：桃園市政府觀光旅遊局各年度施政成果報告

一、2012 龍岡米干節內容實施方案
（一）籌辦「2012 龍岡米干節」
龍岡地區為臺灣少數具有雲南風土人情的聚落，更為電影「異域」中滇緬孤軍來臺後居往的地區，其所帶來的滇緬特色美食特殊且道地，計畫藉由米干節的舉辦，推出一系列雲南特色活動，能讓民眾更了解當地文化，並宣傳龍岡米干及雲南美食在全國的知名度。此外，透過結合慈湖旅遊、台灣好行、平鎮東勢客庄聚落風情、霄裡埤圳及水與綠廊道自行車路線等旅遊資訊，將豐富整體旅游內涵。
（二）辦理 2012 龍岡米干節
本屆活動首度舉辦雲南少數民族特有「火把節」晚會，藉由各式雲南少數民族歌舞表演，凸顯龍岡在地雲南風情及文化。全臺獨具的「雲南打歌舞」，更吸引現場民眾熱烈參與體驗。活動會場設有拉老道、轉輪盤等雲南特色遊戲，以及異域故事館、摩斯密碼、米干 DIY 試作……等龍岡在地文史展示及體驗，此外現場還邀請近 20 家龍岡在地店家設攤，參觀民眾能品嚐道地雲南料理，全方位體驗龍岡特有的雲南風情。

二、2013 龍岡米干節內容實施方案

（一）籌辦「2013 龍岡米干節」

本縣龍岡地區為臺灣少數具有雲南風土人情的聚落，更為電影「異域」中滇緬孤軍來臺後居住的地區，塑造出當地特有的雲南風情及口味特殊且相當道地的滇緬特色料理，本府於 2011 年首度辦理龍岡米干節，成功宣傳龍岡在地特色美食及文化，2012 年更擴大舉辦火把節晚會，讓民眾更能深入體驗龍岡特有的雲南風采及習俗，相關特色亦吸引在地建商及居民共同營造具有雲南特色之公園，本府今年亦以此據點為場地，擴大辦理活動。

（二）辦理 2013 龍岡米干節

本屆活動於全臺首座「雲南文化公園」盛大舉行！延續上屆 2012 龍岡米干節雲南特有的「火把節晚會」，藉由各式雲南少數民族歌舞表演，突顯龍岡在地滇緬風情及文化，而全臺獨具的「雲南打歌舞」，更吸引現場民眾一同加入體驗，同時於活動會場還有拉老道、轉輪盤等特色遊戲，更有異域故事館、米干 DIY 試作等龍岡在地文化體驗，今年更增加了雲南少數民族稀有珍貴的銀飾及文物展示，此外現場還邀請近 40 家在地店家設攤，讓參觀民眾品嚐在地的雲南美食料理，全方位感受龍岡特有的雲南風情。

三、2014 龍岡米干節內容實施方案

（一）辦理 2014 龍岡米干節

本屆活動由在地團隊結合地方力量共同辦理，以「水花火舞、異域歡騰」為主題，首次將雲南特有的「火把節晚會」及泰國新年的「潑水節」聯合辦理，將形塑出別具特色的節慶活動，並透過忠貞商圈整合，期為龍岡地區帶來觀光人潮及商機。同時於活動會場更進行全臺獨具的「雲南打歌舞」教學，吸引現場民眾一同加入體驗，並安排拉老道、轉輪盤等特色遊戲，更規劃泰緬異域故事館、文物展示、雲泰美食 DIY 試作等文化體驗，此外，現場並邀請近 30 家在地店家設攤，讓參觀民眾品嚐在地的雲泰美食料理，全方位感受龍岡特有的異域風情。

四、2015 龍岡米干節內容實施方案

（一）辦理 2015 龍岡米干節

去年首次將雲南特有的「火把節晚會」及「潑水節」聯合辦理，並在全國首座雲南文化公園辦理「世界最長米干長龍」成功締造金氏世界紀錄。今年為加強結合在地產業，於 3 月 12 日召開說明會，共同研討活動主題、辦理時間及內容，預計於 4 月 18 日至 4 月 26 日辦理。

（二）辦理 2015 龍岡米干節（4/18～4/26）

龍岡米干節已邁入第 5 年，今年特別結合在地各家米干業者推出私房料理，打造「長街宴」宣傳在地美食，規劃雲泰特色表演、異域美食區、文化趣味體驗區等系列活動，也延續去年「水花火舞」主題，以潑水節及火把節為主軸，帶給民眾充滿雲南風情的歡樂節慶。活動期間吸引約 3 萬 5 千人次參加，並有超過 30 則電子及平面媒體報導，參與民眾滿意度為 96.5%，成功行銷龍岡地區雲南特色文化，提升當地觀光及產業收益。

五、2016龍岡米干節內容實施方案

（一）辦理2016龍岡米干節

在地力量凝聚，成功發揚龍岡米干特色龍岡米干節辦理至今已達第6屆，最初自民國100年起舉辦龍岡米干節，初步辦理時僅為在籃球場舉辦的小活動，隨著在地米干業者強大的凝聚力及向心力投入米干節活動，活動內容從最初僅推廣米干美食文化，擴展至推廣在地特色雲南少數民族文化及異域孤軍文化，103年起，龍岡米干節結合雲南特有「火把節」及傣語民族（含雲南、緬甸、泰國及寮國）的「潑水節」辦理「水花火舞」雙慶聯歡，成為全臺唯一結合2項少數民族慶典的特色活動。邀請國際貴賓體驗傳統雲南節慶，將米干節推向國際，今年除延續去年主題辦理各項經典活動，如千人歡舞長街宴、潑水節與火把節活動外，將邀請國際貴賓（包含駐華使節代表、歐洲在臺商務協會、美僑商會、日僑商會代表等）參與年度盛會，將此項活動提升為國際性活動。

（二）2016龍岡米干節（2016.04.16～17、23～24）

活動延續歷年「水花火舞」主題，並以「千人歡舞長街宴」為活動亮點，辦理記者會長街宴及雙周主題活動——潑水節及火把節，並於4月24日邀請5位駐華大使、8位外國駐華機構代表，共計26位國際貴賓參加火把晚會活動，體驗在地雲南料理、火把慶典，成功將龍岡米干節推向國際。活動期間規劃雲泰特色表演、裝置藝術展示、DIY體驗等系列活動，超過20則電子及平面媒體報導，成功行銷龍岡地區雲南特色文化。

六、2017桃園龍岡米干節內容實施方案

（一）、辦理2017桃園龍岡米干節

「2017桃園魅力金三角米干節」（4月15日至4月23日）即將邁入7年，延續去年「水花火舞」主題，以潑水節及火把節為主軸，邀請在地及雲泰特色團體表演、並設計異域美食區、文化趣味體驗區等系列活動。今年增辦二場次開放民眾參與的長街宴，並規劃打歌踩街活動，深入在地社區，邀請民眾參與體驗同歡，帶給民眾充滿雲南風情的歡樂節慶。

「桃園跨族裔飲食文化計畫」，本案今年整合本府經濟發展局「桃園跨族裔飲食文化計畫」之合格亮點業者共同行銷宣傳，並串連周邊景點規劃異域小旅行，除了豐富活動內容，亦製作30秒活動宣傳影片。

（二）2017龍岡米干節

活動延續歷年「水花火舞」主題，並首度開放民眾報名品嚐長街宴活動，席開132體驗桌次，民眾反應熱烈，隨後辦理雙周主題活動潑水節及火把節，並邀請緬甸大使一同參與。活動期間規劃雲泰特色表演、裝置藝術展示、DIY體驗等系列活動，共吸引約14萬人次參加，並有超過30則電子及平面媒體報導，成功行銷龍岡地區滇緬特色美食及文化。龍岡米干節——潑水節點水祈福。龍岡米干節——火把節點火儀式。

七、2018桃園魅力金三角米干節內容實施方案

（一）2018桃園魅力金三角米干節

米干為本市龍岡地區特有的在地美食，獨特的金三角歷史背景也為本市特色觀光資源，今年預計持續推廣龍岡金三角特有滇緬文化，延續「水花火舞」的主題，持續辦理「潑水節」及「火把節」為主軸活動外，另今年增加一特色亮點活動為主題元素，規劃為米干節主軸活動之一，以及在地合作亮點活動，期能拓展米干節活動效益，提升國內外旅遊市場之知名度，並藉由活動深入了解金三角滇緬文化。

（二）2018 龍岡米干節（107 年 4 月 21、22、28、29 日）

以桃園龍岡獨有異域金三角文化及米干美食為主軸，規劃經典雙慶聯歡活動——「潑水節」及「火把節」，讓民眾共同參與雲南文化盛會，今年活動改址至中壢龍岡大操場舉辦，場地及規模皆擴大，今年更首度結合火把節與長街宴，另特別規劃雲南獨特跳菜舞表演於長街宴當中，增添龍岡米干節文化層次；除主題活動，更規劃 9 種在地文化體驗及數十場少族民族舞蹈表演，讓民眾深刻感受龍岡米干節豐富之文化內涵。本次活動期間共吸引超過 16 萬人次參與，其中於火把節兩天舉行之雲南長街宴更席開百桌，龍岡在地店家亦熱情參與，現場共有 46 家龍岡在地店家推廣滇緬料理及服飾，每日於活動會場打跳踩街之在地協會成員均超過 50 位，整體活動豐富多元且具有特色，更凝聚在地向心力，活動期間之電子媒體及平面報導共超過 30 則，成功宣傳桃園獨有異域文化盛會。

八、2019 龍岡米干節內容實施方案

（一）2019 龍岡米干節（108 年 4 月 13、14、20、21、27、28 日）

今年龍岡米干節首度延長為三周，以桃園龍岡獨有異域金三角文化及米干美食為主軸，除延續往年經典「潑水節」及「火把節」活動外，更新增「目腦縱歌狂歡節」，再添滇緬節慶新體驗，讓民眾感受多元雲南文化盛會，活動另推出七彩米干、長街宴、普洱茶席等三大特色美食體驗，並匯集在地超過 90 攤店家於會場設攤，將龍岡滇緬美食文化完整呈現，另會場還有米干 DIY、拉老道等多項在地文化體驗及數十場各族民族舞蹈表演，都能讓民眾深刻感受龍岡米干節豐富之文化內涵。

本次活動特別設計「一秒變民族姑娘」APP，以及 LINE@市集集點換贈品活動，透過新創科技擴大活動感染力，同時增加忠貞商圈與活動會場的連結性，交通部分，除規劃龍岡大操場為停車場及中壢火車站至龍岡大操場接駁車外，為方便民眾前往忠貞商圈遊逛、消費，亦規劃會場至龍岡國中接駁車，促進在地發展。本次活動期間共吸引超過 22 萬人次參與，現場共約有 90 家龍岡在地店家推廣滇緬料理及服飾，每日於活動會場打歌踩街之在地協會成員均超過 50 位，整體活動豐富多元且具有特色，更凝聚在地向心力，活動期間之電子媒體及平面報導共超過 30 則，成功宣傳桃園獨有異域文化盛會。

九、2020 國際龍岡米干節內容實施方案

2020 龍岡米干節（109 年 9 月 18 日至 20 日、9 月 25 日至 27 日）

本府自 2011 年起於龍岡地區辦理米干節活動，今年邁入第 10 年。為歡慶 10 週年慶米干節活動，暫訂於 5 月第 1、2 週（暫定 109 年 9 月 18.19.20.25.26.27 日，計 6 天）（週末共 6 日）在龍岡大操場（活動主會場）及雲南文化公園（活動副會場）舉行。今年將加入更多國際元素，除延續傳統「水花火舞」、目腦縱歌及長街宴等主題活動，也預計邀請金三角地區藝術家共同參與會場佈置設計。活動主會場現場還有精彩舞台表演、金三角地區特色餐食、DIY 活動及民族服裝體驗換裝區等，於副會場區域舉辦特色廚藝小旅行、拍照打卡闖關活動等同步宣傳在地特色旅遊資源，帶給民眾特有的金三角體驗。另推出 48 條在地深度體驗小旅行，包括結合本府特色活動如龍岡米干節、石門水庫熱氣球、桃園蓮花季、地景藝術節及桃園花彩節等桃園節慶活動小旅行，以及地方特色遊程。

「2020 龍岡米干節」以「初心、出新」主軸歡慶 10 週年，延續傳統潑水祈福、薪火相傳、長街饗宴等主題活動，主會場於龍岡大操場，副會場則位於龍岡商圈，主會場有少數民族精彩表演，金三角地區特色餐食、DIY 活動及民族服裝體驗換裝區，而副會場結合忠貞市場、龍岡景點舉辦特色廚藝小旅行、拍照打卡闖關活動，強調活動帶領商圈發展。首週活動 9/18〜20 以潑水節揭開序幕，活動現場特別請來三寶寺高僧為民眾灑淨祈福，第二週的火把饗宴，在龍岡大操場擺起哈尼族祈福習俗的長街宴，品嚐滇緬美味料理，加上由身穿雲南少數民族傳統服飾的姑娘們跳起祭火神舞並點燃篝火，火熱場面盛大亮眼，祈禱新的一年平安，六日活動總計吸引 12 萬人參與，CF 超過 33 萬次點閱。

十、2021 龍岡米干節內容實施方案

2021 龍岡米干節（110 年 9 月至 11 月）

受嚴重特殊傳染性肺炎影響，歷年於龍岡米干節舉行之潑水節、火把節活動因民眾群聚因素而取消辦理，考量近期疫情漸趨緩，為推動龍岡地區觀光復興，讓更多民眾深度體驗龍岡之美，爰將米干節活動改以「龍岡深度小旅行」方式進行規劃，鼓勵民眾來訪並體驗在地特色文化，增加相關業者經濟及觀光收益。小旅行預計由龍岡在地社區協會與桃園在地或設有分公司之旅行社合作設計遊程，並包括龍岡在地導覽、特色文化體驗及當地美食品嚐等項目，冀以設計出有別以往市面上既有行程，以深度體驗方式帶領遊客停留、品味龍岡。

十一、2022 龍岡米干節內容實施方案

2022 龍岡米干節（111 年 4 月 11 日至 4 月 17 日）

桃園龍岡米干節迄今已超過 10 年，以「水花火舞」為慶典主軸，從小型商圈型活動到交通部觀光局認可之全國特色節慶活動，110 年受疫情影響，將聚客型活動改以商圈小旅行執行，與旅行社合作推出特色遊程成效顯著，2 個半月內超過 5,000 位旅客到訪，帶動忠貞商圈經濟。

今年度規劃融合在地滇緬泰文化傳統，延續「水花火舞」主軸舉辦實體活動，暫訂配合泰國新年於 4 月第 2 週（4 月 11 日至 4 月 17 日）舉辦，週間推廣民眾走進龍岡忠貞商圈、雲南文化公園及周邊景點等，認識滇緬泰移民生活日常，周末兩日則於龍岡大操場邀請民眾一起體驗文化共榮慶典。

資料來源：桃園市政府觀光旅遊局施政成果報告。（以上各表出處相同）
https://tour.tycg.gov.tw/zh-tw/govinfo/policyoutcomeslist

　　桃園市政府觀光旅遊局議會報告資料，由民國一○○年（2011）的草創時期，到民國一○一年（2012）的搭配其他遊程的統包介紹節慶，至民國一○二年（2013）官方所嗅到的商機而獨自開展出在臺灣桃園的特色文化節慶，在官方說法中於民國一○四年（2015）吸引約三萬五千人次參加，民國一○六年（2017）共吸引約十四萬人次參加，民國一○八年（2019）吸引超過二十二萬人次參與，民國一○九年（2020）因疫情關係及氣候不佳，人數參與上與上一屆會有落差。在疫情肆虐下，商家還是需要生存，除配合政府防疫措施外，

在市政府觀旅局牽線下，與旅行社進行合作，藉由「龍岡深度小旅行」方式進行規劃，鼓勵民眾來訪並體驗在地特色文化，增加相關業者經濟及觀光收益。光靠米干不足以單獨支撐相關大型活動，需要有配套及新血的加入，因此在社區有心人士的奔走及族群的合作下，將大陸雲南的民俗節慶移植到臺灣來。相關慶典是藉由由米干節而起的，在此之前忠貞新村並沒有相關活動出現，在米干節歷屆活動中出現了彝族的「火把節」、傣族的「潑水節」、「浴佛節」、哈尼族的「長街宴」、景頗族的「目腦縱歌」，還有流傳在雲南地區已久的「打歌舞蹈」，外加雲南美食饗宴，讓雲南文化除米干飲食外，豐富的異國民族文化饗宴也得以在此開展。讓桃園龍岡的忠貞新村，具有獨特異國風情的展演出現，最重要是忠貞商圈能繁榮興盛，這也是桃園市政府所希望，在米干節推出後能替桃園挹注觀光財之效益。

　　由民國一〇七至一〇八年（2018～2019）的米干節人潮上的暴增，究源最早是民國一〇〇至一〇三年（2011～2014）擔任桃園縣觀傳局局長，故鄉在緬甸的李紹偉所代表的官方推展，李紹偉表示：「桃園縣的雲南人逾三萬人，是臺灣最多雲南人聚集的縣市，具有雲南少數民族文化特色，龍岡地區現在於節慶時日，還常有穿著雲南傣族或拉祜族傳統服裝的人在街上行走，形成獨特的街頭文化。〔註4〕」除政府部門大力宣導及網際網路的散佈下，基本上可分為兩個面向來探討：

　　首先是國家的認同與族群的認同，由民國一〇七年（2018）在韓流（韓國瑜）另一種族群呼應下，四十歲以上，在意識形態上具有國家認同者（中華民國）的中壯年，許多是穿著國旗衣物配戴國旗裝飾來的，在現今氛圍下，雲南族群對自身定義是具有外省背景的新住民，而比忠貞新村更早到臺灣的國府軍隊的外省族群，在自身的認同及外部壓力下，在忠貞新村看見了情感發洩的出口，來此可講國語（普通話）穿著對自己有歸屬及認同旗幟鮮明的服裝，又在滿天飄揚的旗海中得到了國家與族群的認同。

　　其次異國氛圍及美食吸引，在非外省族裔及四十歲以下的人群，來此地是享受不用出國或是偽出國，來忠貞新村也能感受異域的氛圍，在享用米干滿足口腹之慾時，內外部的空間意象呈現，帶動雲南菜系的熱銷，更進而引入東南亞菜色，使來到忠貞新村一地，即可享受及品嘗雲南及東南亞美食，

〔註4〕自由時報，〈來去雲南火把節「丟包」傳情〉。https://news.ltn.com.tw/news/local/paper/772226

沉浸在文化觀感上所建構的異國風情之下。當米干店藉由米干節所形成人潮的流入，過往的眷村藉由黨國一體的凝聚力量，已轉型為以飲食為主體的雲南族群意識，如同《差異與認同》一書中所說：

> 在地方、意識與位置之間，離散提供了不同的排序方式，讓人了解
> 到認同同時包含了流動性（fluidity）及偶然性（contingency）。它形
> 成於特定的歷史環境之中，破除了以領土來決定認同的力量，而將
> 注意力移轉至以紀念傳統文化節慶、傳統飲食等動力之上。〔註5〕

也是藉由飲食的聯繫，讓忠貞新村成為一個能滿足各族群需求的場域，並能藉由米干凝聚所謂雲南人的意識認同。

圖 5-2：忠貞新村內雲南公園的景頗族的目腦縱歌柱（筆者自行拍攝）

（二）米干節宣傳所呈現的不同意涵

　　由桃園市政府觀光旅遊局，各年度米干節成效報告及歷屆眷村米干節海報與內容所呈現的意象轉變（海報由筆者自行拍攝及 google 圖片）可以看出，當面對外在環境不斷地改變，米干節已由族群節慶轉變為觀光節慶，在宣傳行銷上也隨之而改變，米干節自身的展演就是最好的例子。草創初期的一般行銷，到人潮的湧入後加入各項傳播媒體的報導，再藉由互動模式其親身體驗行銷手法，使米干節得以變為桃園市政府所排定的行銷節慶之一，並以此活動向國外宣傳，達到政府、店家、民眾三贏的局面，就觀光旅遊局各年度的米干節推展及海報設計所欲表達的意象分述如下：

〔註 5〕Kathryn Woodward 編著，林文琪譯，《差異與認同》（新北：韋伯文化國際出版有限公司，2006 年），頁 595。

1. 異域美食嘉年華

民國一○○年（2011）龍岡米干節開展。以米干為主軸，雲南少數民族節慶為基底。並以拉老道及雲南十八怪〔註6〕的明信片設計，讓大眾能體驗雲南風情。海報設計由筷子所夾起的不只是米干的滋味，也夾起了雲南少數民族多彩的文化，推動米干的飲食文化，也包含在轉型觀光中，也因第一次舉辦，主辦單位擔心參與人數的不足，因此加入外省族裔對國家認同的元素在內，包含「愛國歌曲演唱」，以吸引周邊廣大眷村居民的參與。

圖 5-3：第一屆米干節海報暨主題

資料來源：Google 圖片

異域美食嘉年華舉辦日期為民國一○○年（2011）年五月二十八及二十九日兩天，於龍岡國中辦理。桃園縣議會資料報告中提出，龍岡地區為臺灣

〔註6〕雲南十八怪，第一怪：草帽當鍋蓋。第二怪：火車不通國內通國外。第三怪：蘿蔔當作水果賣。第四怪：背著娃娃談戀愛。第五怪：竹筒當菸袋。第六怪：粑粑叫餌塊。第七怪：石頭洞裡有村寨。第八怪：東邊下雨西邊曬。第九怪：老太爬山比猴快。第十怪：青菜叫苦菜。第十一怪：娃娃出門男人帶。第十二怪：小和尚可以談戀愛。第十三怪：姑娘叼菸袋。第十四怪：雞蛋栓著賣。第十五怪：三個蚊子一盤菜。第十六怪：草繩當褲帶。第十七怪：火車沒有汽車快。第十八怪：姑娘叫老太。每日頭條：雲南十八怪是什麼。https://kknews.cc/zh-tw/travel/pqkj32.html

少數具有雲南風土人情的聚落，更為電影「異域」中滇緬孤軍來臺後居往的
地區，其所帶來的滇緬特色美食特殊且道地，計畫藉由米干節的舉辦，推出
一系列雲南特色活動，能讓民眾更了解雲南地區文化，且宣傳龍岡米干及雲
南美食在全國的知名度。民國一〇〇年（2011）首度辦理的龍岡米干節，活動
場地僅利用龍岡國中停車場一角，藉由口耳宣傳及海報發放，運用網路及社
群行銷，成功宣傳龍岡在地特色美食及文化。

2. 雲南火把嘉年華

民國一〇一年（2012）龍岡米干節——雲南火把嘉年華，活動時間為六
月十六日至六月十七日，將彝族的火把節加入海報背景中，前方藉由「打歌
舞蹈」突顯雲南特有唱跳文化，在觀光活動創生中，活動項目增添有歷史文
化為主題，型塑由異域到臺灣的故事，也藉此加強族群文化傳承的力道。

圖 5-4：第二屆米干節海報暨主題（筆者自行拍攝）

本屆活動首度舉辦雲南少數民族特有「火把節」〔註7〕晚會，藉由各式
雲南少數民族歌舞表演，突顯龍岡在地雲南風情及文化。全臺獨具的「雲南

〔註 7〕火把節的由來：在雲南地方火把節傳說中，火把節是一個追求幸福、保護自
己權利、崇尚堅貞不屈的紀念節日，也是古代祭火及祈求平安豐收的習俗。
胡起望、項美珍，《中國少數民族節日風情》（臺北：臺灣商務印書館股份有
限公司，1994 年 4 月初版），頁 91。李道生主編《雲南社會大觀》（上海：上
海書店出版社，2000 年 1 月初版），頁 239。

打歌舞」，更吸引現場民眾熱烈參與體驗。活動會場設有「拉老道」〔註8〕、轉輪盤等雲南特色遊戲，以及異域故事館、摩斯密碼、米干DIY試作……等龍岡在地文史展示及體驗，此外現場還邀請近二十家龍岡在地店家設攤，參觀民眾能品嚐道地雲南料理，全方位體驗龍岡特有的雲南風情。結合慈湖旅遊、台灣好行、平鎮東勢客庄聚落風情、霄裡埤圖及水與綠廊道自行車路線等旅遊資訊，豐富整體旅遊內涵。並藉由臉書平台「愛ㄑ桃粉絲團」及行動通訊裝置軟體「愛ㄑ桃APP」。幸福集章第二部曲觀光集章打卡活動、摩斯傳情活動〔註9〕、推薦朋友送好禮，以利行銷米干節文化。

3. 域火重生

民國一〇二年（2013）主題是「域火重生」。此活動讓群眾融入雲南少數民族重要的傳統節日「火把節」，海報設計上以象徵再次點燃異域家鄉火焰，燃燒群眾對雲南文化的熱情，少數民族的舞蹈展演，配合打歌活動及美食市集，體驗雲南少數民族的文化魅力，也加強宣傳雲南美食與文化慶典的邀約。首次在忠貞新村舊址上，成立由民族風情展示的，全國第一座紀念雲南族群在滇緬生活型態裝置藝術的「雲南公園」。

圖5-5：第三屆米干節海報暨主題

資料來源：Google圖片

〔註8〕拉老道：雲南逢年過節的消遣遊戲，具博弈性質，由壓注相對應動物圖案獲取禮品或彩金。

〔註9〕因參與攤位中有於臺灣派駐緬甸第三次撤退光武部隊退休的情報人員，以根深集團董事長王根深為代表，故有此活動。

本屆活動於全臺首座「雲南文化公園」盛大舉行！延續上屆龍岡米干節，雲南特有的「火把節晚會」，藉由各式雲南少數民族歌舞表演，突顯龍岡在地滇緬風情及文化，而全臺獨具的「雲南打歌舞」，更吸引現場民眾一同加入體驗，同時於活動會場還有持續保留雲南當地休閒文化，如拉老道、轉輪盤等特色遊戲。在文化記憶上有異域故事館、米干DIY試作等，今年更增加了雲南少數民族稀有珍貴的銀飾及文物展示，現場還邀請近四十家在地店家設攤。除原有臉書平台的推廣外，此次加入桃園市政府官方 LINE 帳號推廣，規劃粉絲專屬活動，桃園跨年分享抽VIP、域火重生愛米干，回答最愛雲南料理抽美食餐券，在觀光行銷上更加強多元行銷模式及飲食文化傳遞。

圖5-6：雲南公園的成立及特殊銀製品展示（筆者自行拍攝）

雲南文化公園　　　　　　　　　　　　銀飾文物展示

4. 水花火舞——異域歡騰

民國一○三年（2014）構思為雙聯慶（潑水節〔註10〕、火把節）並點出「異域歡騰」的慶典。在加入兩個雲南少數民族（傣族、彝族）節慶，使得活動更形多元豐富，海報點出欲創造出社區團結性的金氏米干長龍紀錄，並藉此讓米干節給更多臺灣人知道，海報中由穿著雲南少數民族的傳統服裝敲擊大鼓，展現歡騰訊息與青春活力，水與火的相對性，藉由顏色藍與紅做出突顯，在擊鼓聲中感受雲南族群的熱情與文化。

〔註10〕潑水節：傣族「潑水節」，一般約在陽曆四月中旬舉行（傣曆的新年），為期三至四天，第一天為除夕，第二日為元旦，其他兩日為空日。流行於滇西、滇南的傣、布朗、德昂、阿昌等民族地區。此節日起源於印度，為紀念釋迦摩尼誕生，根據佛生時「龍噴香雨浴佛身」，由用各種名香浸水灌洗佛像而來，故又稱「浴佛節」。節日期間，人們進行潑水、丟包、划龍船、放高升、拜佛、趕擺（擺集）、……等活動，並為佛像潑水「洗塵」。邰瑩，《遊——中國大陸少數民族風情錄（節慶導遊篇）》（臺北：時報文化出版企業股份有限公司，1996年4月初版），頁56。胡起望、項美珍，《中國少數民族節日風情》（臺北：臺灣商務印書館股份有限公司，1994年4月初版），頁149～150。

圖 5-7：第四屆米干節海報暨主題（筆者自行拍攝）

　　雲南文化公園「異域歡騰」水花火舞雙慶聯歡，於民國一○三年（2014）年四月十二日至二十日，（本屆開始將米干節以四月為定調）帶您體驗最熱情的「泰緬潑水節」及「雲南火把節」。挑戰金氏紀錄世界最長米干長龍。本屆活動由在地團隊結合地方力量共同辦理，以「水花火舞　異域歡騰」為主題，首次將雲南特有的「火把節晚會」及泰國新年的「潑水節」聯合辦理，將形塑出別具特色的節慶活動，並透過忠貞商圈整合，為龍岡地區帶來觀光人潮及商機。在全國首座雲南文化公園辦理「世界最長米干長龍」，成功締造金氏世界紀錄外，同時於活動會場更進行全臺獨具的「雲南打歌舞」教學，吸引現場民眾一同加入體驗，且藉由謀體報導及桃園市政府官方 LINE 帳號推廣，規劃粉絲專屬活動，加深、加強文化行銷推展。

圖 5-8：2014 米干節「世界最長米干長龍」活動（筆者自行拍攝）

世界最長米干長龍（阿嬌米干提供）　　米干節慶祝米干長龍破金氏紀錄

5. 水花火舞

龍岡米干節在民國一〇四年（2015）主題為「水花火舞」，以雲南少數民族傣族姑娘絢麗衣裳和化為異域金三角的幾何圖案，產生多元民族的水火交融燦爛光芒。將雲南文化中日常休閒博弈娛樂「拉老道」加入，並有現場製作簡易米干體驗，與手繪彩扇，在宣傳單上增加體驗卷模式，讓體驗活動增加孩童的參與，並藉此宣傳讓大眾更了解雲南文化，也擔負起傳承族群意識的意義。

圖 5-9：第五屆米干節海報暨主題（筆者自行拍攝）

龍岡米干節已邁入第五年，魅力金三角——水花火舞在四月十八至十九日到二十五至二十六日，將日期由一週體驗拉長成雙週，以利官方與社區推展雲南文化及產業行銷。此次特別結合在地各家米干業者推出私房料理，打造「長街宴」〔註11〕宣傳在地美食，規劃雲、泰、緬特色表演、異域美食區、文化趣味體驗區等系列活動，也延續去年「水花火舞」主題，以潑水節及火把節為主軸，帶給民眾充滿雲南風情的歡樂節慶。也開始在新聞主流媒體上著墨，藉由數位及平面媒體的傳播，整體行銷規模越來越大，也可知桃園市政府積極努力推展此文化產業。

〔註11〕長街宴：雲南地區哈尼族傳統習俗，哈尼語稱「姿八多」，為輪流敬酒之意。每年農曆十月的第一個龍日舉辦。宴會舉辦三天，第三天下午舉辦長街宴，賓客及參與者皆可入席享用飲食，並藉食物菜色傳遞哈尼族飲食文化意涵。趙婉君，《屋裡屋外的味覺展演——以清境地區族群為例》，頁 68。

6. 千人歡舞長街宴

民國一〇五年（2016）已經邁入第六年的龍岡米干節，於四月十六至十七日到二十三至二十四日，在雲南文化公園有讓人耳目一新的登場，宣傳海報中間少女開懷的笑臉是迎接賓客的喜悅，絢麗的色彩，搭配身後的象腳鼓與葫蘆絲樂器，看見文化的創新與傳承，也暗喻藉由音樂饗宴，展現向外開展的企圖心，更形塑在臺灣的雲南節慶風情。

圖 5-10：第六屆米干節海報暨主題（筆者自行拍攝）

延續歷年「水花火舞」主題，並以「千人歡舞長街宴」為活動亮點，辦理記者會將長街宴及雙周主題活動──潑水節及火把節，藉由電子、網路、平面媒體報導與廣告促銷，並邀請國際貴賓（包含各國駐華使節代表、歐洲在臺商務協會、美僑商會、日僑商會代表等）參與火把晚會活動，讓各國駐臺代表體驗桃園在地雲南料理、火把慶典，成功將龍岡米干節推向國際。活動期間也循往例，規劃雲、泰特色表演、裝置藝術展示、DIY 體驗等系列活動。

7. 魅力金三角水花火舞

魅力金三角以水花火舞為主題，於民國一〇六年（2017）在雲南文化公園開場。此次以雲南打歌為主要活動，紅色象徵打跳迎賓的熱忱與少數民族節慶神秘氣氛，構圖中氣勢向前的圖案，象徵前進的生命力，也傳遞米干節充滿熱情的文化魅力。

圖 5-11：第七屆米干節海報暨主題（筆者自行拍攝）

「龍岡米干節，魅力金三角」，延續歷年「水花火舞」主題，於四月十五日至四月二十三日，桃園市政府此次以跨局處行銷，建構觀光旅程。首度開放民眾報名品嚐長街宴活動，席開一百三十二體驗桌次，民眾反應熱烈，隨後辦理雙周主題活動潑水節及火把節，並邀請緬甸大使一同參與。吸引約十四萬人次參加，成功行銷龍岡地區滇緬特色美食及文化。本次特色有，結合桃園經濟發展局「桃園跨族裔飲食文化計畫」之合格亮點業者，共同行銷宣傳，並串連周邊景點規劃異域小旅行。因行銷手法推陳出新，超過數十則電子及平面媒體報導，且運用快閃打歌直播、三百六十度攝影與活動及製作三十秒活動宣傳影片。活動期間主題直播，創造網路行銷話題，刺激國人眼睛目光及來桃園觀光意願。

8. 潑水祈福、打歌同歡

　　第一次改為在龍岡大操場（軍事操演場所）舉辦，藉由水、火的意象，陽剛的火舞，配上陰柔的水舞，營造火把節及潑水節的意象，並由舞蹈建構出一個生生不息的圓，並且在舞蹈歡騰下，點燃生生不息的雲南文化，如同海報宣傳主軸「潑水祈福、打歌同歡」。

圖 5-12：第八屆米干節海報暨主題（筆者自行拍攝）

　　民國一〇七年（2018）米干節，舉辦時間為四月二十一至二十二日與四月二十八及二十九日，以桃園龍岡獨有異域金三角文化及米干美食為主軸，規劃經典雙慶聯歡活動──「潑水節」及「火把節」，讓民眾共同參與雲南文化盛會，今年活動改址至「中壢龍岡大操場」舉辦，場地及規模皆擴大，此次更首度結合火把節與長街宴，另特別規劃雲南獨特「跳菜舞」表演於長街宴當中，增添龍岡米干節文化層次；除主題活動，更規劃九種在地文化體驗及數十場少族民族舞蹈表演，讓民眾深刻感受龍岡米干節豐富之文化內涵。現場共有四十六家龍岡在地店家推廣滇緬料理及服飾體驗，每日於活動會場「打跳踩街」之在地協會成員均超過五十位，整體活動豐富多元且具有特色，不但成功行銷忠貞商圈飲食更凝聚在地族群向心力。

　9. 目腦縱歌狂歡節

　　民國一〇八年（2019）米干節，活動以「團圓」為主題設計，用「歡迎來聚」展現在地雲南人熱情。由協會及店家穿著雲南少數民族服裝，充滿笑臉迎客，歡迎客人來相聚，也期望眷村的老夥伴再次聚首。

圖 5-13：第九屆米干節海報暨主題（筆者自行拍攝）

今年龍岡米干節首度延長為三周，分別為四月十三、十四日，二十、二十一日，二十七、二十八日等三個周末至周日假期。以桃園龍岡獨有異域金三角文化及米干美食為主軸，除延續往年經典「潑水節」及「火把節」活動外，更新增「目腦縱歌狂歡節」，再添「滇緬」節慶新體驗，讓民眾感受多元雲南文化盛會，活動另推出「七彩米干、長街宴、普洱茶席」等三大特色美食體驗，並匯集在地超過九十攤店家於會場設攤，將龍岡滇緬美食文化完整呈現，另會場還有米干 DIY、拉老道等多項在地文化體驗及數十場各族民族舞蹈表演，都能讓民眾深刻感受龍岡米干節豐富之文化內涵。桃園市府在本次活動同時增加忠貞商圈與活動會場的連結性，交通部分，除規劃龍岡大操場為停車場及中壢火車站至龍岡大操場接駁車外，為方便民眾前往忠貞商圈遊逛、消費，亦規劃會場至龍岡國中接駁車，促進在地發展。現場約有九十家龍岡在地店家推廣滇緬料理及服飾。行銷宣傳上，特別設計「一秒變民族姑娘」APP，以及 LINE@市集集點換贈品活動，透過新創科技擴大活動感染力，在整個活動期間，電子媒體及平面報導共超過三十則，成功替桃園市宣傳桃園獨有異域文化盛會。

10. 初心、出新

　　民國一○九年（2020），特別強調十周年，華人節慶逢十即有大慶祝，此次主軸是「初心、出新」代表傳承初心、展望出新，除了完整呈現對自身族群意識凝聚與對雲南少數民族節慶歡愉的初心，更展望未來米干節能夠更進一步推陳出新，不只在臺灣能盛名遠揚，更期盼能響譽國際。在海報的主視覺上的小孩與少女的對照，加上雲南少數民族固有的藍紅元素交匯，形成多元面向。少女的環抱象徵傳承的意念，小孩的眼神目視前方，象徵著新希望的向前。海報背景以現代化圖案，建構出對未來的期許。此次活動也設計主、副兩個會場以分流群眾。

圖 5-14：第十屆米干節海報暨主題（筆者自行拍攝）

　　本次活動時間因疫情關係較為特殊，由九月十八、十九、二十及二十五、二十六、二十七日，以雙主展場分動、靜態展示，加入更多國際元素，延續傳統「水花火舞」、「目腦縱歌」及「長街宴」等主題活動。活動主會場現場還有精彩舞台表演、金三角地區特色餐食、DIY 活動及民族服裝體驗換裝區等。副會場區域則舉辦特色廚藝小旅行、拍照打卡闖關活動等同步宣傳在地特色旅遊資源，帶給民眾特有的金三角體驗。宣傳方面延續上一屆活動辦理，但有設計夜間酒吧等活動，因天候不佳與新冠疫情關係，雖立意良好但人潮未如預期。

此次順延至九月舉辦，實因新冠肺炎關係，是受外力影響而更改日期。

米干節的舉辦與雲南地域性節慶有關，前三屆為配合彝族火把節，因此為五月底至六月舉辦，由第四屆起加入傣族潑水節，因此將舉辦時間往前推移，變為四月舉辦，一直至第九屆為止。第十屆因新冠肺炎影響，將所有慶典往後挪移，桃園市政府所主打國際米干節的宣傳上，也因此大打折扣，未能超越民國一〇八年（2019 年）所舉辦的米干節活動。

米干節之所以能行銷成功不外乎以下幾點：一、具創意性及行銷，由網路的宣傳及公部門強力行銷，能見度大增，增加遊客來訪興致。二、具議題性及獨特性，由國旗屋打卡熱點到米干美食探索，進而推展潑水及火把節，長街宴飲食及目腦縱歌的歡慶舞蹈，及忠貞新村原住戶所自豪的打歌舞蹈。不用出國也能感受不同地區文化風俗，刺激客源來訪。三、店家合作互助，協力完成米干節活動，〔註 12〕增加忠貞新村導覽行程及米干手做體驗，使得參加者認為參加具有娛樂性且適合老少一同前往。四、產品定價，物超所值，不因觀光點或節慶擺攤而提升產品售價，且來忠貞新村除欣賞及品嘗滇、緬、泰文化美食外，尚有東南亞市集及各式南北雜貨，可供採買，讓遊客玩得開心、買得放心。五、交通便利、易達性高、停車方便，由民國一〇七年（2018）年與軍方協商提供龍岡大操場後，遊客人數不斷攀高，究其原因是解決交通問題及停車難題。六、政府、協會、民眾三贏局面，桃園市政府的跨部會協商支援，主事者的大力支持，雲南籍相關協會的運籌帷幄及團結一心，最後是民眾的熱情參與，才得以讓米干節歷久不衰，越做越好。

二、米干節的推展對忠貞商圈的影響

正如《遷移、文化與認同：緬華移民的社群建構與跨國網路》研究論文中對中和緬甸街住民的觀察，「他們不再是臺灣社會中一個隱而未現的族裔群體，而是逐步邁向族群展演的舞台」〔註 13〕，套用在忠貞新村也是如此。十年，一個由青澀到成長的開始，忠貞新村在歷經拆遷到米干節的再繁榮，究其原因是有其文化底蘊及族群意識的凝聚才得以成形，當社群的登高一呼，所得到是一呼百諾的支持，加上公部門的推動，才有水到渠來的成果，當看

〔註 12〕在實際參與及訪談相關報導者中，所看見、聽見，即是哪家東西有缺就相互之支援，先借用後歸還的相互扶持及依存的宗親及鄉誼連結。

〔註 13〕瞿振孝，《遷移、文化與認同：緬華移民的社群建構與跨國網絡》頁 19。

米干節的活動海報，不斷地加入各項屬與雲南的族群意象時，在現今臺灣的主體意識如此濃烈之際，竟不會產生違和感，反而讓忠貞新村變成旅遊打卡聖地，來桃園吃美食看異國風情就要來忠貞新村，間接讓周邊米干商家生意變得興盛，也變成東南亞飲食及商品的集散地。

　　米干節自民國一〇〇年（2011）推動以來，從最初草創時期的十多個攤位的加入，到全盛期多達九十多個攤位，在米干的滋味下，公部門與忠貞新村的相關社團、協會及同鄉會相互協力甚多，以一〇八年（2019）雲南同鄉會舉辦的米干節，參加的社團及協會有：

> 桃園市雲南同鄉會、中華民國滇邊聯誼會、桃園市雲南民俗打歌協
> 會、在台回鵬校友會、在台緬甸臘戌果文校友會、在台緬甸臘戌果邦
> 校友會、緬甸歸僑協會、中華民國國雷聯誼協會、佤族同鄉聯誼會、
> 逍遙幫、在台美斯樂校友會、清境雲南同鄉會、當陽同鄉會、屏東縣
> 里港鄉滇緬民俗文化協會、屏東縣里港鄉信國社區發展協會。

民國一〇九年（2020）以根深企業為主導，所參與的單位有：

> 桃園市雲南同鄉會、中華民國滇邊聯誼會、桃園市雲南民俗打歌協
> 會、逍遙幫、在台緬甸臘戌果文校友會、在台緬甸臘戌果邦校友會
> 中華民國國雷聯誼協會、泰北輝鵬在台校友聯誼會、南投縣仁愛鄉
> 清境社區發展協會、緬甸歸僑協會、台北雲南同鄉會、南投雲南同
> 鄉會、桃園市魅力金三角地方特色產業發展協會。

　　兩者皆包含了軍方退休人員所組建的單位、緬甸當地僑校、同鄉會、分散臺灣各地雲南族裔的發展協會，也包含雲南民俗的相關協會，藉由綿密的網絡，構成大型活動舉辦動力及人員的參與，北部的忠貞新村與中部的清境農場及南部的里港的發展協會，也藉由相互支援，希望使雲南文化能一直維繫下去。

　　並且在更早，於民國一〇六年（2017）為聯絡社區情感，也加入了遠雄龍岡一、二期公寓大廈管理委員會，在各協會及社團與企業的不斷的腦力激盪下，開闢了另一種族群認同方式，本在忠貞新村屬於小眾隱性的母系族群，如傣族、傈僳族、哈尼族、彝族、景頗族等，讓本為小眾隱性在臺慶祝的節日，因需不斷的創新求變，而將雲南少數民族的傳統節慶也納入了米干節活動，使得緬、泰地區的族群也有找到自己族群的歸屬，也替來自東南亞的移民及移工，來臺後能有一解鄉愁的地方。

　　在民國一〇〇年（2011）開始由桃園縣政府所舉辦的「雲南米干節」慶祝

活動，以米干為主軸，雲南少數民族節慶為根源，結合原本龍岡地區的雲南美食攤位、DIY 體驗、主題講座、打歌文化、文物展出、裝置藝術展示、歌舞表演等精彩內容。再配合雲南地區少數民族的節慶活動，如雲南哈尼族的「長街宴」，傣族的「潑水節」，彝族的「火把節」，將整個四月拉出一片長紅的商街慶典，帶起了人潮，也帶起了錢潮，誰說文化不能賺錢，雲南文化代表另一種商品模式的產生（民國一〇九年（2020）因疫情關係改為九月實施）。藉由米干節的推展，店家樂於參與，藉此打響名號並且獲益頗多。忠貞新村的改變在媒體的報導下有著顯著的發展，並在公部門有遠見的推動下，使周邊地區、商家、消費者獲得三贏的局面。而且為使店家能踴躍參與此項活動，桃園市政府還特別作了導覽手冊，讓觀光客可以按圖索驥，增加各店家的消費金額，並舉辦摸彩抽獎活動，且朝向電子化的網路打卡打折及送贈品，徹底展現商品經濟的流通模式，藉由打卡將訊息串連到特定族群，進而引發消費慾望，達成商家的推銷目的。

族群在歸屬上形成是層次互現，在中華民國的國家主義下，有著雲南族群的認同，在雲南族群（漢族）的族群中，有著雲南少數民族的歸屬。在外人眼中是看到所謂的雲南風情，而在忠貞新村的居民眼中所建構的是對自身族群的認同與傳承。公部門的舉辦米干節活動，讓族群間得以動員，雖在訪談中報導者對此區塊著墨不多，認為理所當然，但在筆者的觀察下，在動員期間不是所謂一間店家的參與，而是整個家族的動員，報導者張氏家族是由橫向連結，在動員期間所需的人力、物力、裝潢、擺設，凝聚了家族的向心力，以互通有無，並藉由參與此活動，教育下一代對自身族群的文化的想像與認同及技藝傳承的使命。

在陳振興的論文《異域之火：探討桃園忠貞新村火把節對地方依附、社區意識與社區發展之影響》與張新明的訪談中得知米干節對忠貞新村商圈的宣傳：

> 現在我們假日都會來忠貞新村這邊，來這邊吃米干、吃東西、吃小吃。舉辦一些火把節、舉辦一些活動，別人才了解這個地方。國旗屋有個張老旺先生嘛，張老旺先生掛國旗掛著，人家注意到了。這邊有個米干節，別人原本不知道甚麼叫米干，舉辦米干節才知道甚麼叫做米干，然後過來吃吃看。[註14]

〔註14〕陳振興，《異域之火：探討桃園忠貞新村火把節對地方依附、社區意識與社區發展之影響》，頁 197。

另有當地商家代表也提出公部門的參與下對米干的成效：

> 我覺得對地方好的效益，最基本就是帶動觀光，我覺得因為要過龍岡米干節，他們（遊客）會從很遠的地方來到這邊（忠貞新村），（遊客）從來沒有體會過這邊，也因為有這樣的節慶，來到這邊就是對桃園觀光是蠻有幫助的。再來是帶動觀光發展，就帶來人潮，有了人潮，四周的店家和商圈一定就會有收穫與效益。……來的人對這米干節有許多正面的肯定，那當然對我們商圈的形象也會有正面的宣傳。〔註15〕

張新明也對公部門參與提出看法：

> 當地，附近雲南人很多，是李紹偉當觀光局長的時候，李紹偉是雲南人，再加上這附近作米干的人很多，就推行一個米干節。後來雲南在流行這個火把節，和臺灣的這個火把節差一兩個月，但是火把節是農曆，在這個4月舉行有點差別，名詞用在這個火把節就比較吸引人。米干節是比較有一點商業訊息太強，沒有民俗節慶，民俗氣息比較少，所以地方賣這個米干節。米干、火把節兩個產業結合在一起，也還要有政府來推動，如果政府不推動的話很難辦。〔註16〕

或許在商業的驅力下，影響了桃園地區雲南族裔在不同層面的認同選擇，但就米干節的行銷及對滇緬地區的文化的展演，現居忠貞新村的商家及散居桃園各地的雲南族群，各自找到了適應社會的生活方式，忠貞新村的雲南裔居民透過米干節對文化傳承的論述及米干的飲食記憶，結合傳統節慶，給雲南族群有一個自我論述與表明身分的方向，進而推展地方飲食文化產業。公部門的介入下，本由地域性的文化展演以吸引群眾參與，並藉由周邊居民們日常生活中的美食，使遊客絡繹不絕除來享受口腹之慾外，也可體驗異國風情樣態，但當族群飲食以商業型態出現時，其飲食內涵或因外力而有所質變，並對當地雲南族群會產生部分影響，但危機或許也是轉機，雲南飲食的商品化及大眾化，所代表是一種文化的消逝，但也可能是另一種轉變契機，將帶動雲南意識的認同及對滇緬地區文化的再次傳承。

〔註15〕陳振興，《異域之火：探討桃園忠貞新村火把節對地方依附、社區意識與社區發展之影響》，頁147。

〔註16〕陳振興，《異域之火：探討桃園忠貞新村火把節對地方依附、社區意識與社區發展之影響》，頁193。

圖 5-15：米干節下的活動展演（筆者自行拍攝）

米干節異域孤軍歷史回憶牆

雲南公園旁所擺設雲南攤位美食

米干節夜間打歌舞蹈

緬甸留台校友會

米干店電子化下的經營模式

米干 DIY 體驗

雲南傳統服飾穿搭租借

米干節與民眾聯歡活動

陸、國家與族群認同的形塑與轉變

　　眷村的由來，在《中壢龍岡地區眷村調查》中將眷村有非常明確的說明：

　　國府自民國三十八年（1949）退守來臺，於民國三十九年（1950）將
　　軍眷管理處改隸聯勤總部聯勤留守業務署辦理。依據「國軍在臺軍眷
　　業務處理辦法」之規定，軍眷以集中居住、集中管理為原則，即所謂
　　的「眷必歸戶、戶必歸村」，部隊與軍眷為後勤政策統籌監督，並可
　　因戰事而起的緊急動員，因而建構了眷村的雛型概念。〔註1〕

　　國內對眷村研究方興未艾，而眷村研究得以一領風騷，是有其特殊時空
背景下所發展出的獨特聚落型態，而後因眷村改建及文化保存議題的出現，
在本論文所探究的「族群關係與認同」也成為研究方面的素材與討論議題。

　　「語言運用的每一個面向，對發現自己的身分都非常重要，孩子知道自
己是誰，學會講話是主要原因之一」。語言就是「民族文化遺產中最特殊的因
素」。語言喚醒了族群個別存在的意識，並使這種意識得以持續，同時「藉此
把自己與其他的群體區隔開來」。〔註2〕透過 Harold R. Isaacs 所言，再觀察忠
貞新村在第一、二代長者因歲月流逝語言傳承不再，眷村拆遷後更是造成文
化及認同的流失，當國家主義的消逝，族群意象的消逝，忠貞新村的米干店
家是如何面對及因應，是堅持原有的雲南風味亦或是建構想像的共同體，在
國家與族群認同的形塑與轉變中，看見雲南族裔在忠貞新村的心路歷程與對
未來期望。

〔註 1〕黃承令建築師事務所，《中壢龍岡地區眷村調查》，頁 2-3。
〔註 2〕Isaacs, Harold R.，鄧伯宸譯，《族群 Idols of the Tribe》（新北：立緒文化事業
　　　　有限公司，2004 年），頁 146。

一、國家認同的符號化與消逝

（一）國家認同的符號化與體現

在忠貞新村中所建構的國家認同中，國旗最具代表性，因重大節慶皆會懸掛於街巷兩側，並於眷村自治會外掛設國旗。整個眷村建設所建構出的國家及族群意象符號，營造出不同一般閩客族群的房舍印象，在擁擠比鄰而居的眷村屋瓦房舍中，國家主義所建構的建築及設施帶著靜默與肅殺之氣，而日常生活中的某些設施，卻能代表外省族群在臺灣的共同回憶，也建構國家認同的符號化具體印象出現，現分述如下：

1. 自治會、長青俱樂部、籃球場運動設施

自治會在軍政系統而言，是屬於眷管基本單位，其法源是在民國四十五年（1956）所頒布的「國軍在臺軍眷安置辦法」及民國九十三年（2004）的「國軍軍眷業務處理作業注意事項」有明文詳細規定。自治會與眷村生活息息相關，也是與軍方列管單位協調的窗口，許多眷村的改建是否順利，眷村自治會一直有其重要影響，〔註3〕也是社區中最重要的公共事務決策團體，許多黨國意志的貫徹及命令的傳達也是透過自治會而實行。

由滇緬邊區撤退來臺官兵，因年齡老去，不再適宜激烈活動及出遊，為體恤年長者，政府會於自治會旁興建或隔出空間成立長青俱樂部（樂齡會所），方便眷村居民聊天消磨時間，在自治會周邊亦有籃球場以供年輕人消耗旺盛精力，眷村旁的籃球場應是每個眷村子弟年輕時的回憶之一。

2. 活動中心及幼稚園

最具國家建構的意象是位於眷村外側邊主要巷道旁的社區活動中心，活動中心的設置是方便冬天及風雨時可供居民開會、遊憩、休閒之用，建築物舊時大多稱呼為中山堂、中正廳、介壽堂、介壽廳，已表明「效忠領袖」之意。在活動中心門口有蔣中正總統的肖像（銅像），也可由銅像的刻字看出建設的年份，當上刻為「效忠領袖」、「民族救星」的字與代表民國六十四年（1975）之前所建立，因偉大的領袖尚在世上。蔣中正總統如果去世後所興建的銅像，其刻字則改為「永懷領袖」。〔註4〕軍隊與國家有關，軍人不能沒有

〔註 3〕黃承令建築師事務所，《中壢龍岡地區眷村調查》，頁 2-22。
〔註 4〕蔣中正總統在世時，雕像基座大多為「效忠領袖」、「民族救星」之類標語。蔣中正總統去世後，皆改為「永懷領袖」。黃承令建築師事務所，《中壢龍岡地區眷村調查》，頁 3-18。

國家，國家離不開軍人，當時軍人的五大信念即是「主義、領袖、國家、責任、榮譽」，中華民國所有軍校的首任名譽校長都是蔣中正，在強人政治下，當身家性命全因領袖得以安穩，藉由任何實體的符號，都可突顯對領袖的效忠與崇拜，因此可看出所效忠的是在所謂威權主義下的國家信仰認同。忠貞新村的社區活動中心是非常標準且制式化的。

圖 6-1：蔣公銅像及忠貞新村活動中心（筆者自行拍攝）

民國六十四年（1975）後的
蔣中正銅像標語（永懷領袖）

忠貞新村活動中心

　托兒所（幼稚園）是將最需保護的生命個體交由最具權威及安全的地方保護，且因忠貞新村來臺後及所生的軍眷子女眾多，因此成立幼稚園為當下之急。也造就臺灣各地大型眷村，皆會有一個以眷村名所建立的幼稚園，作為託管之地，方便眷戶與協助照料眷村子弟，因此忠貞新村第二、三代在雲南話的溝通上是無礙的，但第四代所面對是大環境的改變，在報導人的回答中，異口同聲說，會聽但說話口音上就明顯生疏許多了。在大環境的需求下，托兒所（幼稚園）成為眷村居民所必須且迫切的，隨著眷村的改建，忠貞新村的托兒所（幼稚園）也走入歷史洪流之中。

圖 6-2：忠貞新村幼稚園一角

資料來源：張國偉提供

3. 圍牆

由早期竹籬笆至後期紅磚所砌成的圍牆構造，圍牆除為眷村空間的邊界以界定眷村內外的空間之用，並呈現強烈空間區隔意涵。〔註5〕在其側牆所圖繪之圖案及標語，如「親、愛、精、誠」，「保密防諜、人人有責」，「守望相助」，或是對領袖擁戴的文字及自身房舍圍牆外所寫房舍編號或圖案，皆是讓人知道即將進入是一個具有國家認同下的團體，而成為知道是否即將踏入忠貞新村的標誌。圍牆也是區隔內外的識別，忠貞新村與臺灣一般眷村相當，房舍比鄰而居，以魚骨狀路徑系統特徵分布，區別各住戶的平行連棟式住宅，以及房舍的編號〔註6〕

圖 6-3：圍牆藩籬下所建構的眷村意象

忠貞新村的巷道與圍牆（張國偉提供）

有點模糊的「敦親」兩字屋舍圍牆
（筆者自行拍攝）

〔註5〕黃承令建築師事務所，《中壢龍岡地區眷村調查》，頁3-18。
〔註6〕黃承令建築師事務所，《中壢龍岡地區眷村調查》，頁6-20。

4. 入口門柱、社區公佈欄

眷村正面主要出入口一般會設置入口門柱，用以界定眷村內外空間，一般會將眷村村名及興建年代標示於此門柱上。社區公佈欄一般位於社區公共開放空間，為公告上級命令及政令宣導及眷村行政事務。

圖6-4：忠貞新村拆遷前活動中心布告欄（筆者自行拍攝）

5. 水井

生存三要素，陽光、空氣、水，因此在眷村形成初始因陋就簡下，自來水供需不足，水井成為忠貞新村必要設施，尤其是早期興建長條形連棟住宅。水井所提供的供應水源方式，一般多配置於鄰里街巷之後巷或後院空間，無後巷者則配置於主要街巷側邊或主要街巷門前巷弄交角處。在其附近為日常洗衣空間，為眷村婦女閒話家常之場所。〔註7〕

圖6-5：水井（資料來源：張國偉提供）

後巷間的水井取水處 　　　　　　日常洗衣取水改為餐飲據點

〔註7〕黃承令建築師事務所，《中壢龍岡地區眷村調查》，頁3-9、6-20。

6. 公共廁所、公共浴室

早期眷村，尤其是長條形連棟住宅，大多未能設置廚房、廁所及浴室。一方面使用空間有限，另一方面則為缺乏燒水設備及節省開支，因此公共廁所及浴室應運而生，公共廁所通常配置在眷村邊緣空間，依眷村規模大小，可設由一個到數個廁所，由於民國四十二年（1953）來臺後所分配的眷舍太小，居民在自身家中無法設置抽水馬桶及化糞池，因此公廁成為眷村重要公共設施，忠貞新村許多家庭皆是在無居家廁所生活多年下，經由增建後巷或是頂購隔壁單元及違章擴建，才得以增加自身居住環境的廁所。〔註8〕

圖 6-6：公共廁所（女廁）（筆者自行拍攝）

公共澡堂的設置象徵早期的資源匱乏，生活艱苦的那一個時代，也是一個象徵資源共享、互助合作的溫馨歲月，當時的眷村自治會每天定時提供熱水，也成為村民每日固定的作息時間表。這是眷村第一、二代人所擁有的共同且難以磨滅的回憶。〔註9〕

在以上國家及族群意象的符號下，由社區活動中心、圍牆標語、入口門柱、社區公佈欄、領袖銅像、國旗，可看見當時「軍令如山、軍紀似鐵」，使眷村對於國家是有休戚與共的命運共同體，在上級所交辦的命令須執行貫徹，使國家主義的意象在此展露無疑。入口門柱與圍牆等元素則是他群與我群最好的區隔，也是眷村居民與外界住戶的分隔，藉由眷村的形象意象，在都市空間中明顯劃分出空間領域的分界。

〔註8〕黃承令建築師事務所，《中壢龍岡地區眷村調查》，頁 3-10。
〔註9〕黃承令建築師事務所，《中壢龍岡地區眷村調查》，頁 3-10。

（二）國家意識的消逝

民國九十五年（2006）忠貞新村陸續拆遷完畢，在集體遷移下，許多國族符號的消逝及政黨輪替下所效忠的對象不復存在，由張老旺（國旗屋）口述說道：

> 以前一到國慶、元旦、蔣公誕辰紀念日……等都會掛國旗，後來政黨輪替了，大家都不太掛了，而且現在每個黨派都出來了。眷村沒了後更沒人再掛國旗，現在我只是把我的想法用國旗表現出來，國旗就代表我的國家。以前國慶日全臺都能看見國旗，現在要看國旗插滿天，只能來我這國旗屋了。

外省族裔對國家認同最早的消逝，應是在於強人的逝世，連牆面都因強人的逝去而改換成公共生活常規相關。當民族救星改變為永懷領袖時，也見證了一個世代的殞落。

張老旺也提出對忠貞新村與國族關係的看法：

> 現在的話就是沒有甚麼依附感。因為房子都被拆掉了」那些愛國人士都遣散了，他們要找也找不到了。現在只有故鄉情，我們這裡有一個雲南同鄉會，還有雲南舞蹈會，叫做打歌會。有這個隊的存在，一年會參與一次，每禮拜有空的聚集一下，……但是它是故鄉情……也沒有談到甚麼愛國不愛國。〔註10〕

當主建物的拆除，具國家意象的符號消失，強人或偉人的銅像被摧殘，眷村的主體意象都消失後，所遺留的是空洞略帶惆悵的無奈回憶，當原是以黨國一家的國民黨競選海報張貼比比皆是下，到如今百花齊放，誰能對眷村有幫助在對自身利益上會對候選人投下自身的認同票，不再以國民黨為首選，特別是第三代後情形越顯現明顯。忠貞新村介壽堂碑文可知道忠貞新村的由來，但在眷村拆遷後，被人所收藏，只能在節慶日拿出展覽一番，但若無專人解說，上面許多人名對現在淺碟與追求流行文化下的民眾是不屑一顧的，但在當時可謂是響噹噹的人物，如介壽堂落成碑文，最後書寫者姓名「李彌」，沒有他就沒有現在這忠貞新村。如若無段希文與李文煥，泰國北部的美斯樂跟唐窩不會有異域孤軍的後裔在那生根成長，如若沒有國共的內戰，也不會有異域孤軍遷移到臺灣，在這譜出超過一甲子的雲南風情與滇緬文化。

〔註10〕陳振興，《異域之火：探討桃園忠貞新村火把節對地方依附、社區意識與社區發展之影響》，頁 182。

圖 6-7：國家符號、黨國一體的象徵（筆者自行拍攝）

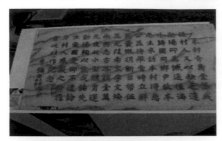

介壽堂落成碑文

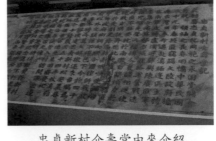

忠貞新村介壽堂由來介紹

異域孤軍的歷史牆

國旗所代表的國家意涵

　　當建築物的國家符號消失，已被完全拆除的忠貞新村所能依憑的只剩文字與照片或影像的敘述。在歷史的敘事上，弱勢族群在保護文化傳承需更加努力，藉由國家或想像的族群凝聚，找到一個眾人認同的公約數，應該就是張老旺（國旗屋）一直念茲在茲的國旗認同了。

二、族群想像的建構與傳承

　　由 Harold R. Isaacs 所言，「與基本群體認同的功能最密切相關的，是每個人的人格與生活經驗中兩個關鍵性的成分，亦即他的歸屬感與自尊心。……把自己包覆到這種歸屬感裡面，事關尊嚴與自尊，亦及自己如何被別人看待，以及自己如何看待自己。」〔註11〕由雲南族裔在忠貞新村的米干店，所建構出地方生產性及族群共同體認同的產生，在 Appadurai《消失的現代性：全球化的文化向度》書中，認為族群認同可來自於：

　　　地方主體以及鄰坊兩者的生產關係也仍是——歷史和辯證的關係。
　　　若無地方上可靠的主體，建構出一個可供居住、生產和穩定道德的

〔註11〕Isaacs, Harold R.，鄧伯宸譯，《族群 Idols of the Tribe》（新北：立緒文化事業有限公司，2004 年），頁 65～67。

地方領域，就沒有任何利益可言。若不是有一個已知、已命名的且容許爭議的領域存在，創造地方主性的儀式技術就將是抽象並貧乏的。鄰坊若要長期再生產，同時還要保持其實踐意涵、價值與想當然爾的特質，端看知道如何在生產地方性的地方主體，是如何和地方性的時間空間展開其綿密的互動。〔註12〕

　　王明珂所說：「認同取決於差異。以族群邊界論點來看，族群認同概念的形成，不只是種集體現象的呈現，更能從中了解族群成員在現實生活中的經驗選擇。」〔註13〕因此異域孤軍自民國三十八年（1949）由雲南到緬甸，再於民國四十三年（1953）踏上臺灣土地後，超過一甲子的記憶，隨著家族口述的歷史被世代傳承，當被執政當局刻意劃分具有國家意象的聚落型態「眷村」後，強化了對自身族群的離散認同。在忠貞新村拆遷後，族群的認同產生的疏離及陌生，藉由公部門的介入及地方社區團體的努力下，憑藉著米干，此足以代表在臺灣雲南族群認同的食物，在忠貞新村由米干節再次凝聚了雲南族裔對雲南的想像及族群文化的再生。

（一）米干節對族群意識的影響

　　陳蘭秀（阿秀米干）訪談中，米干節對生意有變更好嗎？得到回覆是：

　　　　有變更好。但是老一輩都凋零了，新的有回來就是吃舊有的眷村味，現在觀光客比較多，雲南人漸漸變少了。新生代對於雲南族群的認同也沒這樣深了，但米干節的舉辦還是有幫助，讓大家更了解雲南文化，特別是飲食部分。

　　與張國偉（雲鄉米干2）的訪談中，詢問米干節或其他節慶對於雲南眷村後的第二、三代會有影響會吸引嗎？張國偉是這樣告知筆者的：

　　　　例如大鬍子米干（遠親），小時候由父親帶我們去吃，長大後由我們帶著小孩去吃，一代傳一代，知道這就是雲南的味道。餐廳裝飾品是緬甸帶回或買的，來忠貞新村要如何辨別店主來自哪裡，或是故鄉在哪？可由餐廳招牌來看，如果是雲南泰式料理，代表是泰國出生，如果是雲南緬甸料理，是緬甸出生。看招牌就約略可以知道該

〔註12〕Appadurai, Arjun，鄭義愷譯，《消失的現代性：全球化的文化向度》（臺北：群學出版有限公司，2010年），頁259。

〔註13〕王明珂，《華夏邊緣：歷史記憶與族群認同》（臺北：允晨文化實業股份限公司，1997年），頁35。

餐廳老闆的出生地。自己掛於餐廳內的緬甸地圖是在臺灣買大陸做的緬甸地圖，臺灣沒做緬甸的地圖。自己有空餘時間會想用圖片，想將牆面裝飾在奶奶還在世時，由緬甸時期帶來的文物如爸爸（張學初）小時候使用的帽子及草鞋，比較有意思的東西，再加文字敘述，以說故事的方式來加強自己所欲表達對忠貞新村的認知，與懷念及對故鄉的感覺。曾收集過眷村老照片，來對自己青春年少的眷村時光遙想。

張國偉（雲鄉米干2）接著提及雲南米干節對族群的影響：

米干節可帶動消費觀光效益，米干節對雲南人有一定向心力，大家（商家）都很期待，忠貞新村拆遷後搬出去的鄰居也會因為米干節回來，有老鄉會回來設攤，也有因人力不足將攤位再轉包給其他人，就我所知也是由雲南人在賣東西。我自己也在現代社會要求健康飲食下，自己也創作出七彩米干〔註14〕（新鮮蔬果汁融入米漿中製作出七種顏色米干），也可稱為馬卡龍米干。一來是廣告行銷，二來也是替雲南飲食文化找到創新與出路。

圖 6-8：雲鄉米干所創作的七彩米干（筆者自行拍攝）

謝民嬌（阿嬌米干）認為米干節對商圈及族群的影響如下：

在民國一〇〇年（2011）的米干節第一屆推出後，把整個忠貞商圈做推廣，且把米干推銷出去，原忠貞新村遷出的雲南人，自己所認識的幾乎都有，老中青三代都有回來。老的帶中生代回來吃，老的會介紹這家米干店是接誰的，一開始會認人周家米干店老闆娘，

〔註14〕七彩米干：紅色的甜菜根、橙色的紅蘿蔔、黃色的玉米、綠色的茴香、藍色的蝶豆花、紫色的黑米及白色的米。

現在是已經習慣都會看我了，藉由一代傳一代知道這是雲南的家鄉味。現在米干節也會跟著活動到戶外擺攤，觀光客進來後會要吃的是木瓜絲、豌豆粉跟米干，這些是觀光客必點或要吃的，另外像說是我們（雲南族群）道地文化，會點緬甸魚湯跟擺夷米線，一般觀光客是不點的，因為認知及口味問題。

張學初（雲鄉米干1）談及米干節後對族群的影響：

現在臺灣人也大量接受米干，來吃的以觀光客居多，老雲南人（原眷村）回來會吃稀豆粉，外省人不會吃，臺灣人也不會吃。點稀豆粉的人我一聽講話就知道他是雲南人。稀豆粉跟豌豆粉是在這才有的（忠貞新村），製作比較麻煩，銷售量也沒這樣好，米干在桃園很多地方都有開店能吃到，這也是米干節的效應之一。公部門所辦的米干節對眷村是有影響，店面的營業額有提升，我們雲南人在米干節會互相幫忙，有凝聚族群意識的作用在。

透過訪談，張老旺（國旗屋）自己認為：「雖然已經看不到記憶中眷村房舍，但至少忠貞市場保留下來，而且這裡的米干文化也繼續存在」。

在訪談中所認識的張老旺對國旗有著命運共同體般依戀，國旗變成他對雲南族群的投射，就其背後所要表達的應是對父親無盡的思念，〔註15〕這也應該是民國三十八年（1949）來臺後的大部分外省族群，在舉目無親下所能接觸到由國家符號轉為族群認同的共同記憶。

目前龍岡擁有超過二十間以上的米干店，桃園市政府近年也注意到忠貞新村的獨特飲食文化，每年舉辦「米干節活動」，將所謂在地文化記憶，雲南文化在桃園發展，推廣給全臺灣人認識，也藉此活動形成一種召集令，讓遠在各地的異鄉遊子，每到米干節都能出現，一起協力做好屬於雲南人的節慶活動，並藉此串連，共同譜出記憶中的雲南印象，拉近彼此的距離，一同去成就屬於雲南族群的未來。

（二）族群認同的記憶及焦慮

由異域孤軍的遷臺或日後以各種管道進入臺灣的孤軍後裔，從附屬在雲南反共救國軍（異域孤軍）底下，先是被界定為外省族群，且是弱勢外省族群，

〔註15〕張老旺於訪談中說到：父親所留下的值得紀念的回憶是國旗，另一個就是父親傳給我的「花會」。有關「花會」，將於附錄中另闢章節論述，本論文內文不再討論。

後已自成一格轉變半外省半新住民，現以雲南族群為己身定位，並藉由公部門的推廣，成為一個自我認同的新族群，跳脫以往的歷史陳述。桃園市政府藉由忠貞新村族群認同的提升，將本由新北市所主導的族群活化「潑水節」（中和華新街）導向至桃園忠貞新村所舉辦的慶祝節慶（人口較多且具有較大腹地及族群群聚效應）。當米干節效應的擴散，讓原本侷限在龍岡忠貞新村的米干美食，開始散佈至桃園各地，以「忠貞米干」為名進行開設分店，且有在忠貞新村生根，具有商業眼光及企圖心的雲南子弟，將米干此一食物，拓展至全國各地以連鎖店經營模式生產（根深企業）。

1. 米干店的族群認同心聲

在公部門的介入下，桃園市政府每年都舉辦以米干節為名，且融合雲南少數民族不同的節日慶典，加以強化雲南族群的獨特性及認同感，但忠貞新村村民如何看待這些不同的改變，又如何從中找尋或表達出屬於他們自己的認同呢？忠貞新村的雲南後裔又如何藉由飲食如何找到在國家與族群的認同呢？

如何在飲食中找到族群跟國家的定位，如張老旺（國旗屋）所說：

> 在忠貞新村拆遷後大家都搬出去了，我捨不得走，現在第一代（民國四十三年（1954）來臺）幾乎都走光了或是記憶力不復如前，不能完整講述忠貞新村的歷史文化，我是跟著父親由大陸到緬甸再到臺灣的，我現在也老了已經七十八歲了，當沒有人知道異域孤軍歷史時，我的存在是代表著我可以說出那段歷史。眷村的拆遷，大家的搬離，雖然原本的眷村小而擁擠，但家家是相互扶持，且充滿人情味的（普遍的眷村意象），到新的地方（大湳、龜山、中壢）換了高樓大廈，有著電梯樓層，整棟大樓只認識幾個老鄉，想找人說話都找不到，所以一到假日他們就會回來忠貞市場，吃雲南口味的食物，常常六、日來吃米干，都要排隊的。搬離開眷村的人就是要找尋那個記憶中的雲南家鄉味，而且在忠貞新村的家鄉味跟人情味是別的地方沒有的。

訪談中常聽到第一、二代，老一輩說法，「做米干其實很累、很辛苦，幾乎很少年輕人會願意去接這樣的工作。或許十年、二十年後，米干的作法很有可能就會完全失傳。」張老旺（國旗屋）會如此說的，正是他自己親身經歷，自身家族中子弟願意承接製作米干這項技藝，但他卻擔心作米干的工作與生活無法讓年輕人滿意，而擔心後繼子弟不想擔負此項責任。

　　張老旺（國旗屋）不希望米干像眷村改建命運一般，美好的回憶將一去不回，他所擔心的是恐怕再過不久，米干會面臨失傳的危機，因此如果能有更多人知道忠貞新村，吃過這裡的米干，知道這是雲南的味道，這是屬於雲南的飲食文化，至少還會繼續存在人們的記憶之中，那對張老旺等，在臺雲南人，能保留祖輩所留下的東西，再辛苦也是值得的。

　　就生活層面看，當米干的營收足以構成生存基本條件，且有餘錢可共花用，對米干店接班者是有一定誘因的。張老旺（國旗屋）現在自己就是以打工身分賺取月薪購買國旗，今年，民國一〇九年（2020）舉辦國慶升旗的地點，就在自家國旗屋米干店附近的雲南文化公園，在牆面所書寫字中看到「國旗至上、國家至上、人民第一」又再欣賞他將國旗以旗海形式高懸於天空，透過蔚藍的天空看見旗海的飄揚，在旁觀看，所看見的是張老旺眼中，在國旗的飄揚下，是對家鄉的懷念與不捨，也更多是對忠貞新村的記憶與對未來的想像與憂愁，都投射在那面青天白日滿地紅的國旗上。

　　張學初（雲鄉米干1）對族群認同及米干傳承的說法如下：

> 小孩國籍認同上已是臺灣人了，現在第三代已自由婚嫁了，自己有兩個小孩一個娶緬甸僑生，一個是回緬甸娶親的，娶緬甸的原因是比較會做家事，也覺得比較安心。老大娶緬甸僑生。在政治上，選舉時的投票，是各自隨自己心意投票，但還是稍微會提一下投國民黨，大兒子是當兵退伍後做米干，在北投復興崗政戰學校當到少校退伍滿 20 年。老大跟老二在族群認同上還是有些微差異，老大是官校（政戰學校）所以會比較偏向黨國認同。老二是依自己判斷而投票，不管這個國家認同。他們算第三代，就已經是臺灣人了，現在家裡還是用雲南話溝通，在外面是用國語溝通，我自己臺語聽得懂但舌頭會打結，最小的小朋友（孫子第四代）是說自己是臺灣人。孫子是七歲（男），四歲（女），七歲男生國小讀忠貞國小，我孫子喜歡吃米干但不會天天吃、孫子能分辨米干是哪一家做的，自己賣自己吃，不過家常飲食以吃白飯為主。

　　現在張學初（雲鄉米干1）自己對雲南的族群及文化傳承是有隱憂的，在其訪談中得知，他所憂慮的是，因為在忠貞新村拆除了，雲南人也散掉了，我也老了，接手的是我下一代，語言上已經不太行了，等再過二、三代後，可能都不知道自己是個雲南人了。

王根深（根深企業負責人）對米干傳承的看法：

> 這是必然的，必然會消失。而且，一定消失。我們這一代沒有了，下
> 一代不可能會弄啊。學術研究，也許會有。但是，像這樣的團體可能
> 沒有，機會不大。……順其自然，因為，第二代不跟你發展。〔註16〕

謝民嬌（阿嬌米干）對文化及米干傳承所採取的是引導方式：

> 米干店在我接手已是第三代（雲南人第三代）。雲南話到第四代不太
> 會說了，只會說一、二句，但會聽能聽懂。小孩子在耳濡目染下，
> 有時跟長輩說話會不自覺地說出雲南話。我有三個小孩二女一男，
> 最小的是男孩。也是循忠貞新村就學慣例，忠貞國小、龍岡國中，
> 升高中後再各自發展。第四代在族群認同上，都認為自己是臺灣人，
> 我自己說我是中國人也是臺灣人，小孩就是說自己是臺灣人，她們
> 是被現在教育所影響的。我二女兒喜歡打歌，因為喜歡音樂跟舞蹈，
> 是純粹好玩跟喜歡，跟雲南認同無關。小孩三位中老大日後會想要
> 接這個米干店，因為自己會慢慢跟老大教育，在外面工作看人臉色，
> 自己當老闆雖然備料跟販賣時辛苦，但是能自在，比上班更好。我
> 自己感覺，老大心裡雖然肯接受，但是表面上還是反抗，現在我是
> 教老大基本煮米干方法，但當需要大量製作時，老大也會來幫忙，
> 我是以我三位小孩為傲的。

張國偉（雲鄉米干2）的對米干及族群的記憶有以下的看法：

> 當初店內外裝潢意象是想表現以臺灣的雲南為立足點，在展現出
> 整個泰緬區域風情，設計理念上我想呈現出眷村的雲南人，我們
> 整個村子都是雲南人，想呈現之前忠貞新村的歷史過往，就是我
> 們走過的足跡，還有我們的歷史背景，還有我們雲南的文化。當
> 忠貞新村遷出的住民，當來這吃米干就想回到家鄉，來這吃米干
> 能想到自己以前的回憶。雲鄉米干餐廳裝潢設計都是由我構思所
> 設計的，希望觀光客來能看到雲南的東西，因為我們是雲南人，
> 我們因為打仗關係，有到緬甸、有到泰國，雖然我們人在臺灣但
> 是心還是繫念著緬甸跟泰國的親人，像我太太也是緬甸華人，媽
> 媽在緬甸，我們很多親人也在泰國，所以對泰國很多情感在。人
> 在那邊所接觸閱聽都臺灣新聞，現在已在臺灣，情感上很多東西

〔註16〕葉子香，《文化的認同與變遷——以居住台灣的雲南族群為例》，頁146。

都偏向臺灣了，我能用三句話表達大部分雲南人的心理「雲南根，
泰緬情，臺灣心」。

另外張國偉（雲鄉米干）對文化認同傳承上有這樣敘述：

> 對於政府辦的活動，是會促進雲南族群自我認同及文化傳承，但是
> 需要一直跟晚一輩進行教育與觀念的投射，要從小爸媽的口述跟教
> 育才會有對自己族群的認同，目前小孩才要上小一，所就讀的國小
> 也是遵循父親那一輩的傳統，就讀忠貞國小。忠貞國小是一個多元
> 族群的國小，也有新住民學習中心，是全臺灣第一個成立的，我是
> 覺得當小孩進入不同場域，對自己認同衝擊會更大，所以老師在教
> 學上需要更多元化，而這也是全臺在族群認同上所面臨的普遍困
> 擾。我自己小孩老大不太愛吃米干，因為小時候沒特別要求或是有
> 固定飲食，小的喜歡吃，來店裡就吃米干，且會認出這是哪家米干。
> 但在家常食物部分，我們這輩是無辣不歡，但為了小朋友都要特別
> 準備不辣的飲食，以免小孩不吃。

飲食部分在筆者的觀察下，第二及第三代的飲食皆以辣味基本調味，用
餐必佐以辣味調料或沾醬，但第四代或因周邊環境的改變，在幼時對辣味的
刺激不若以往，變成第二、三代在日常三餐的餐桌上需改變辣味調料的濃度
或另準備辣味沾料，以迎合不愛吃辣的第四代小孩。在平日飲食上第四代小
孩對米干喜好度以不似以往，在筆者訪談時看見鄉味米干及阿嬌米干店主，
常以魚湯麵及米干做為工作繁忙時果腹之用，細問其原由，回以在緬甸時吃
習慣了，家鄉味。而在訪談雲鄉米干店主時，其（張國偉）所回應也是工作繁
忙，是以米干為主食用，兩者差異應該是童年時期對食物的熟悉度所造成的
不同飲食習慣，到第四代的飲食文化反而與臺灣本地飲食無異，差別只是較
非雲南族裔更知道米干為何物。

羅子喻在其論文《跨越三代尋找自己：一位社會工作者的自我認同敘說》
〔註17〕對其幼時的記憶：

> 米干店似乎成為外婆形象的投射、媽媽的避風港，甚至是暫時逃避
> 種種事務的代稱。……但大家似乎都有著不成文的規定要到米干店
> 裡「打卡」或者一起吃晚餐，……就算沒有住在同個屋簷下，卻透過

〔註17〕羅子喻，《跨越三代尋找自己：一位社會工作者的自我認同敘說》，頁90。

一些儀式、場合，仍然穿梭在彼此的成長歷程中，而外婆的保護傘便在此時使作用者，以米干店的象徵型態，使我們與家族的緊密地相連、維繫者手足間的感情。

在訪談二、三代米干店中，所透露出的隱憂是族群語言的流逝，第二代所熟悉的家鄉話，到第三代開始出現斷層，除非是以婚姻關係來臺，本身在緬甸時就以雲南話溝通的店主，可用較流利的用雲南話與第一或二代進行溝通，其它則須混雜國語（普通話），進行交談溝通。第四代變成會聽但不會說，能說也僅只與基本問好溝通，在認同上已形成自我認同是臺灣人，對雲南族群的部分除是在忠貞新村商圈成長外，其他與族群外的他人沒甚麼不同，除非是如「米干節」等特殊重大節慶，在穿著打扮上會有不同，口音及行為上已與臺灣當地人無異。

國家認同中，第三代雲南族裔的張國偉（雲鄉米干）感觸頗多，本來國慶懸掛國旗事件舉國歡騰的事，但因已有國旗屋的旗海飄揚，所以其他店家皆認為不再需要幫襯，因此在國慶日當天會有大幅國旗出現的店家，是以國旗屋、雙十米干、雲鄉米干，其他店家皆為零星點綴。國旗屋是以國旗為號召，雙十米干的房東是職業軍人退伍，張國偉自身也是職業軍人退伍，兩者對國旗及國家的敬愛是在軍中多年的養成教育所構成的，其他店家已將國家因素轉為族群認同，任何大型節慶只要能推廣雲南米食文化，讓觀光客更知道雲南飲食都是歡迎的。詢問第三代對於自己小孩（第四代）的族群認同上會更一直灌輸觀念嗎？所得答覆皆是能做多少算多少，要看小孩自己願不願意認同這個雲南族群及文化，這也是第二代所一直擔心的文化斷層問題，而有時不我予的感慨出現。

圖 6-9：筆者與米干店報導人合照（筆者自行拍攝）

筆者與國旗屋（張老旺）合照　　筆者與雲鄉米干1（張學初）、阿秀米干（陳蘭秀）夫妻合照

筆者與雲鄉米干2（張國偉）合照

筆者與阿嬌米干（謝民嬌）合照

筆者與鄉味米干、雙十米干（段嘉莉）合照

米干一條街（依序為：國旗屋、雙十、阿秀、雲鄉、來來）

柒、結　論

　　國家的建構及族群的想像，在臺灣地區最有感的非外省人莫屬，當所認同的黨國已不再，強人領導的權威消逝，特別是外省第二、三代對於自己屬於哪個族群是徬徨無奈的，而在族群認同上產生疏離與陌生，最後被同化。族群議題在臺灣是建構在想像的認同上，當雲南籍軍隊由異域（緬甸）在忠貞新村落腳後，所面臨的是對陌生環境的不安，在能有遮風避雨地方及能繁衍子孫的安全之所雖小及簡陋，但因是空間房舍的一致性，在當時克難的生活條件下，確實給予雲南族群對國族及族群間的向心力及歸屬感。眷村居民因離鄉背井下的風雨同舟、禍福與共的意識，更加凝結在族群認同的團結下，當忠貞新村面臨改建後，對第一代是由一個異域到另一個異域的生命歷程。第二代是由熟悉建物的感情，童年記憶的不再。第三代後是拆遷後的現代化及對自我族群認同的疏離。施正鋒給族群做了一個定義「共同的血緣──不論其是否為想像出來的、語言、文化或共同的歷史經驗；主觀條件則有『禍福與共的集體認同』」。〔註1〕在拆除後想像的忠貞新村印象會隨著搬遷或仍留在原居地的店家而得到流傳，或是記憶的停滯，但當老一輩逐漸凋零，中生代忙於生活無暇傳承，這個忠貞新村的記憶將會慢慢消失在歷史洪流之中。

　　甫來臺的異域孤軍，來臺後即面臨被冠以「義民」身分，但相對在臺居住已久民眾，在認同分界上還是給予既定觀感「外省人」稱號。在異域孤軍與周邊居民的互動與接觸模式下，忠貞新村雲南裔居民，開始有自我族群

〔註 1〕施正鋒，《族群與民族主義：集體認同的政治分析》（臺北：前衛出版社，1998年），頁 2。

意識的產生，在米干節的推波助燃下，建構出我群（忠貞新村雲南裔居民）與他群（非忠貞新村雲南裔居民）的族群意識，也藉米干節的舉辦，成就我群意識的凝聚。他者的出現建構出族群認同及區別的模式，且能知我群在米干節所定位自己的角色，在雙方經驗及文化激盪下，強化自身族群認同的意識。在第一代凋零，第二代的老去，第三代所肩負的責任相對沉重，在忠貞新村拆毀後，雲南居民的四散，外界環境的改變，雲南族群所面對的是多重身分的認同困境，並一直企圖尋找能標定自我族群的方式及表述，也在米干節看到自身文化及族群認同的契機。

在忠貞新村族群的認同由語言、文化、飲食，三者所建構，在現在第三、四代雲南族裔的童年記憶中，語言是漸趨沒落，但靠著飲食的滋味、文化的傳承及外部的相對刺激下，獲得自我的肯定，也因此形塑出與我群與他群的邊界。飲食部分將日常飲食轉變為他者口中的雲南菜，每日三餐主食的米製品變為雲南的代表，並在米干節成功行銷後，變為膾炙人口的雲南美食。將可表達自己飲食的米干，變成他者認同的在臺雲南人所食用飲食，而分別出族群識別的符號及建立具實體的大眾飲食記憶。

在以米干為主，雲南菜系為輔的米干節推出後，忠貞新村的雲南族群，將其與文化相結合，作為群體認同的象徵，以每年四月所舉辦的「米干節」在不斷融入雲南少數族群的文化節慶活動，如彝族「火把節」、傣族「潑水節」、哈尼族「長街宴」、景頗族「目腦縱歌」、「普洱茶習體驗」、「七彩米干」的創作，在推廣上藉由文化展演、地方產業、族群共生，以內在的整體形象包裝，對外他群對我群的認知，轉變為對內延續族群文化意識及實現族群自我的認同，因文化飲食所建構出的主體性，可做為區隔不同群屬的族群邊界。王明珂在〈食物、身體與族群邊界〉一文中表示：「食物，他不僅只是漢人心目中一種我族語異族間的邊界，在中國少數民族的人群中，食物也常被視為民族與地域族群間之區分與標誌。」〔註2〕

語言部份是日趨沒落，雲南話除在家溝通之用，在外基本無任何語言交集，雲南地區語言本屬弱勢，且學校不見得能以教授雲南話為首要，在眷村拆遷後，忠貞國小、龍岡國中在各學科擠壓下對於雲南話的傳授也只剩杯水車薪，因此在語言的傳承更需加把勁，這也是訪談中受訪者頗為無奈之情事。

〔註2〕王明珂，〈食物、身體與族群邊界〉，黃樹民主編，《中國少數民族的飲食文化》（臺北：中華飲食文化基金會，2009年），頁27。

但如能將語言進行強化及教學，並透過傳媒行銷，讓雲南話如同日、韓、泰等語言般，出現學習熱潮，將增加新一代雲南族群對自我認同的主體性展現，或可創新不同新元素帶入族群認同中。

很多東西被破壞後已無法重現，國宅改建計畫所挑選保留的眷村是見仁見智，但就現今忠貞新村所建構出的米干節，在特定場域的展示及市場間的推廣，面臨到如觀光業在行銷上共同的困境，由李佩霖，《臺灣的後眷村時代：離散經驗與社會想像的重構》書中提及：

> 如只一昧的呈現眷村文化中的人情味、外省口音、眷村美食、國旗國徽等，甚至只顧發展文化創意產業，或將眷村保存建築物移作毫無關連性的美食餐廳或文創市集，……現今留存的國軍老舊眷村文化保存區，許多都是較高階軍官或將官所居的房舍，若參觀者只看到寬廣的居住空間及想從中理解何謂眷村文化與人，是有一定難度的。唯有加深展示物件的深度與廣度並顧及眷戶自身的階級性及來屬，才能讓後人理解在外省眷村如何在離散經驗中，找到安生立命之立足點，又如何將他鄉當故鄉，由落葉歸根變成落地生根。〔註3〕

在民國一○九年（2020）米干節的宣導影片中有這樣一段話：「米干，忠貞新村最早的住民之一，部隊撤退來臺，我也成了每個媽媽在廚房裡面的拿手絕活（製作米干），除了給一家老小吃飽，也給想家的心有一個出口，吃的是米干，聽的是家鄉話。……眷村裡面每一個家的餐桌，從來都不在乎多一副碗筷，因為米干讓不同族群的朋友，坐上餐桌就是一家人。只有你跟我加在一起，才是龍岡的樣子。」當國家意象被淡化，族群意識抬頭，並藉由社區的團結性及凝聚感發展出以族群文化及飲食為主的觀光模式，藉由米干節招攬遊客的探訪，每年不斷的增加新的創意構思，也突顯出在地雲南族群的向心力及凝聚力，藉由米干節展露無疑。

《消失的現代性》一書中揭及，今日世界，最直接影響地方性生產的三個要素——民族—國家、離散流、電子虛擬社群。〔註4〕龍岡地區的滇緬料理

〔註3〕李佩霖，《臺灣的後眷村時代：離散經驗與社會想像的重構》（臺北：漢蘆圖書出版有限公司，2019年）頁227～228。

〔註4〕Appadurai, Arjun，鄭義愷譯，《消失的現代性：全球化的文化向度》（臺北：群學出版有限公司，2010年），頁282。

是一種戰爭時期的產物，藉由異域孤軍而來臺，以滇緬料理在忠貞新村成為獨特的飲食文化，米干也成為飲食的認同，忠貞新村（市場）成為臺灣最大的滇緬移民的聚落，但當人口老化及兩岸開放下，許多人回雲南或緬泰地區，接了來依親的家人或是回大陸結婚並生下新的下一代，也有與外籍配偶結合，有新一代的認同出現。當「反共」不再是目的或首要，在時空背景的轉換之下，忠貞新村又加入了東南亞各國的文化及美食，一個跨族群的新生活圈在此的產生。當遊客將「忠貞新村」的名稱，可在意識上解讀為對黨國忠貞的想像空間，或在這區塊所營造的異域環境的氛圍。公部門的介入與電子媒體的推波助燃下，忠貞新村也只是成為一個眾人想像的共同體而已，但所留下的米干飲食及雲南文化的記憶，卻是具有在地化傳承的意義，一個族群的認同轉變，在忠貞新村得以呈現。

捌、參考書目

一、書籍

1. 丁中江,《濁世心聲》,臺北:作者自印,1984 年。

2. 中華民國史料研究中心編,《中國現代史專題研究報告(二十二)——台灣與中國關係史討論會論文集》,新店:中華民國史料研究中心,2001 年11 月。

3. 王明珂,《華夏邊緣:歷史記憶與族群認同》,臺北:允晨文化實業股份有限公司,1997 年3 月初版。

4. 王甫昌,《當代台灣社會的族群想像》,臺北:群學出版社,2003 年12 月初版。

5. 平鎮市志續編計畫編纂中心,《桃園縣平鎮市志續編》,桃園:平鎮區公所,2014 年。

6. 李亦園,《人類學與現代社會》,臺北:水牛出版社,1988 年。

7. 李利國,《從異域到台灣》,臺南:長河出版社,1978 年1 月初版。

8. 李道生主編,《雲南社會大觀》,上海:上海書店出版社,2000 年1 月初版。

9. 李珮霖,《臺灣的後眷村時代:離散經驗與社會想像的重構》臺北:漢蘆圖書出版有限公司,2019 年3 月初版。

10. 李先庚,《八五憶往:九死餘生》,臺北:財團法人李先庚會計文教基金會,1997 年3 月初版。

11. 李先庚，《奮戰一生》，臺北：財團法人李先庚會計文教基金會，1989 年初版。

12. 吳林衛，《滇邊三年苦戰錄》，香港：亞洲出版社，1954 年 12 月出版。

13. 周琇環編，《戰後外交部工作報告（民國三十九年至四十二年）》，臺北：國史館，2001 年 12 月初版。

14. 卓元相，《異域烽火（上）》，臺北：躍昇文化事業有限公司，1993 年初版。

15. 柏楊，《異域》，臺北：躍昇文化事業有限公司，1988 年 11 月初版。

16. 胡起望、項美珍，《中國少數民族節日風情》，臺北：臺灣商務印書館股份有限公司，1994 年 4 月初版。

17. 洪惠冠等編，《走過從前：眷村的影像歲月》，新竹：新竹市立文化中心，1997 年。

18. 政治學院第一軍事教研室編，《中國人民解放軍戰役戰例選編》，北京：中國人民解放軍政治學院出版社，1985 年。

19. 柳元麟口述，訪問：傅應川、陳存恭、溫池京，整理：王素珍、沈上明、陳慈蓉，《滇緬邊區風雲錄》，臺北：國防部史政編譯局，1996 年 6 月初版。

20. 施正鋒，《族群與民族主義：集體認同的政治分析》，臺北：前衛出版社，1998 年 10 月初版。

21. 徐榮崇、廖鶴群，《從異域他鄉到落地生根：滇緬孤軍的越界遷移、文化認同與跨國網路》，臺北：行政院僑委會，2016 年 6 月初版。

22. 軍事科學院軍事歷史研究部編著，《中國人民解放軍全國解放戰爭史（第五卷）》，北京：軍事科學出版社，1997 年 8 月第 1 版。

23. 郜瑩，《遊——中國大陸少數民族風情錄（節慶導遊篇）》臺北：時報文化出版企業股份有限公司，1996 年 4 月初版。

24. 郭冠麟主編，《從竹籬笆到高樓大廈的故事——國軍眷村發展史》臺北：國防部史政編譯局，2005 年 12 月出版。

25. 郭壽華，《緬甸通鑑》，臺北：大亞洲出版社，1961 年 7 月初版。

26. 陳向明，《社會科學質的研究》，臺北：五南圖書出版股份有限公司，2002 年。

27. 黃樹民主編，《中國少數民族的飲食文化》，臺北：中華飲食文化基金會，2009 年 10 月初版。

28. 黃承令建築師事務所,《中壢龍岡地區眷村調查》,桃園:桃園縣政府文化局,2007 年 9 月。

29. 曾藝,《滇緬邊區游擊隊戰史(上、下)》,臺北:國防部史政編譯局,1964 年 10 月出版。

30. 國防部史政編譯局編纂,《戡亂戰史(第十三冊)西南及西藏地方作戰》,臺北:國防部史政編譯局,1983 年 1 月初版。

31. 國防部史政編譯局編纂,《中國戰史大辭典(戰役之部)》,臺北:國防部史政編譯局,1989 年 6 月出版。

32. 國防部史政編譯局編纂,《國軍後勤史(第六冊)》,臺北:國防部史政編譯局,1992 年。

33. 焦桐,《滇味到龍岡》。臺北:二魚文化出版社,2013 年 11 月。

34. 覃怡輝,《金三角國軍血淚史:1950～1981》,臺北:聯經出版事業股份有限公司,2019 年 12 月初版 6 刷。

35. 陸鏗,《陸鏗回憶與懺悔錄》,臺北:時報文化出版企業股份有限公司,1997 年 7 月初版。

36. 張傑民,《烽火西南話戡亂》,臺北:武陵出版有限公司,1993 年 11 月初版。

37. 張茂桂等著,《族群關係與國家認同》,臺北:業強出版社,1993 年。

38. 張茂桂主編,《國家與認同:一些外省人的觀點》,臺北:群學出版有限公司,2010 年 2 月初版。

39. 張玉欣編,《第六屆中國飲食文化學術研討會》,臺北:中華文化飲食基金會,2000 年。

40. 翁台生,《CIA 在台活動秘辛——西方公司的故事》,臺北:聯合報社,1991 年 5 月初版。

41. 楊放整理採訪,《落地生根:眷村人物與經驗》,臺北:允晨文化,1996 年。

42. 葉瑞其主編,《從異域到新故鄉:清境社區五十年歷史專輯》,南投:南投縣仁愛鄉清境社區發展協會,2015 年。

43. 趙勇民、解伯偉,《異域孤軍的真史》,臺北:風雲時代出版股份有限公司,1994 年 9 月。

44. 劉開政、朱當奎,《中國,曾參加一場最秘密戰爭》,北京:紅旗出版社,1994 年。

45. 劉鳳翰、何智霖、陳亦榮訪談編著，《汪敬煦先生訪談錄》，《國史館口述歷史叢書（1）》，臺北：國史館，1993 年 3 月初版。

46. 廖炳惠等編，《重建想像的共同體——國家、族群、敘述》，臺北：行政院文化建設委員會，2004 年 4 月。

47. 翟振孝，《經驗與認同：中和緬華移民的族群構成》，臺北：財團法人海華文教基金會，2001 年 8 月初版。

48. 賴暋訪談編著，《賴名湯先生訪談錄上冊》，《國史館口述歷史叢書（4）》臺北：國史館，1994 年 6 月初版。

49. 賴澤涵總編纂，《新修桃園縣志——地理志》，桃園：桃園縣政府，2010 年 9 月。

50. 譚偉臣，《雲南反共大學校史》，高雄：塵鄉出版社，1984 年 5 月出版。

51. 顧祝同，《墨三九十自述》，臺北：國防部史政編譯局，1981 年 12 月初版。

52. 顧祝同將軍紀念集編輯小組，《顧祝同將軍紀念集》，臺北：國防部史政編譯局，1988 年。

53. 龔學貞等口述；張世瑛、葉健青主訪，《不再流浪的孤軍——忠貞新村訪談錄》，臺北：國史館，2002 年 9 月初版。

54. Appadurai, Arjun，鄭義愷譯。《消失的現代性：全球化的文化向度》，臺北：群學出版有限公司，2009 年 12 月初版。

55. Catherine Lamour，思思譯，《異域孤軍・金三角》，臺北：廣城出版社，1982 年 4 月初版。

56. Isaacs, Harold R.，鄧伯宸譯，《族群 Idols of the Tribe》，新北：立緒文化事業有限公司，2004 年 11 月初版。

57. Kathryn Woodward 編著，林文琪譯，《差異與認同》，新北：韋伯文化國際出版有限公司，2006 年 9 月初版。

58. Michael Angrosino；張可婷譯，《民族誌與觀察研究法》，新北：韋伯文化國際出版有限公司，2016 年 1 月出版。

59. Ritchie, Donald A，王芝芝譯，《大家來做口述歷史》，臺北：遠流出版事業股份有限公司，1997 年 3 月初版。

60. Ulrich Beck，孫治本譯，《全球化的形成、風險與機會》，臺北：臺灣商務印書館股份有限公司，1999 年 9 月初版

61. Virinder S. Karla, raminder Kaur, John Hutnyk；陳以新譯,《離散與混雜》,
臺北：韋伯文化國際出版有限公司,2008 年 1 月初版。

二、學位論文

1. 王定國,《雲南反共救國軍的探討 1949～1954》,桃園：國立中央大學歷
史研究所碩士論文,2007 年。

2. 林欣美,《族群經濟與文化經濟的對話——中壢火車站和忠貞市場南洋
背景商店的比較研究》,臺北：國立政治大學民族學系碩士論文,2009 年。

3. 林柏瑋,《移民二代的認同抵抗與變遷——高屏溪畔滇緬義胞聚落的當
代情境》,桃園：國立中央大學客家社會文化研究所碩士論文,2017 年。

4. 吳秀雀,《從「義民」到「擺夷」? 清境義民人群之認同內涵與變遷》。
南投：國立暨南國際大學人類學研究所碩士論文,2012 年。

5. 何家明,《外交折衝下滇緬邊區國軍部隊議案之研究（1952～1954)》,南
投：國立暨南大學歷史學系研究所,2013 年

6. 段承恩,《從口述歷史看滇緬邊區游擊隊（1950～1961)》臺北：中國文
化大學史學研究所碩士論文,2003 年。

7. 陳振與,《異域之火：探討桃園忠貞新村火把節對地方依附、社區意識與社
區發展之影響》,桃園：銘傳大學觀光事業學系碩士班碩士論文,2015 年。

8. 陳獻鴻,《反攻三部曲：1950 年代初期國軍軍事反攻之研究》,臺北：中
國文化大學博士論文,2003 年。

9. 黃琇美,《環境教育在歷史教學上的理論與實踐——以桃園縣龍岡地區
忠貞新村的人文環境為例》,臺北：國立臺灣師範大學歷史學系碩士論
文,2012 年。

10. 黃淑俐,《再現‧流亡的孤軍——桃園縣忠貞新村集體生活聚落瓦解過
程》,桃園：中原大學建築學系碩士論文,2007 年。

11. 葉子香,《文化的認同與變遷——以居住台灣的雲南族群為例》。臺北：
東吳大學社會學系碩士在職專班碩士論文,2009 年。

12. 楊忠龍,《多重視野下的族群關係與文化接觸：以高樹東振與美濃吉洋為
例》高雄：國立高雄師範大學客家文化研究所碩士論文,2008 年。

13. 趙婉君,《屋裡屋外的味覺展演——以清境地區族群為例》,高雄：國立
高雄餐旅大學台灣飲食文化產業研究所碩士論文,2015 年。

14. 瞿振孝，《經驗與認同：中和緬華移民的族群構成》。臺北：國立臺灣大學（考古）人類學系碩士論文，1996 年。

15. 瞿振孝，《遷移、文化與認同：緬華移民的社群建構與跨國網絡》，新竹：國立清華大學人類學研究所博士論文，2006 年。

16. 羅子喻，《跨越三代尋找自己：一位社會工作者的自我認同敘說》，新北：國立台北大學社會工作學系碩士班碩士論文，2021 年。

17. 顏麗蓉，《軍眷村外部空間之研究：以中壢地區五個軍眷村為研究對象》，桃園：中原大學建築研究所碩士論文，1990 年。

三、期刊雜誌

1. 丁作韶，〈反攻大陸的跳板──緬甸〉，《新聞天地》35 期，1951 年 4 月。

2. 王澤遠，〈中外名人傳（78）〉，《中外雜誌》第 70 卷第 3 期，2001 年 9 月。

3. 田布衣，〈中共圖奪緬軍領導權〉，《新聞天地》678 期，1961 年 2 月。

4. 田布衣，〈滇緬泰寮邊區喋血〉，《新聞天地》683 期，1961 年 3 月 18 日。

5. 田布衣，〈緬邊游擊隊能被消滅嗎〉，《新聞天地》681 期，1951 年 3 月。

6. 李國輝，〈憶孤軍奮戰滇緬邊區〉，《春秋雜誌》第 13 卷第 1 期至第 17 卷第 4 期，1970 年 7 月 1 日至 1972 年 10 月 1 日。

7. 李拂一（移山），〈李彌將軍隻身前往滇緬邊區收拾殘敗反攻大陸之經過〉，《雲南文獻》第 27 期，1997 年。

8. 宋光宇，〈清境與吉洋，從滇緬邊區來臺義民聚落的調查報告〉，《中央研究院歷史語言研究所集刊》第五十三本第四分（1982 年，臺北），頁 747～794。

9. 林開忠，〈跨界越南女性族群邊界的維持：食物角色的探究〉，《臺灣東南亞學刊》3 卷 1 期（2006，南投），頁 63～81。

10. 東方赫，〈中共軍是否在緬寮作戰〉，《新聞天地》677 期，1961 年 2 月。

11. 胡台麗〈芋仔與蕃薯──臺灣「榮民」的族群關係與認同〉《中央研究院民族學研究所集刊》69 期（1990 年，臺北），頁 107～131。

12. 洪長同，〈游擊戰士永遠撤不完〉《新聞天地》686 期，1961 年 4 月。

13. 耿朝元，〈我也經歷昆明戰役〉，《榮光週刊》，2002 年 12 月 18 日。

14. 覃怡輝，〈李彌部隊退入緬甸期間（1950～1954）所引起的幾項國際事

件〉，《人文及社會集刊》14 卷 4 期（2002 年，臺北），頁 561～604。

15. 覃怡輝，〈李彌將軍在滇緬邊區的軍事活動〉，《中華軍史學會會刊》7 期（2002 年，臺北），頁 75～116。

16. 張虹、何作慶，2009，〈紅河縣僑鄉迤薩鎮的多元飲食文化〉，《紅河學院學報》第 4 期（2009 年，雲南），頁 20～25。

17. 賴守誠，〈現代消費文化動力下族群飲食文化的重構：以台灣「客家菜」當代的休閒消費轉型為例〉，《國家與社會》第 1 期（2006 年，臺北），頁 167～212。

18. 謝雄玄，〈苦戰滇區 12 年〉，《新聞天地》687 期，1961 年 4 月。

19. 謝世忠，〈國族——國家的建構、範疇、與質變：中華民國陸軍第九十三師的雲南緬泰台灣半世紀〉，《考古人類學刊》52 期（1997 年，臺北），頁 43～68。

20. 羅惠補，〈滇緬邊區反共義軍撤退憶往〉，《春秋雜誌》第 10 卷第 5 期，1969 年 5 月。

四、報紙

1. 丁流，〈滇邊叢林中的大學〉，《聯合報》，1980 年 1 月 2 日至 3 日。

2. 四國會今恢復，《中央日報》，1953 年 6 月 15 日。

3. 四國協定將成畫餅，《中央日報》，1953 年 7 月 2 日。

4. 有權接受避難庇護《中央日報》，1953 年 6 月 26 日。

5. 緬境游擊隊不撤退，《中央日報》，1953 年 7 月 1 日。

6. 陶培揚，〈血染異域 40 年〉，《聯合報》，1994 年 2 月 1 日至 2 月 17 日。

7. 聯大處理緬控訴案經過，《中央日報》，1953 年 5 月 4 日。

五、網路

1. 三軍總醫院網頁
https://wwwv.tsgh.ndmctsgh.edu.tw/unit/102319/29786

2. 中小學國際教育資訊網（2020）
http://ws3.ntcu.edu.tw/pey/1091/Linking%20files/IETW

3. 中央研究院人社中心，臺灣百年歷史地圖
http://gissrv4.sinica.edu.tw/gis/taoyuan.aspx

4. 自由時報，〈來去雲南火把節「丟包」傳情〉

https://news.ltn.com.tw/news/local/paper/772226

5. 每日頭條，〈雲南的米干，為什麼叫這個名字？〉

https://kknews.cc/food/9o8jel.html

6. 每日頭條：雲南十八怪是什麼

https://kknews.cc/zh-tw/travel/pqkj32.html

7. 每日頭條，〈黃氏大家族認親詩〉

https://kknews.cc/zh-tw/news/nelbrrg.htmll

8. 桃園市政府觀光旅遊局行政資訊網

https://tour.tycg.gov.tw/zh-tw/govinfo/policyobjective/1

9. 雲南同鄉會，〈雲南文獻〉

https://taipei.yunnan.tw/index.php/literature.html

10. 葉瑞其，〈風雲集〉

https://yunjoy.tw/yunjoy/moderator

11. 黑洞雪莉部落格

https://heidongshelly.com/2017/04/14/taiwan-taoyuan-mi-gan/

12. 顏毓瑩，〈桃園眷村的故事〉，《民報文化雜誌》第七期。

https://www.peoplenews.tw/news

六、米干口述報導人（依筆畫先後順序排列）

1. 段嘉莉
2. 陳蘭秀
3. 張老旺
4. 張學初
5. 張國偉
6. 謝民嬌

七、照片提供

1. 張國偉（報導人提供）
2. 謝民嬌（報導人提供）

玖、附　錄

附錄一：從口述歷史中滇緬邊區游擊隊與鴉片、馬幫之關係（1950～1961）[註1]

壹、前言

　　本專章為增補修訂筆者原作而成，因筆者《以味尋位——桃園忠貞新村米干滋味下族群認同的轉變》的論文，再次以忠貞新村為主題，當向受訪者提及鴉片、馬幫與滇緬邊區游擊隊（來臺定居忠貞新村的前身）之關係，受訪者為第二代或三代，可知道三者之關聯，但卻未能有清楚之說明，因此筆者再重新爬梳之前所未能注意之新史料，並再回頭看滇緬邊區游擊隊與鴉片、馬幫之關係，希望藉新史料的掌握，能給在 1950～1961 年，金三角地區的滇緬邊區游擊隊與鴉片、馬幫之關係得到釐清。

　　本研究論文以口述歷史作為出發點，因此須在此先將口述歷史的定義作一說明。到底何謂口述歷史？在《大家來做口述歷史》一書中提出，「同一社群的成員在共同經歷過諸如洪水、颱風等災難後（當然戰爭也包含在內），會彼此喋喋不休討論好多年，一再加強記憶的明晰度。口述史家訪談那些「倖存者」就是那些受困無門、慘遭摒棄，不知所從，最後才又活轉回

〔註 1〕本專章為段承恩〈從口述歷史中滇緬邊區游擊隊與鴉片馬幫之關係（1950～1961）〉，中國歷史學會編，《史學集刊》，第三十六期，（臺北：中國歷史學會，2004 年），頁 285～314。再修訂增補而成。

來的人，這時，為著訪談的可用性，訪談時必須瞭解促使他們「如何」記憶，和記憶「什麼」的所有原動力。」〔註2〕中央研究院近代史研究所所長呂芳上曾說：「當代人寫當代史，已成當下歷史工作者的共識，此時依賴的不全然是檔案，更重要的是從當事人眼光出發，記錄下來的史料，例如回憶錄、口述史等，這些史料的價值在於由當事人親口、親身所說出或體會。」〔註3〕口述歷史雖為片段記憶，但仍可填補歷史空白，獲得資料並了解當時戰爭的個人際遇、個人或家族移民歷程、親族倫理關係、個人事業發展歷程等，均為在官方文獻難以尋獲的珍貴材料。〔註4〕王聿均教授說：「口述歷史，本為歷史資料之一種，史料價值極高，其重要性不亞於文獻與檔案。〔註5〕陳存恭教授也說：口述歷史是史料的一種，和其他史料一樣，經過考證以後可以為歷史作品所採用」，〔註6〕又說「口述歷史是歷史研究重要方法之一，而研究民國軍事史尤其重要」。〔註7〕朱浤源教授則更具體的提出：「現在史學上的口述歷史，是透過訪問程序，以現代化的科技產物——錄音機，甚至加上照相機、錄影機等，使應訪者自述其親身參與及聞見的近年往事，並轉記成為文字作為歷史之見證」。〔註8〕人類或社會學中所提為「深入訪談，研究者透過口頭談話的方式，從受訪者取得第一手資料，具有特定目的和規則的研究性交談」。〔註9〕為何本文要用口述歷史作為研究主軸？因為在官方相關文獻記載中，鴉片〔註10〕與馬幫〔註11〕的探討不是付之闕如，就是一筆帶過，所能提供之資料少之又少，因此本文藉由游擊隊相關人士，以口述

〔註2〕Donald A, Ritchie，王芝芝譯，《大家來做口述歷史》（臺北：遠流出版事業股份有限公司，1997年），頁57。

〔註3〕黃承令建築師事務所，《中壢龍岡地區眷村調查》（桃園：桃園縣政府文化局，2007年），頁7-20。

〔註4〕黃承令建築師事務所，《中壢龍岡地區眷村調查》，頁7-20。

〔註5〕王聿均，〈談口述歷史〉，《史政學術講演專輯（二）》（臺北：國防部史政編譯局，1984年12月出版），頁2。

〔註6〕陳存恭，〈口述歷史與民國軍事史研究〉，《史政學術講演專輯（五）》（臺北：國防部史政編譯室，2002年3月出版），頁89。

〔註7〕陳存恭，〈口述歷史與民國軍事史研究〉，《史政學術講演專輯（五）》，頁85。

〔註8〕朱浤源，〈論口述歷史訪問的方法〉，《史政學術講演專輯（五）》（臺北：國防部史政編譯室，2002年3月出版），頁140。

〔註9〕陳向明，《社會科學質的研究》（臺北：五南圖書出版有限公司，2002年），頁221-2。

〔註10〕罌粟品種約有30多種，但只有鴉片罌粟會產出鴉片。

〔註11〕滇緬邊區販運各項商品之團體，以馬為主要交通工具。

歷史方式來具體呈現滇緬邊區游擊隊與鴉片、馬幫的關係，並以文獻檔案
作為佐證。

為何會稱呼為「滇緬邊區游擊隊」（以下簡稱游擊隊），因為自 1949 年游
擊隊由雲南撤退到緬甸，一直到 1961 年部隊撤退回臺為止，共分為三個時期
且部隊番號各有不同，所以統一以滇緬邊區游擊隊稱之。由 1949 年中共席捲
整個中國大陸地區，國府派駐雲南的武力為第 8 及 26 軍，軍長為李彌及余程
萬，〔註 12〕游擊隊之成立為自大陸撤退到緬境，由李國輝、譚忠合組的「復
興部隊」所開始，〔註 13〕後由韓戰爆發，美方為紓緩韓戰壓力，〔註 14〕援助
游擊隊反攻雲南牽制中共兵力，〔註 15〕此時國府亦派李彌為總指揮，將部隊
更名為「雲南人民反共救國軍」，〔註 16〕自 1951 年一直到 1953 年第一次撤軍
為止，期間游擊隊曾反攻雲南，〔註 17〕並與緬軍發生數次大戰，〔註 18〕但也
因韓戰的結束，美援停止，且因緬甸政府向聯合國控告國府資助緬境內的少
數民族，〔註 19〕使國府不得不將游擊隊撤回，而有 1953 年第一次撤軍之舉。
國府為謀求「反共復國」之心願，遂於 1955 年再次派柳元麟回緬，重組第一
次撤軍不願回臺的軍隊，並重新給予名稱為「雲南人民反共志願軍」，〔註 20〕

〔註 12〕 曾藝，《滇緬邊區游擊戰史（上）》（臺北：國防部史政編譯局，1964 年），頁
7。

〔註 13〕 由李國輝，8 軍 237 師 709 團、譚忠，26 軍 93 師 278 團、羅庚滇南自衛部隊
五縣自衛總隊所組成。曾藝，《滇緬邊區游擊戰史（上）》，頁 11、13。

〔註 14〕 韓戰為 1950～1953 年。

〔註 15〕 覃怡輝，〈李彌部隊退入緬甸期間（1950～1954）所引起的幾項國際事件〉《人
文及社會集刊》，14 卷第 4 期（臺北：2002 年），頁 569～570。

〔註 16〕 以 26 軍為主，下轄 193、93 師，獨立 1、2、3、4 縱隊，回族、擺族游擊縱
隊，李彌任總指揮。趙勇民、解伯偉，《蔣介石夢斷金三角》（北京：華文出
版社，1993 年 6 月 1 版），頁 35。曾藝，《滇緬邊區游擊戰史（上）》，頁 16。

〔註 17〕 曾藝，《滇緬邊區游擊戰史（上）》，頁 58。

〔註 18〕 曾藝，《滇緬邊區游擊戰史（上）》，頁 57～59。

〔註 19〕 緬甸於 1953 年 3 月 25 日正式向聯合國大會提出游擊隊侵略案，案名為：「緬
甸聯邦所提關於台灣國民黨政府侵略緬甸之控訴」（Complaint by the Union of
Burma Regarding Aggression against Her by Kuomintang Government of
Formosa）。Russell H. Fifield, *The Diplomacy of Southeast Asia: 1945~1958* (New
York: Harper and Row Inc 1968), p203. 曾藝，《滇緬邊區游擊戰史（上）》，頁
62～63。曾藝，《滇緬邊區游擊戰史（下）》（臺北：國防部史政編譯局，1964
年），頁 277～280。

〔註 20〕 共分為 1、2、3、4、5 軍，教導總隊及西盟軍區，由柳元麟任總指揮。曾藝，
《滇緬邊區游擊戰史（上）》，頁 33、89。

期間亦再次反攻雲南，但以失敗告終。爾後更因留駐問題與緬政府關係緊張，最後在中共與緬甸雙方合力夾擊下，〔註21〕於 1961 年退出緬境，游擊隊在緬境 12 年時間就此告終。

　　1949 年國府播遷來臺，在那風雨飄搖的年代中，國府也正面臨嚴苛的考驗，〔註22〕實無多餘心力處理游擊隊事務，因此游擊隊於緬甸境內 1950～1961 年間，除少部分來自國府及美方「西方公司」〔註23〕（West Enterprise Co.）的支助外，其餘一切開支皆為自籌。何以游擊隊能在緬甸生存將近 12 年之久，原因不外乎如下：緬甸方面因剛立國不久〔註24〕在武力上不足以將游擊隊驅逐出境，且擔心中共趁機而入，〔註25〕因此游擊隊得以留駐緬甸境內。〔註26〕其次是游擊隊所掌握活動地區，正位於中緬未定界，〔註27〕且位於緬、泰、寮的交界地，〔註28〕也就是俗稱金三角的地區，〔註29〕藉由掌握鴉片地區的稅收，加上三不管地帶，而得以找到一個安身立命之地。再者游擊隊在緬甸境內主客觀環境的限制下，能解燃眉之急的只有那令人聞之色變的鴉片。

〔註21〕曾藝，《滇緬邊區游擊戰史（上）》，頁 102。

〔註22〕因美方發表對華關係白皮書，全名為「美國與中國之關係，特別著重 1944 至 1949 年之一時期（United Relations with China, with Special Reference to the Period 1944～1949 ）並停止美援，使中華民國政府，面臨前所未有的危機（人心的不安，中共的進犯……等）。中國文化學院中國現代史編輯委員會編，《中國現代史》（臺北：華岡出版有限公司，1977 年 9 月），頁 214～215。

〔註23〕韓戰爆發後，美國對臺採行「台灣海峽中立化」政策，並派遣兩個團體到臺灣，即是軍援顧問團與西方企業公司，前者是官方，對象是中華民國軍隊的訓練裝備。後者是民間，對象是游擊隊的組織和使用（需要中共軍隊部署調動情報，游擊隊為最有效來源之一）。關於西方公司成立詳細內容，請參閱翁台生，《CIA 在台活動秘辛》（臺北：聯合報社，1991 年 5 月初版），頁 21～50。胡璉，《金門憶舊》（臺北：黎明文化事業股份有限公司，1976 年 8 月出版），頁 59～60。

〔註24〕1948 年 1 月 4 日，緬甸脫離英國統治獨立，建立緬甸聯邦。余定邦，《中緬關係史》（北京：光明日報出版社，2000 年），頁 310。

〔註25〕覃怡輝，〈李彌將軍在滇緬邊區的軍事活動〉，《中華軍史學會會刊》，第 7 期，（臺北：2002 年），頁 83～84。

〔註26〕吳林衛，《滇邊三年苦戰錄》（香港：亞洲出版社，1954 年 12 月），頁 60。

〔註27〕卓元相，《異域烽火》（臺北：廣城出版社，1993 年），頁 1。

〔註28〕北起密支那、八莫、臘戍以東（以上皆為緬甸境內），南迄寮、泰兩國。曾藝，《滇緬邊區游擊戰史（上）》，頁 17。

〔註29〕「金三角」本指泰、緬、寮三國交界處，緬北盛產罌粟，且可製作高單價之鴉片及海洛因，再藉此三角地轉銷換取黃金資本，現今所知的金三角的由來。因需生產及運銷鴉片，其範圍就擴大至滇西南至緬、泰、寮部分。

正因為如此，游擊隊也被迫與鴉片劃上了等號，馬幫也在此時適時伸出援手，給游擊隊提供許多幫助。在各種資料顯示下，游擊隊與鴉片、馬幫之間關係是錯綜複雜的。「游擊隊需要鴉片以獲得軍需及日常生活的供給，而馬幫提供搬運鴉片與補給游擊隊日常所需，游擊隊則給予馬幫保護，使其順利完成運補工作，三者實則互利共生，缺一不可」。

　　本文是以游擊隊在緬甸時期與鴉片、馬幫之關係做一探討。在研究成果方面，美國學者的著作，大多討論金三角毒品問題，游擊隊所活動的地區就是在生產鴉片的金三角，因此被提出來作為討論，且往往指出游擊隊有在販運鴉片。〔註 30〕在馬幫與游擊隊的關係研究中，學者大多是附帶一提，而未多做深入探討。國內學術界目前尚沒有專論鴉片、馬幫與游擊隊關係的專文出現，在研究游擊隊問題上偏重於研究游擊隊在緬甸作戰經過與人事紛爭上，且游擊隊之研究是屬於軍事範疇，在國家檔案法〔註 31〕未通過之前，官方檔案因機密問題未曾開放，學術界無法做一深入探討研究。回顧文獻，以國防部史政編譯局編印的《滇緬邊區游擊戰史》〔註 32〕一書及覃怡輝《金三角國軍血淚史（1950～1981）》〔註 33〕，對游擊隊的形成，與在緬甸期間各項戰役，及第一、二次撤退，皆有所記載，但對鴉片、馬幫之事著墨甚少，因此藉由當事人之口述及回憶錄等形態，以使此一歷史得以還原。學術論文部分，有藉口述訪談得知游擊隊與鴉片、馬幫關係的，段承恩，《由口述歷史看滇緬邊區游擊隊 1950～1961》〔註 34〕及黃琇美，《環境教育在歷史教學上的理論與實踐——以桃園縣龍岡地區忠貞新村的人文環境為例》〔註 35〕但所占篇幅未能

〔註 30〕Jay Taylor，林添貴譯，《台灣現代化的推手——蔣經國傳》（臺北：時報文化出版企業股份有限公司，2000 年 10 月），頁 228。Nancy B. Tucker，新新聞編譯小組譯，《不確定的友情——台灣、香港與美國，1945～1992》（汐止：新新聞文化事業股份有限公司，1995 年 3 月），頁 132。

〔註 31〕國家檔案法已於 1999 年通過。

〔註 32〕曾藝，《滇緬邊區游擊戰史（上、下）》（臺北：國防部史政編譯局，1964 年 10 月）

〔註 33〕覃怡輝，《金三角國軍血淚史（1950～1981）》，臺北：聯經出版事業股份有限公司，2019 年 12 月初版第六刷。

〔註 34〕段承恩，《從口述歷史看滇緬邊區游擊隊 1950～1961》（臺北：中國文化大學史學研究所碩士論文，2003 年）。

〔註 35〕黃琇美，《環境教育在歷史教學上的理論與實踐——以桃園縣龍岡地區忠貞新村的人文環境為例》（臺北：國立臺灣師範大學歷史學系碩士論文，2012 年）。

完整呈現三者之關聯。因此本文的目的即是在官方史料不足下，要由口述歷史觀點來看鴉片、馬幫與游擊隊之關係，進而了解在滇緬邊區活動的游擊隊是否有販運毒品的情形，並以相關文獻資料作為佐證，以探尋出其中的內容及歷史的真相。

貳、游擊隊與鴉片之關係

一、鴉片的由來及收採與運用

（一）鴉片的由來

鴉片是為何物？要種植在何處呢？如何使用？為何要販賣呢？

罌粟，為兩年生草本植物，鴉片在泰、緬、中、寮、越等地被大量種植。〔註36〕當地除邊區民眾，亦有許多少數民族，〔註37〕所居住環境地形及土層大多是不適宜耕種的貧瘠山地，造成人民生活困苦，〔註38〕而鴉片的種植正是其經濟的來源，以換取一家溫飽，因此鴉片被廣為種植，耕種地區又位於泰、緬、寮交界，屬於三不管地帶，稱之為金三角，〔註39〕但稱為「毒三角」可能更為貼切。

鴉片本為醫療之用，所提煉出的嗎啡，可作為強烈止痛藥物，以舒緩疼痛，一度被稱為「耶穌鴉片」，〔註40〕但卻被濫用而上癮，造成了各種社會問題。〔註41〕其實說穿了種植罌粟然後再販賣出售乃是一本萬利之事。鴉片是

〔註36〕因為罌粟對生長環境有特殊要求：雨水少土地要濕潤，日照長但不乾燥，土壤養分充足而酸性小，海拔高度900～1300公尺，優質產區精緯度為東經96～103度，北緯18～25.5度，每年11月播種後可任期生長，間苗一次，不須施肥、澆灌和田間管理，來年2月即可收割，因此泰、緬、中、寮、越的交界區域是適宜種植地區。劉稚，〈罌粟花為誰開放〉，《華夏人文地理雜誌》（雲南：華夏人文地理雜誌社，2002年4月），頁14。

〔註37〕傣族（擺夷、撣）、阿卡（卡瓦、欽）、……共42個少數民族。

〔註38〕韓雲峰，《鴉片的肖像》（北京：中國青年出版社，2004年），頁67。

〔註39〕湄公河與夜賽河在緬、泰、寮，形成一個三角洲，當稻作成熟時一遍金黃，因而有金三角之名。另一說法為，種植鴉片地區呈等邊三角形狀，而種植鴉片的獲利甚至比黃金還高，故稱為金三角。劉稚，〈罌粟花為誰開放〉，《華夏人文地理雜誌》，頁11。鄧賢，〈罌粟王國〉，《流浪金三角》，泰北難民村：http://www.2008online.org/

〔註40〕徐仁修，《鴉片之旅》（臺北：皇冠出版社，1984年），頁79。

〔註41〕韓雲峰，《鴉片的肖像》，頁2。

由罌粟花形成蒴果後以刀片直向切割，約劃 4 至 5 刀，使其流出汁液，凝固
後黑色固體即為生鴉片，再經提煉即為熟鴉片，亦是國人稱之為「大煙」、「福
壽膏」、「芙蓉膏」，再經過更精粹的提煉，即為目前坊間皆可聽聞的「海洛因
（4 號）」。一般來說一個蒴果只能產出 0.5 公克左右的鴉片，一公頃的罌粟田
平均產鴉片九公斤左右，〔註 42〕只因提煉不易，而需求人口又高，價格也更
加高漲，呈現出梯度價差，所以說是一本萬利之生意。〔註 43〕

（二）鴉片地區的形成

　　雲南與緬、寮、泰交界因邊境廣闊、地形崎嶇不平，土地不夠肥沃，大
部分地區無法耕種，居民收入不豐，常以種植、販賣鴉片為生，故邊境種植
鴉片非常普遍，〔註 44〕以增進居民收入，求得一家溫飽。而鴉片地區的形
成，要從 1852 年英國在緬甸開始種植罌粟說起，並以鴉片作為輸出貨品，
以謀取利益。〔註 45〕其後法國人在 1893 年佔領老撾（寮國）後，便利用越
南、老撾土壤適宜罌粟生長有利條件，大量在印支（越南）推廣鴉片種植；
〔註 46〕美國則沿襲法國做法，利用緬甸、泰國山地少數民族，從事有關鴉
片的販運工作。〔註 47〕而後在 1950 年後由滇緬邊區游擊隊為求生存及軍需
來源，在不得已的情況下也開始從事鴉片的販運工作，一直到 1961 年從滇
緬撤軍止，〔註 48〕鴉片成為滇緬邊區游擊隊賴以生存下去的主要因素。迄
今鴉片地區仍一直在雲南與緬、寮、泰、越交界，佔據了約 15～20 餘萬平
方公里的土地（約等於臺灣面積的 5 倍多），〔註 49〕成為那讓人聞之色變的
毒品金三角。

〔註 42〕韓雲峰，《鴉片的肖像》，頁 14。
〔註 43〕由 90 年代海洛因的價格便可知，1 克海洛因在緬北出產價約為 20 元人民幣
　　　　（當時臺幣、人民幣比約 1 比 4），進入雲南邊境為 50 元人民幣，雲南境內
　　　　為 90 元人民幣，一直到昆明為 400 元人民幣，到香港為 500 元港幣（當時臺
　　　　幣、港幣比約 1 比 4.5），到荷蘭為 120 美元（當時臺幣、美元比約 1 比 35）
　　　　到美國為 500 美元，所以可說是一本萬利之生意。劉稚，〈罌粟花為誰開放〉，
　　　　《華夏人文地理雜誌》，頁 23。
〔註 44〕邱子靜，《邊城舊事》（臺北：名山出版社，1982 年），頁 164。
〔註 45〕劉稚，〈罌粟花為誰開放〉，《華夏人文地理雜誌》，頁 13。
〔註 46〕柏楊，《金三角‧邊區‧荒城》（臺北：躍昇文化事業有限公司，1988 年），頁
　　　　89。
〔註 47〕楊木，《神秘的金三角》（北京：新華出版社，1987 年），頁 2。
〔註 48〕曾藝，《滇緬邊區游擊戰史（上）》，頁 102。
〔註 49〕劉稚，〈罌粟花為誰開放〉，《華夏人文地理雜誌》，頁 12。

圖1：異域孤軍，金三角游擊活動地區

資料來源：葉瑞其主編，《從異域到新故鄉：清境社區五十年歷史專輯》（南投：南投
縣仁愛鄉清境社區發展協會，2015年），頁23。

鴉片在緬甸的產區也是游擊隊活動區域，由魯漢鼎記憶中，自小家裡即是
種鴉片，共產黨來了後，父、叔輩隨李文煥部隊逃至緬甸，也以種鴉片維生：

> 我們家在當地也不是大地主，以現在來講生活是很苦的，但是那
> 很貧窮的地方算比較好一點，自己有點田，算是小地主啦。以前
> 雲南是可以種鴉片的，那個是政府特准合法的，我們小的時候，
> 家裡就種鴉片啊，因為那個是合法的嘛。……
> 民國39年初，大概2、3月份我們就逃到緬甸了，到緬甸我們也
> 是種鴉片。我們一逃就逃到緬甸啦，在一個叫果敢的地方，有一
> 個村莊叫大浪地，住了3年，我們在那裏種玉米、種鴉片啊，地
> 是沒人的，因為那個地方地廣人稀，我們就佔一塊地，圍一圍就
> 是我們的地方，再蓋房子。〔註50〕

（三）鴉片的收採及使用

在周福生口述訪談中，得知採收生鴉片是有技巧的，且須使用特製刀片，
特別手法才能完成：

〔註50〕黃琇美，《環境教育在歷史教學上的理論與實踐——以桃園縣龍岡地區忠貞
新村的人文環境為例》，頁358。

我們家種大煙種了好多年了，我種到 11、2 歲，大煙長得像一顆小
小的樹這樣，那個桿子很軟，是草本植物，小的時候跟茼蒿菜一樣，
慢慢長大會開花，花很漂亮，有很多種顏色，很漂亮，有紫色、花
的、白的、粉的、黑的，很多種花樣，花裡面有個苞，半天就沒有
了，曇花一現嘛。收生鴉片有技巧的，把三個刀片綁起來，割花苞
的時候，手的力道不能劃太重、也不能劃太輕，劃透了就會漏氣，
漿也出不來。可以劃兩次，第一次比較多，今天去劃的話，明天就
去收，最怕下雨，一劃一下雨就沖掉了，就完蛋了，不值錢了。收
了第一次後，再過兩三天，還可以再去劃一次，這一次再收成不好
就沒有了。種大煙通常是農曆 8 月份種，種到 12 月去收，收完就
沒有了，一年收一次。收好的生鴉片，會有專門的人來買，那很值
錢，跟金子一樣價錢。〔註51〕

　　生鴉片到熟鴉片的製程，由徐仁修，《鴉片之旅》曾提及，將生鴉片煮成
漿狀後，放入罐中再發酵 2 到 3 個月，就變成熟鴉片。〔註52〕在李嘉德所描
繪中，就更具象化：

鴉片膏又是另外一種囉，鴉片膏就是剛才我講那個收割起來的生鴉
片，生的拿回來以後加水煮，就直接丟去銅製的鍋煮，煮很長時間，
一個人在那邊要看著，一直攪一直煮，煮到水份全部蒸發，剩下來
就是膏，那個也是咖啡色啦，比原來從花苞上面收下來的又漂亮一
點，就叫鴉片膏，他收集在玻璃瓶或者土甕裡面，擺一個禮拜，它
會發酵，發酵以後有一股香味，那很香歐。比較有錢講究的人就抽
鴉片煙膏，不太講究的，直接用生鴉片抽也是可以，就是花苞裡面
第二天收下來那個生生的汁。一般漢人不抽生鴉片煙，都是抽鴉片
煙膏，鴉片煙膏抽過以後，煙斗是陶土做的，鴉片煙膏經過火燻以
後，就會流向煙斗裡面，結成顆粒狀，一坨一坨的叫煙泡、煙屎。
刀傷、槍傷用生鴉片或是鴉片煙膏、煙屎，在傷口旁邊塗一塗，可
以止血、止痛，如果是肚子痛，拉肚子拉得很兇，吃什麼藥都止不
住，那個煙屎少量吞下去，也是可以止住，感冒時去抽兩口、三口，

〔註51〕黃琇美，《環境教育在歷史教學上的理論與實踐——以桃園縣龍岡地區忠貞
　　　　新村的人文環境為例》，頁 353。
〔註52〕徐仁修，《鴉片之旅》，頁 68。

也是會好的。〔註53〕

在鴉片膏吸食使用方法及講究上，可由李書鳴《浮生憶往》一書中得到解答：

> 吸大煙先用煙土熬成煙膏子，然後做一個比黃豆稍大一點的煙泡，吸的工具有煙槍，也叫「煙葫蘆」、煙燈、煙籤子、挖煙刀、小酒杯、茶水等。吸食用煙籤子插著煙泡，在菜油燈上轉著烤，這叫「煙燒」。煙泡在火頭上漲大後，用拇食兩指捏著調和，邊搓邊烤，等煙泡發出清香的煙味，就差不多好了，趁熱把煙籤尖，對準葫蘆頭上的小孔插入，拇食二指按著煙泡，拔出煙籤，煙泡就會黏在葫蘆頭上，就可在煙燈上燒著吸了。一個煙泡，大都是一口氣吸完，憋著氣馬上喝上一口茶水，才慢慢吐氣，這就叫「水漫金山」。連吸兩三個煙泡後，把葫蘆頭拿下來，用挖煙刀把吸剩的煙渣子挖出來，再調成煙泡吸第二次，這叫「扒煙灰」。吸第三次須加水調和方成，吸了也最過癮，對身體的傷害也最大，所以有錢人只吸頭口，不吸灰，老菸癮或窮人才吸第三次，普通的煙土，也只能燒三、四次，上好的汗津土可燒五、六次，長城以北所產的口外土，可燒十次以上，最後不能吸的煙灰也有用處，在窮人一時買不起煙泡又犯癮時，喝點煙灰也可擋上一陣，此外煙灰還能治肚子疼的小毛病。〔註54〕

圖2：與鴉片相關的事物及器具（忠貞新村（異域故事館），自行拍攝）

負責馱運鴉片販售的馬幫

鴉片煉製器具

〔註53〕黃琇美，《環境教育在歷史教學上的理論與實踐──以桃園縣龍岡地區忠貞新村的人文環境為例》，頁353。

〔註54〕李書鳴，《浮生憶往》（臺北：渤海堂文化事業有限公司，1997年），頁411。

吸食鴉片的煙管　　　　　　　鴉片最終成品海洛因（雙獅地球牌）

二、鴉片在滇緬地區所衍生的問題

（一）雲南的鴉片問題

　　清代嘉慶、道光年間，雲南已普遍種植鴉片，道光十八年（1838）的上諭中即提及：「雲南地方遼闊，深山邃谷之中，種植罌粟花，取將熬煙，其利十倍於稻。」〔註55〕

　　民國時期，雲南境內鴉片〔註56〕問題，在龍雲任省主席時期〔註57〕已很嚴重，由江南著的《龍雲傳》可知，「鴉片是雲南的特產，也是雲南的主要財政經濟收入。中央曾多次下令龍雲禁烟，但龍雲只是表面應付，實際上仍照舊由雲南省統銷各省。」〔註58〕，甚至在 1939 年龍雲主政雲南時期所組織的雲南商業航空委員會，由省府建設廳長張邦翰、財政廳長陸崇仁、禁菸局長馬為麟，和劉沛泉等為委員，向美國訂購運輸機兩架，用來運輸鴉片。〔註59〕這可由魯應東先生（雲南人民反共救國軍隊員）口述史得到印證，「我叔叔以前在政府機關上班的時候，就已經做毒品鴉片的生意了。」〔註60〕另由何耀武先生（雲南人民反共志願軍隊員）所說：「抗日初期，滇西地區種植鴉片是

〔註55〕雲南省歷史研究所，《清實錄》有關雲南史料彙編卷四（昆明：雲南人民出版社，1984 年），頁 746～747。
〔註56〕雲南的鴉片被稱之為雲土或是滇土。
〔註57〕龍雲擔任雲南省主席期間為 1928～1945 年。
〔註58〕江南、侯容生，《龍雲傳》（臺北：天元出版社，1987 年），頁 272。
〔註59〕江南、侯容生，《龍雲傳》，頁 112。
〔註60〕龔學貞等口述，主訪者：張世瑛、葉健青，《不再流浪的孤軍——忠貞新村訪談錄》（臺北：國史館，2002 年），頁 335。

合法生產，是地方各級政府的重要稅收……部隊要協助政府收取煙稅，以彌補稅務人員之不足。」〔註61〕

龍雲之子龍繩武在口述歷史也中提及：「雲南抽鴉片人口大約佔全省人口的四分之一，每天早、晚各吃一次。〔註62〕」甚至連其父龍雲也染上煙癮達半世紀之久。〔註63〕

在運銷鴉片上中共也對龍雲提出批判，「龍雲統治時期，雲南是舉世聞名的鴉片王國，龍雲就是這個王國的大王。從種到運到銷，都是他一手壟斷，設立若干專門機構。大片肥沃土地，不種糧食而種鴉片，省內食米，靠越南運入。各少數民族地區每年要像龍雲及其爪牙進貢鴉片，少則幾千兩，多則幾十萬兩以至幾百萬兩。」〔註64〕此一說法由石炳銘處得到證實，政府禁煙政策在雲南少數民族為主的邊遠山區，往往是法令不及的，雲南省政府也因為鴉片貿易有利可圖，特別設立「特貨統運處」，「特貨」就是鴉片，所謂「統運」就是統購統銷，低收高賣方式取得暴利，鴉片、銅礦、錫礦成為雲南三大財政收入來源。〔註65〕

楊在興先生（雲南人民反共救國軍隊員）對龍雲種植鴉片則提出他的看法：

> 我在當鄉長時的雲南省政府主席是龍雲，他前後當了十幾年的雲南省主席，可以說是雲南境內權力最大的人物，他本身雖然是少數民族出身，但他對少數民族卻採獨裁專制手段，幫助他控制地方的人就有許多好處，不幫助他的人，就會被他處心積慮的加以對付，但他最壞的措施還是暗中鼓勵地方上種植鴉片，雲南抽鴉片煙的人很多，甚至有許多人因此而傾家蕩產。〔註66〕

祁小團女士（雲南人民反共救國軍政工隊隊員）也提及在雲南的童年生活：

〔註61〕何耀武，〈李文煥將軍軼趣拾穗〉，楊國粹編，《昆華風情創刊》（桃園：昆華風情編委會，出版年月不詳），頁89。

〔註62〕龍繩武口述，張朋園訪問，《龍繩武先生訪問記錄》（臺北：中央研究院近代史研究所，1991年），頁98。

〔註63〕江南、侯容生，《龍雲傳》（臺北：天元出版社，1987年），頁230。

〔註64〕江南、侯容生，《龍雲傳》，頁256。

〔註65〕石炳銘，《雲起雲落：血淚交織的邊境傳奇》（臺北：時報文化出版社，2010年），頁42。

〔註66〕龔學貞等口述，主訪者：張世瑛、葉健青，《不再流浪的孤軍──忠貞新村訪談錄》，頁158。

我爸爸平常都要抽鴉片煙，他的煙癮非常大，不抽就會死掉，全身
發抖，他沒有錢的時候就把家裡的東西一樣一樣拿去賣掉來換鴉片
煙，他每次都至少要去換一嘴的鴉片煙，嘴是一般人在稱呼雲南煙
土的計量單位，就像我們現在講的斤、兩一樣的意思。

在雲南大部分地區，上至達官貴人，下至販夫走卒，甚至連鄉下婦女也
要吸食鴉片，〔註67〕最誇張的是連行軍打仗都要吸食鴉片，雲南軍隊與鴉片
是有分不開的關係的。〔註68〕而雲南軍隊的多槍也是來自鴉片，藉由鴉片的
販賣得到軍費以維持軍需要求，並得以採購武器彈藥。〔註69〕所以鴉片對雲
南的影響是非常深遠的，也因此在龍雲主政雲南期間，種植和販賣鴉片由相
關資料可以看出皆是屬實。

（二）緬甸自身的鴉片問題

緬甸自身的鴉片問題來自偏遠山區，因為山區民族的未開化（主要為卡
瓦或稱為克欽族），〔註70〕導致生活的貧困，數百年來以鴉片跟馬幫換取生活
必需品與武器彈藥。〔註71〕生活在緬甸金三角區域內的山區民族，因為英法
的提倡種植鴉片，他們已不會種植糧食，鴉片是他們維持生活的唯一條件，
〔註72〕甚至連美國自己也承認，要使山區民族為之效忠，別無他法只有收購
他們的鴉片。〔註73〕罌粟花在得天獨厚的自然環境選擇下綻放，鴉片成為最
便捷謀生的社會手段。在緬甸以果敢跟佤邦所出產的鴉片品質最佳，這也是
游擊隊活動最頻繁的區域。〔註74〕

英法在統治緬甸期間種植罌粟，並在大其力建設機場，以方便走私鴉片
之用，〔註75〕甚至連緬甸軍方也在大其力、福撒一帶，抽取一點鴉片走私的

〔註67〕龍繩武口述，張朋園訪問，《龍繩武先生訪問記錄》（臺北：中央研究院近代
　　　　史研究所，1991年），頁96。
〔註68〕龍繩武口述，張朋園訪問，《龍繩武先生訪問記錄》，頁97。
〔註69〕龍繩武口述，張朋園訪問，《龍繩武先生訪問記錄》，頁82～83。
〔註70〕緬甸地區少數民族，約30萬人，性格強悍好鬥。曾藝，《滇緬邊區游擊戰史
　　　　（上）》，頁6。曾藝，《滇緬邊區游擊戰史（下）》，頁177。郭壽華，《緬甸通
　　　　鑑》（臺北：大亞洲出版社，1961年7月初版），頁75～79。
〔註71〕郭壽華，《緬甸通鑑》（臺北：大亞洲出版社，1961年），頁66。
〔註72〕劉稚，〈罌粟花為誰開放〉，《華夏人文地理雜誌》，頁17。
〔註73〕柏楊，《金三角‧邊區‧荒城》，頁68。
〔註74〕陳文，《坤沙──金三角傳奇》（臺北：允晨文化實業股份有限公司，1996年），
　　　　頁34。
〔註75〕卓元相，《異域烽火》（臺北：廣城出版社，1993年），頁98。

油水稅。〔註76〕

由喬德茂先生（雲南人民反共志願軍5軍「段希文部」20師士官）回憶從大陸到緬甸之經過：

> 我到緬甸之後，〔註77〕碰到一位原先曾任國軍部隊的師長，他的名字我已經不記得了，他喬裝成大老闆在做生意。於是他就帶我們到泰國去，一般都是在緬甸和泰國之間來回做販賣大煙的生意。〔註78〕……

楊在興先生也提及逃難到緬甸之經驗：

> 在緬甸北部滿山遍野的罌粟花，罌粟花提煉出來的鴉片可以做藥材，對於減輕病人的痛苦有很大的效果。我的兩個兄弟最初幾年〔註79〕做這方面的買賣都還不錯，不過後來聯合國一再向緬甸政府抗議，要求緬甸不要再種鴉片，於是有段時間緬甸政府迫於國際與論壓力，一度把所有罌粟花苗連根剷掉。沒有了鴉片生意的大筆收入，我們在緬甸的生活頓時出現很大的困難。〔註80〕

緬甸的金三角地區，那些在山區種植鴉片的山區居民，所得是極其微薄的，並非如大家想像中的因鴉片而致富。〔註81〕因為高利潤是被那些從中層層剝削的販毒人士拿走，為了生活又不得不種植，如此惡性循環，周而復始，鴉片的問題也一直無法得到解決。〔註82〕

（三）游擊隊中的鴉片問題

一般而言，國府滯留緬甸軍隊，因為美方資源的撤除，〔註83〕為謀求生存因而進行鴉片生意，但大多扮演中間人、貨運者或安全保鏢，由於軍隊有組織，有武器可以掌控一切狀況，所以幾乎控制百分之九十的販毒生意。〔註84〕

〔註76〕卓元相，《異域烽火》，頁14。
〔註77〕1957～1961年之間。
〔註78〕龔學貞等口述，主訪者：張世瑛、葉健青，《不再流浪的孤軍──忠貞新村訪談錄》，頁308。
〔註79〕時間上為1950～1953年雲南人民反共救國軍時期。
〔註80〕龔學貞等口述，主訪者：張世瑛、葉健青，《不再流浪的孤軍──忠貞新村訪談錄》，頁166。
〔註81〕劉稚，〈罌粟花為誰開放〉，《華夏人文地理雜誌》，頁15。
〔註82〕劉稚，〈罌粟花為誰開放〉，《華夏人文地理雜誌》，頁15～17。
〔註83〕美方金援雲南人民反共救國軍為每月7萬5千美元時間為1951年9月至1952年4月。曾藝，《滇緬邊區游擊戰史（上）》，頁61。
〔註84〕Jay Taylor，林添貴譯，《台灣現代化的推手──蔣經國傳》，頁228。

《孔令晟先生訪談錄》也說出其在擔任國防部作戰次長期間，去滇緬邊區所觀察到的現象，「柳元麟部隊以擔任煙毒犯的保鏢為財源。」〔註85〕

在《戰爭邊緣40年》一書中提及，1951年李彌將部隊撤回指揮部撤回猛撒，部隊退縮至緬北果敢至三島一線，迅速在緬北三各省建立游擊基地，並控制當地的鴉片貿易等活動。〔註86〕而在楊木《神秘的金三角》一文中也提及李彌部隊中既收容為數不少的盜匪，故其所謂發展經濟，便包含著做走私生意，種植鴉片，販賣毒品。〔註87〕另提出國民黨軍隊自雲南潰逃到緬甸的殘部，佔據金三角地帶之後，也大肆發展鴉片貿易，擴大地盤。〔註88〕以上所說皆為中共方面說法，而對於游擊隊與鴉片關係的說法是如何，可由以下得之其中端倪。由趙鴻德以其自身經歷所撰寫的《萬里雙鴻記》，看見游擊隊縱隊掌權者與鴉片關係，「第八縱隊……李司令是雲南鎮康人，他帶著他的幾十馱鴉片煙，和無數家鄉子弟，成立了這路縱隊。」〔註89〕

王利生先生（雲南人民反共救國軍下士班長）說：

> 在偏遠山區的商人大多以種植販賣毒品為主，當地出產鴉片煙，我們是老老實實的人，逃出來去當兵，有幾個怕當兵的，靠賣鴉片賺了很多錢（加入馬幫）。〔註90〕

喬德茂先生也說：

> 當時官兵的眷屬都和我們士兵住在一起，駐紮在那三不管的地帶，毒品非常容易取得，其實也有一些軍官涉及毒品的買賣，在每天的生活中，大家的生活都很緊繃，因為隨時都有可能打仗，於是就有一些官兵吸食大煙，甚至買賣鴉片搞的亂七八糟的……。〔註91〕

石明龍先生（雲南人民反共志願軍教導總隊隊員）所提更是直接：

〔註85〕 孔令晟口述，遲景德、林秋敏訪談，《孔令晟先生訪談錄》（臺北：國史館，2002年9月），頁89。
〔註86〕 高文閣，《戰爭邊緣40年》（臺北：風雲時代出版有限公司，1993年7月），頁43。
〔註87〕 楊木，《神秘的金三角》，頁42。
〔註88〕 楊木，《神秘的金三角》，頁2。
〔註89〕 趙鴻德，《萬里雙鴻記》（臺北：藝文印書館，1959年5月），頁141。
〔註90〕 王利生（雲南人民反共救國軍下士班長），桃園中壢自宅，2002年7月29日。段承恩，《由口述歷史看滇緬邊區游擊隊1950～1961》，頁134。
〔註91〕 龔學貞等口述，主訪者：張世瑛、葉健青，《不再流浪的孤軍——忠貞新村訪談錄》，頁314。

> 游擊隊總部，還有一種最特殊的行業，開辦了好幾家鴉片煙館，館
> 內設有幾張木床，幾盞油燈，幾根煙槍，癮客上床就吞雲吐霧，過
> 足煙癮如神仙，精神一振大發生意，甚至也會提到各方軍情，如混
> 雜其間也可以收集情報，整個緬泰寮邊區都可以看到同樣煙館，只
> 是這裡的煙館更為特殊了吧。〔註92〕

一直到 1953 年游擊隊第一次撤退回臺，還發現有挾帶自吸毒品（鴉片類）
〔註93〕回臺之游擊隊員，被送往聯勤醫院進行勒戒。〔註94〕可見鴉片如同上
述所說與游擊隊關係密切，且一直是游擊隊內部存在的問題之一。

　　至於美方的資料顯示出李彌走私鴉片，〔註95〕則有可能是美方為了掩飾
CIA 將大把鈔票灑在滇緬邊區，開始有非正式的報告外洩，說是孤軍販售鴉
片毒品以求生存，〔註96〕但是未得到證實。

1. 鴉片與游擊隊生存問題

　　張紹良（雲南人民反共志願軍隊員）、李谷興（雲南人民反共志願軍隊員）、
陳樹光（雲南人民反共志願軍隊員）先生則對鴉片與游擊隊的生存有他們的
看法。

　　張紹良先生提出：

> 當時部隊的經濟來源，說穿了就是種鴉片煙，我們當小兵專門負責
> 打仗，哪有閒工夫去種這些東西，都是由一般的老百姓去種，也因
> 為我們部隊還跟著許多眷屬和老百姓，算是給他們找點事做。我們
> 就像臺灣的軍隊一樣，常去民間幫忙收割，再向老百姓買，然後想
> 辦法製成白粉，就是現在講的「四號」（毒品），初步製好後再銷往
> 臨近國家，一般說來最大的轉運站是泰國。部隊的長官都是靠毒品
> 買賣來養兵的。不然在那麼貧困的地方，又不容易找到吃的，政府
> 根本沒有辦法補助我們什麼，只好種鴉片了，而這些都是為了生存，

〔註92〕石明龍，〈蠻荒之旅〉，楊國粹編，《昆華風情創刊》（桃園：昆華風情編委會，
　　　　出版年月不詳），頁 123。

〔註93〕自吸毒品包含生煙土、煙灰膏、煙瓦、鴉片煙代用品……等。

〔註94〕游擊隊撤退回臺共 6750 人，其中即有 601 人送交聯勤醫院進行勒戒或醫治。
　　　　曾藝，《滇緬邊區游擊戰史（上）》（臺北：國防部史政編譯局，1964 年），頁 83。

〔註95〕Nancy B. Tucker，新新聞編譯小組譯，《不確定的友情——台灣、香港與美國，
　　　　1945～1992》，頁 132。

〔註96〕卓元相，《異域烽火》，頁 74～75。

只為了能夠活下去。〔註97〕

李谷興先生也說：

> 我們缺少後方的支援，子彈和糧食根本補充不上，唯一自力更生的
> 辦法，就是向地方的老百姓收取一些保護費和私下偷偷的種毒品，
> 也就是鴉片，要不然根本就沒飯吃了，連命都沒有了，哪還能撐到
> 最後？〔註98〕

陳樹光先生也提及：

> 當年在金三角有種鴉片、也有種海洛因的（鴉片所提煉），現在說起
> 來栽種或是販賣鴉片都是犯法的，但在那個時候，大家都是睜一隻
> 眼、閉一隻眼，不然在緬北、泰北那種雜草叢生，人煙罕至的地方，
> 要靠什麼維生？要不是鴉片的利潤救了我們，根本不用等到緬軍來
> 攻打我們，我們自己就先餓死。〔註99〕

何耀武先生所提則更為明確，「民國四十二年（1953）第一次撤臺以後，
政府補給終止，尚留緬泰邊境個部隊於駐地設關收稅，主要對象為販賣煙毒
之商旅，以為部隊用費，以為部隊生存。」〔註100〕

鴉片與游擊隊在種種資料顯示下皆有關聯，游擊隊藉由它得以購取所需
物品，當時游擊隊如無鴉片的支撐，能否在異域奮戰 12 年之久尚是一個未知
之數。

2. 鴉片稅收問題

周朝義先生提出：「當時軍隊經濟來源不是靠鴉片（販賣）而是靠收取關
稅。」〔註101〕

熊如沫先生也提出相關論點：

> 雲南很多大老闆，共匪來了後怕被鬥爭而逃到緬甸，錢多，騾馬資
> 本也多，做生意（鴉片煙），就把緬甸鴉片煙運到泰國去賣，這樣

〔註97〕 龔學貞等口述，主訪者：張世瑛、葉健青，《不再流浪的孤軍——忠貞新村訪
談錄》，頁 293～294。

〔註98〕 龔學貞等口述，主訪者：張世瑛、葉健青，《不再流浪的孤軍——忠貞新村訪
談錄》，頁 301。

〔註99〕 龔學貞等口述，主訪者：張世瑛、葉健青，《不再流浪的孤軍——忠貞新村訪
談錄》，頁 253。

〔註100〕 何耀武，〈李文煥將軍軼趣拾穗〉，楊國粹編，《昆華風情創刊》，頁 89。

〔註101〕 周朝義（雲南人民反共救國軍中尉隊長），桃園中壢自宅，2002 年 7 月 29
日。段承恩，《由口述歷史看滇緬邊區游擊隊 1950～1961》，頁 94～95。

差不多是以一賺三，且為了生意安全請我們保護他們，抽 10%的保護費，鴉片煙 100 斤抽 10 斤，安全由我們負責。〔註102〕

李國輝〔註103〕在其〈憶孤軍奮戰滇緬邊區（七）〉中也提及：

> 將蒙振聲徵收煙捐稅款之計畫交由李彌，李彌甚為讚許。據蒙振聲之調查，每月煙捐收入可以養十倍滇緬邊區游擊隊，非但不會遭受商人反對，並可得到商人的擁護，因為他們已經得到安全保障，同時亦知道部隊不會找他們麻煩。李彌即交辦馬守一派人掩護辦理此項稅款，交由蒙振聲先到猛漢籌畫準備此項稅收工作，先行試辦視成效如何再議。〔註104〕

中共所出《中國・曾參加一場最秘密戰爭》中，對游擊隊徵收煙稅也有提及：

> 蒙寶業〔註105〕（獨立第八支隊）的主要財源是大煙稅收。每年在大煙下種時節強行貸款給村寨，名曰：「放煙花」。大煙收穫時節，每借款四十老盾〔註106〕（合人民幣四十元）還鴉片煙 1.6 公斤。不是村村寨寨都出產大煙，只有十七個寨子出產。產煙村寨每借四十個老盾還一百六十個老盾現金。不產煙的村寨按平均每寨四十八公斤大煙數量折合現金交，或者自購大煙去交，槍桿子重刑下怎敢不交？這樣一來，蒙寶業這個師一年的經濟收入中，百分之七十來自大煙稅，其中蒙本人可獨得十五萬老盾左右。〔註107〕

趙鴻德〔註108〕在《萬里雙鴻記》中說得更為明白：

> 整個防區內，分割三個稅區。每區設一稽征分處，下設稽征所，均與各地駐軍防區配合。分處或稽征所，距離總部最近路程也要三、四天，

〔註102〕熊如沫（雲南人民反共志願軍警衛師上尉台長），屏東里港自宅，2002 年 8 月 23 日。段承恩，《由口述歷史看滇緬邊區游擊隊 1950～1961》，頁 94～95。

〔註103〕曾任 8 軍 237 師 709 團團長，於 1950 年擔任復興部隊指揮官，爾後擔任雲南人民反共救國軍 193 師師長，至 1953 年第一次撤退回臺為止。

〔註104〕李國輝，〈憶孤軍奮戰滇緬邊區（七）〉，《春秋雜誌》，第 14 卷第 2 期，1971 年 2 月出版，頁 44。

〔註105〕雲南人民反共救國軍獨立第八支隊司令。

〔註106〕英國殖民緬甸時期發行之貨幣。

〔註107〕劉開政、朱當奎，《中國，曾參加一場最秘密戰爭》（北京：紅旗出版社，1994 年），頁 211。

〔註108〕雲南人民反共救國軍總部稅務軍官。

遠則一兩月。總部對各地駐防部隊均用無線電指揮。稅務處同各地稽
徵處所之聯繫，因距離遙遠，也同樣用無線電報。……為針對當地經
濟實況，和此次成立稅務機構不過為了略補軍糈之原意，經決定只酌
收貨物稅──就是趁貨物進出防區時，略收進出口稅和本地的土產
稅，同時簡化稅目僅以藥品、染料、紗布、食鹽、棉花、茶葉、樟腦、
辣椒、特貨（即煙土）、日用品（除以上九種外，所有日用百貨均屬
之）十類為範圍。而實際祇特貨一項略有收入，其他各項收數極微。
特貨多係雲南旅外僑胞所經營，當時所收之貨物稅，簡言之，不過是
雲南僑胞對於雲南反共救國軍之一種捐輸而已。〔註 109〕

稅收甚至造成緬甸與游擊隊之不合，且有因強行徵收及幹部個人的不法
行徑，也使游擊隊整體背上汙名，由國防部大陸工作處，所提「緬（緬甸軍）
我（游擊隊）衝突原因分析及演變」，對徵收稅捐可略知一、二：

國軍入緬之初，給仰端賴就地補給，常因強派糧食，引起糾紛。尤以
我保二師王有為部，在緬北、九谷、木姐等地，到處設卡課稅，強徵
暴斂，甚至包庇走私，販運鴉片，干涉緬人地方行政……。〔註 110〕

因為販運鴉片的稅收為當時游擊隊在滇緬邊區經濟的主要來源，〔註 111〕
故有上述所說情事之發生。

3. 鴉片販運及用途問題

（1）鴉片販運問題

鴉片販售管道，早在法國佔領中南半島時即已開始，要求山區民族種植
鴉片，並在越南西貢地區公然販賣。〔註 112〕1960 年代鴉片種植由越南、寮
國，擴張到緬甸、泰國，而形成現今的「金三角」地區，美國也藉由收購鴉片
以換取山區民族的效忠，用以對付共產勢力的擴張〔註 113〕但收購後無力消
化，進而與毒梟合作，准許他們將鴉片和海洛因等毒品，運銷到東南亞各國，
運銷到東南亞各國後的路線，美國也不在插手過問。〔註 114〕游擊隊方面則由

〔註 109〕趙鴻德，《萬里雙鴻記》（臺北：藝文印書館，1959 年），頁 202～203。
〔註 110〕曾藝，《滇緬邊區游擊戰史（下）》，頁 273。
〔註 111〕夢奇，〈金三角與金三雄〉，楊國粹編，《昆華風情創刊》（桃園：昆華風情編
委會，出版年月不詳），頁 64。
〔註 112〕柏楊，《金三角・邊區・荒城》，頁 66。
〔註 113〕劉稚，〈罌粟花為誰開放〉，《華夏人文地理雜誌》，頁 13。
〔註 114〕柏楊，《金三角・邊區・荒城》，頁 68。

馬幫進行販運，在緬甸收購鴉片後在泰國曼谷進行推銷。〔註115〕

美海軍補助通信中心〔註116〕（Naval Auxiliary Communications Center）負責人克萊恩（Ray S. Cline）也曾明白指出鴉片販運管道：

> 為因應當時國際情勢，「金三角」民眾並不反對種植利潤遠較一般作物高的鴉片，留在「金三角」的前中華民國軍官並發展出極高明的方式，經由緬甸到泰國再把毒品一路送至香港，經香港輸往世界其他各地。然而，駐外單位及情報官員認為，與鴉片販賣有所關連，無論關連如何淡化，總不利中華民國政府名聲。而中華民國政府的國際聲望正是美國政府當時竭力保護的。因此，他曾奉命探查是否可把這些滯留中國大陸西南邊境的中華民國軍隊撤回臺灣，以免未來嚴重打擊中華民國信譽。〔註117〕

《孔令晟先生訪談錄》中亦提及：

> 1961年游擊隊撤退回臺，只是特一隊和段希文所屬的國軍部隊，李文煥的部隊仍然留下來了。他們依靠金三角的鴉片維持，爾後逐漸把金三角發展成在世界上毒品生產和輸出的重要中心。〔註118〕

由上可知鴉片販賣問題，不只是游擊隊才有，在更早的法國、美國即已展開，〔註119〕所謂的通路管道，應是由金三角開始，成輻射狀向外擴張到東南亞地區，再經由香港轉運到世界各地，只不過對毒品收益的用途各有不同。

（2）鴉片用途問題

在滇緬地區，國府勢力所不及之下，游擊隊一切供需皆靠自己，當時在強敵環伺之下（緬甸軍、中共、山區少數民族），不得不以武力以求自保，鴉片即成為獲得武器最方便快速的方法。

〔註115〕張伯金，《亡命金三角》（北京：中國社會科學出版社，2001年），頁211。
〔註116〕另一說為CIA台北站站長。翁台生，《CIA在台活動秘辛》（臺北：聯合報社，1991年），頁90。
〔註117〕Ray S. Cline，聯合報國際組譯《我所知道的蔣經國》（臺北：聯經出版事業公司，1990年），頁121。
〔註118〕孔令晟口述，遲景德、林秋敏訪談，《孔令晟先生訪談錄》，頁92。孔令晟先生所說段希文、李文煥部，即滇緬游擊隊退駐泰國的3、5軍。此兩部於1970年代末已歸化泰國，而不再參與毒品產運之事。劉稚，〈罌粟花為誰開放〉，《華夏人文地理雜誌》，頁12。
〔註119〕劉稚，〈罌粟花為誰開放〉，《華夏人文地理雜誌》，頁13～14。

　　1953 年游擊隊第一次撤臺，政府補給終止，[註 120] 尚留緬泰邊境各部隊於駐地設關收稅，主要對象為販賣煙毒之商旅，以維部隊費用，並維持部隊生存之用。[註 121]

　　由熊如沫先生所提到鴉片都用於軍需上：

　　　　當時的武器來源全由臺灣供應，那個時候不管游擊總隊駐在哪裡的，
　　　　由臺灣借由泰國進行運補工作，當然也有一部份供給軍長等使用，薪
　　　　餉雖然臺灣也有補助，但是全靠當地的鴉片稅收來支持。[註 122]

　　段希文（雲南人民反共志願軍五軍軍長）於 1967 年時接受英文記者訪問時，述說當時在緬甸時游擊隊所面臨的困境，「我們是出於不得已才不顧法律的。我們與鴉片發生關係的原因在此，我們必須要攻共產主義之惡，要打仗就必須有軍隊，軍隊要有槍，買槍需要錢。在這個山裏，唯一的錢就是鴉片。」[註 123]

　　另外在滇緬山區潮濕多瘴氣，當地之人患病無藥可醫治時，鴉片被當成靈丹妙藥，以鴉片來舒緩疼痛。[註 124] 游擊隊在中暑和腸胃炎也使用鴉片，也相當大的作用，作戰負傷無法止痛時，也曾用過鴉片做為止痛劑，[註 125] 以減輕痛苦。

　　在許多資料中都認為游擊隊牽涉到鴉片販賣，[註 126] 但由口述歷史中顯示，游擊隊當時確與鴉片有關聯，但主要不是在種植及販賣，而是藉由抽取過路稅及保護安全等方式，來進行軍費發放及各項民生必須所得的換取。也就是說游擊隊經費來源除沿路收取關稅外，就是截擊走私偷運鴉片之人，以供游擊隊軍需之用。[註 127]

〔註 120〕曾藝，《滇緬邊區游擊戰史（上）》，頁 89。
〔註 121〕卓元相，《異域烽火》（臺北：廣城出版社，1993 年），頁 98。
〔註 122〕熊如沫（雲南人民反共志願軍警衛師上尉台長），屏東里港自宅，2002 年 8
　　　　　月 23 日。段承恩，《由口述歷史看滇緬邊區游擊隊 1950～1961》，頁 131。
〔註 123〕陳文，《坤沙——金三角傳奇》，頁 164。
〔註 124〕劉稚，〈罌粟花為誰開放〉，《華夏人文地理雜誌》，頁 17。
〔註 125〕卓元相，《異域烽火》，頁 130。Catherine Lamour，思思譯，《異域孤軍·金
　　　　　三角》（臺北：廣城出版社，1982 年），頁 41。
〔註 126〕Nancy B. Tucker，新新聞編譯小組譯，《不確定的友情——台灣、香港與美
　　　　　國，1945～1992》，頁 132。Jay Taylor，林添貴譯，《台灣現代化的推手——
　　　　　蔣經國傳》，頁 228。
〔註 127〕卓元相，《異域烽火》，頁 13、17。

參、游擊隊與馬幫的關係

關於馬幫與游擊隊，鴉片販賣的問題，眾說紛紜，在口述歷史中，就有不同的看法。由熊如沫、周朝義、楊忠富先生〔註128〕所提出馬幫與游擊隊之關係，馬幫幫游擊隊就等於幫助自己，游擊隊藉由收取保護費來增加軍費來源，馬幫則藉由游擊隊的保護，而能安全進行各項買賣生意。〔註129〕這也是游擊隊跟馬幫相互共生，無法切割的原因。

一、何謂馬幫

馬幫，是對按約定俗成的方式組織起來的，一群趕馬人及其所管理的騾馬運輸隊伍的稱呼。〔註130〕《清史稿》中亦提及「江西、湖廣及雲南大理、永昌人出邊（滇緬邊境）商販者甚眾」，〔註131〕因此可由史料得知相關商旅在清代就非常繁盛。

馬幫又稱馬頭幫，又叫馬鍋頭。〔註132〕其之所以被稱為馬幫有兩種說法：一、大多數人姓馬。二、他們都是靠馬匹謀生。〔註133〕

馬幫的編制，領隊的叫鍋頭，下面是伙計可稱為「空人」、「趕馬人」，又有「牲口班」和「煮飯班」，〔註134〕五匹馬稱為一把，由一個小伙計照料，而且馬幫的老闆無一不是貧苦出身。〔註135〕鍋頭是要包辦馬幫出去辦差一切事務，所以非是父子、兄弟，即為自己親信之人。運貨則是騾、馬並用，因騾子負重、耐飢勝馬，而馬較好駕馭，因此互為所用。馬幫的組成有兩種，一種是屬於有組織的，粗具軍隊或者商業團體型態；另一種則是烏合之眾，臨時湊合起來，

〔註128〕楊忠富（雲南人民反共志願軍 2 軍少校連長）

〔註129〕熊如沫（雲南人民反共志願軍警衛師上尉台長），屏東里港自宅，2002 年 8 月 23 日。楊忠富（雲南人民反共志願軍 2 軍少校連長），桃園中壢自宅，2002 年 7 月 25 日。周朝義（雲南人民反共救國軍中尉隊長），桃園中壢自宅，2002 年 7 月 29 日。段承恩，《由口述歷史看滇緬邊區游擊隊 1950～1961》，頁 89。

〔註130〕廖樂煥，〈馬幫對雲南商品經濟發展的推動作用〉《雲南財經大學學報》，2011 年第 1 期（總 147 期）（2011 年：雲南昆明），頁 20。

〔註131〕趙爾巽等撰，〈列傳三百十五，屬國三（緬甸、暹羅、南掌、蘇祿）〉《清史稿》，國學網：http://www.guoxuemeng.com/guoxue/4196.html

〔註132〕郭壽華，《緬甸通鑑》（臺北：大亞洲出版社，1961 年 7 月），頁 95。

〔註133〕吳林衛，《滇邊三年苦戰錄》，頁 23。

〔註134〕盧偉林，《佛國緬甸》（臺北：僑聯出版社，1967 年 10 月），頁 213。

〔註135〕何敏，《夢影遊痕》（臺北：中外圖書出版社，1979 年 8 月），頁 79～80。

在濃厚的鄉親關係下的結合。〔註136〕馬幫通常也以區域性的家族企業或村落企業的型態存在，每各隊伍都有自己傳統的運輸路線，成員吸收與替換也以家族年青一代或招募居住村落的年輕人為主。〔註137〕因馬幫幾乎都從事對外貿易運輸貨各種商業運輸，形成雲南對外運輸三大幹線「迤東線、迤西線、迤南線」，及歷史上有名的茶馬古道三線「青藏線、滇藏線、川藏線」。〔註138〕

二、馬幫的形成

馬幫歷史悠久，在推動雲南商品經濟上在中國各朝代具有很大貢獻：

> 秦漢時期以販運貴重物品為主。……唐宋以來由販運貴重物品為主
> 向販運日常必需品的轉變。……元明清時期商品經濟的快速發展，
> 小規模的馬幫運輸方式，逐步發展成為適應商品經濟快速發展所形
> 成的大規模馬幫運輸隊伍（鹽、茶、銅為大宗）。近代民國時期，各
> 地馬幫按民族、區域、運輸貨物、運輸路線等標準向專業化方向發
> 展，形成各地的大商幫如：大理的鳳儀幫、鶴慶幫、喜洲幫。思茅
> 的思茅幫、景東幫。麗江的麗江幫。紅河的蒙化幫、開遠幫、石屏
> 幫。曲靖的曲靖幫、宣威幫、會澤幫……等。〔註139〕

近代馬幫的形成，從清代中葉即已開始，〔註140〕最初是雲南南部及西南部貧苦農民，為求生存，便趕著一、兩匹騾馬穿過叢林，爬過山嶺，在寮、泰、緬北部三角地帶的山區做點小生意，以求得溫飽。最主要的貨品是鴉片和藥材，〔註141〕以後發展到運輸英國布疋和化妝品，從緬甸邊區運入雲南。〔註142〕馬幫活動範圍幾乎都在緬北地區，因緬甸北部界於滇緬交界之處乃叢山峻嶺之地，兩地交通非常不便，無法開闢公路，因此馬幫就應運而生。馬幫武裝的先例，則是由雲南38軍龍雲所屬師長張鳳春所開，〔註143〕日後從

〔註136〕卓元相，《異域烽火》（臺北：廣城出版社，1993年），頁44。
〔註137〕陳琦俊，〈滇緬馬幫生涯〉，《大地地理雜誌》（臺北：大地地理出版事業股份
有限公司，1996年3月），頁136。
〔註138〕蔣新紅，楊文英，〈馬幫——雲南高原上獨特的文化載體〉，《楚雄師範學院
學報》，第二十二卷第四期（2007年：雲南楚雄），頁49-50。
〔註139〕廖樂煥，〈馬幫對雲南商品經濟發展的推動作用〉，頁20～23。
〔註140〕卓元相，《異域烽火》（臺北：廣城出版社，1993年），頁43。
〔註141〕吳林衛，《滇邊三年苦戰錄》，頁23。
〔註142〕于衡，《滇緬游擊邊區行》（臺北：中國文化企業公司，1955年），頁119。
〔註143〕何敏，《夢影遊痕》，頁86～87。

滇緬泰寮交界地走私大煙（鴉片），也全靠武裝護著貨馱走，〔註 144〕因有武裝之故，可安心行走路上，但規模並不大。

三、馬幫與鴉片的關係

　　馬幫極富地方色彩，有雲南土生土長，有兩廣幫，有貴州幫，還有遠從湖南、西康來的人物。〔註 145〕以販運鴉片為目的馬幫叫煙幫，民國時期雲南煙幫中較為有名的是元江的迤薩幫，活動範圍至瀾滄，最遠可到緬甸景棟（游擊隊在緬活動範圍）。〔註 146〕抗日戰爭期間馬幫公開做起鴉片生意，山區裏的蠻族既種植鴉片，也吸食鴉片，他們把鴉片銷售到泰、寮，甚至也到國內，利益相當豐厚，所以馬幫便冒險做鴉片生意。〔註 147〕由劉愛華〈滇緬邊區奇風異俗〉中提到，卡瓦山區（中緬未定界）的主要產物是鴉片煙。馬幫以食物、步槍、子彈……等交換鴉片，馬幫將交換回來的鴉片運銷到泰國、緬甸一帶，獲利盛豐。〔註 148〕一個擁有騾馬百批的馬幫頭幾個來回就可以由少數資本變成百萬富翁。〔註 149〕

　　羅石補，《躍馬異域》中提及：

> 泰國和緬甸對山地民族，一向置於化外，只有他和她們到趕街時下山，與居住在盆地內的華僑或泰撣人交易時，這才了解那些大山裡住有那些山地村落，此外是有些華僑專作他們生意的，經常以騾馬馱著貨物入山和他們以貨易貨。所以每個山地村落的所在地與交通線及入口情形，只有他們才會瞭如指掌。〔註 150〕

　　李嘉德的說法也印證當時大眾對馬幫的記憶，「馬幫來的時候，馱一些吃的、用的，四周山上的這些佤族、拉祜族啊，它們就拿鴉片煙到市集這邊，用鴉片煙來換東西，多的話再賣給老闆。」〔註 151〕

〔註 144〕何敏，《夢影遊痕》，頁 86～87。

〔註 145〕卓元相，《異域烽火》，頁 44。

〔註 146〕廖樂煥，〈論雲南馬幫運輸貨物的歷史變遷〉，《黑龍江民族叢刊（雙月刊）》，2010 年第 5 期（總 118 期）（2010 年：哈爾濱），頁 89。

〔註 147〕卓元相，《異域烽火》，頁 44。

〔註 148〕劉愛華，〈滇緬邊區奇風異俗〉，《中外雜誌》，12 卷 5 期，（臺北：1972 年），頁 97。

〔註 149〕劉愛華，〈滇緬邊區奇風異俗〉，《中外雜誌》，12 卷 5 期，頁 97。

〔註 150〕羅石補，《躍馬異域》（臺北：南京出版社，1979 年），頁 176。

〔註 151〕黃琇美，《環境教育在歷史教學上的理論與實踐──以桃園縣龍岡地區忠貞新村的人文環境為例》，頁 357。

以馬守一為例，他擁有 800 人和 600 匹騾馬的私人武裝部隊，以保護他商團的安全。馬守一的馬幫以從泰國買的布匹、雜貨、鹽、食糧等物，轉賣至滇緬邊界的村落，換取品質優良的鴉片，再轉賣至東南亞各地。日後游擊隊與緬政府開戰，急需軍火，又促成了武器買賣。〔註 152〕連游擊隊的猛漢指揮所，也顯示出馬幫的交易過程及時間，〔註 153〕由滇邊駄土產到這裡發兌，又買滿了日用品駄到滇邊去。〔註 154〕他們每次往還的時間，多則兩月，短則三、四十天。而這批武裝商販皆與馬守一有關係。〔註 155〕在中共將整個中國統治穩固之後，馬守一即看出雲南不再是鴉片市場，共產黨很快會封閉邊界，將使其流動商團受到影響，因此與游擊隊丁作韶商議，提供游擊隊必須的武器彈藥，債務亦可延長償還期限，但丁作韶須以 300 名中國士兵歸其指揮，保障商團安全，以此做為互換條件。〔註 156〕

另據吳林衛《滇邊三年苦戰錄》中提及：「馬守一是滇西人，十幾歲時便做了馬幫夥計，由雲南駄運鴉片到泰緬邊境販賣，經過四十年的艱苦奮鬥，他不但成為馬幫領袖，而且成為泰國北部舉足輕重的僑領。」〔註 157〕

熊如沫先生也提出他對馬幫的看法：

> 另由緬甸有很多雲南大老闆，共匪來了後怕被鬥爭而逃到緬甸，錢多，騾馬資本也多，做生意（鴉片煙），就把緬甸鴉片煙運到泰國去賣，這樣差不多是以一賺三，我們的守備軍司令也就是住在泰國邊區的生意人。雲南大老闆為了生意安全請我們保護他們，那時候差不多有 12、13 個大老闆，騾馬有 300～400 匹，一匹騾馬可駄 33～35 公斤，這個生意是非常賺的，我們那司令將鴉片變成嗎啡，拿到泰國去賣，賺了泰國錢大約 2000 多萬，變為公費運用。〔註 158〕

王根深以其在緬甸經驗說出對當時馬幫的看法：

> 雲南的馬幫將鹽巴、茶葉等土產往外銷，將洋貨，像火柴、布等從緬甸那邊運進來，那個時候緬甸是被英國人統治（1885～1937），

〔註 152〕Catherine Lamour，思思譯，《異域孤軍・金三角》，頁 19～20。
〔註 153〕吳林衛，《滇邊三年苦戰錄》，頁 43。
〔註 154〕吳林衛，《滇邊三年苦戰錄》，頁 43。
〔註 155〕吳林衛，《滇邊三年苦戰錄》，頁 43。
〔註 156〕Catherine Lamour，思思譯，《異域孤軍・金三角》，頁 19～20。
〔註 157〕吳林衛，《滇邊三年苦戰錄》，頁 40。
〔註 158〕熊如沫（雲南人民反共志願軍警衛師上尉台長），屏東里港自宅，2002 年 8
月 23 日。段承恩，《從口述歷史看滇緬邊區游擊隊 1950～1961》，頁 129。

大英國協那個年代的印度跟緬甸，在他們那個地區是很好的國家，歐洲東西都是進口到那邊。但是後來馬幫就變質了，馱鴉片了，《異域》這個書講到金三角就是鴉片嘛，馬幫後來在金三角為什麼那麼有名呢？就是因為鴉片，只有運鴉片經濟效益最好，所以美國人一直想禁鴉片，就是這樣子。大部分鴉片生產在金三角，金三角運輸鴉片不可能用公路運輸，只有山路運輸，山路運輸就是馬幫，雲南人對馬幫是最瞭解的，以前是運土產出去，現在運鴉片啊，從緬北把鴉片運到泰國邊界金三角去加工，那個加工就牽扯到上海師傅了。以前英國人不是把鴉片弄到中國來嗎，鴉片必須要加工啊，加工後就是「嗎啡」，它們是用化學藥品加工，以前加工都是在上海一帶，因為師父都在上海。後來東南亞的鴉片興起後，這些馬幫、游擊部隊啊，找了上海師傅來這邊加工，再回銷到歐美去。〔註159〕

四、馬幫對游擊隊的貢獻

從 1950 年葉植楠和李國輝率領的九十三師進入緬境，並吸收雲南至東南亞商路上的武裝商販馬幫投靠自己，〔註160〕而後因拒絕繳械和緬軍在大其力展開轟動國際的戰鬥，馬幫曾熱心的捐款、捐糧、捐彈藥，〔註161〕年輕的還拿槍隻自動協助九十三師作戰。〔註162〕而使得游擊隊得以在滇緬邊區生根茁壯，這也使得中共如芒刺在背欲除之而後快。

馬幫除了運送糧食、彈藥外，也為游擊隊運送各種臺灣舊的報章雜誌，雖是幾個月前過期報章雜誌，但在戰地彌足珍貴，藉由報章雜誌的報導，瞭解局勢的演變，使身在緬甸的游擊隊員能對祖國（此指撤退至臺灣的中華民國政府）更有向心力〔註163〕。

馬幫不止幫游擊隊運販鴉片，也幫中共運送，〔註164〕但在游擊隊與中共間馬幫又選則游擊隊。中共對馬幫根本是無可奈何，沒有這些人就中斷

〔註159〕黃琇美，《環境教育在歷史教學上的理論與實踐——以桃園縣龍岡地區忠貞新村的人文環境為例》，頁 356。
〔註160〕高文閣，《戰爭邊緣 40 年》，頁 41。
〔註161〕曾藝，《滇緬邊區游擊戰史（上）》，頁 16。
〔註162〕吳林衛，《滇邊三年苦戰錄》，頁 23。龔學貞等口述，主訪者：張世瑛、葉健青，《不再流浪的孤軍——忠貞新村訪談錄》，頁 186。
〔註163〕卓元相，《異域烽火》，頁 45～46。
〔註164〕卓元相，《異域烽火》，頁 47。

中共運毒之路，〔註165〕且一面運鴉片一面將運鴉片情形告知游擊隊，讓游擊隊截擊。〔註166〕由卓元相《異域烽火》中提及：游擊隊奉命截擊，中共雲南公司翁世才的鴉片走私，且也是藉由馬幫協助，……俘獲三噸鴉片、六十磅海洛因，收穫相當大。〔註167〕而為何中國要打通馬幫的交通，原因無他，即是中共對國際間的販毒，有明顯增加趨勢，除香港之外，中南半島是一條更安全且散佈面更廣的地區，所以對游擊隊欲除之而後快，以掌握馬幫販毒路線。〔註168〕

熊如沐先生也曾提及到游擊隊與馬幫的關係：

> 馬幫為何要幫我們，其實是雙方彼此利用，馬幫是作鴉片生意，緬甸人都是作鴉片生意，山裡面都是種鴉片，那麼我們就利用他，受我們保護收取稅收，另一方面大家都是中國人，他們也很幫助我們，至於泰國華僑生意人，因為他們也是做鴉片生意比較多，馬幫與他們交易並藉以保護，馬幫做生意都不提番號，馬幫也有供應情報，但很少，當然各種消息是藉由無線電做傳發的。〔註169〕

1954年緬甸軍攻擊游擊隊駐三島的部隊，馬幫雖未直接參與作戰，但是對於情報提供，運輸補給，嚮導方面都提供了相當支援。〔註170〕

在于衡《滇緬游擊邊區行》則為游擊隊與馬幫的關係有著更深刻的描述：

> 其實如你（指記者）所見到的，在我們部隊中，第八軍和第廿六軍從雲南撤退的祇有千來人。其餘的大部分隊伍都是不堪受共黨壓迫而從雲南山地自己跑過來的善良農民，另外則是滇西的馬幫，和雲南境內的少數民族。他們來時，自己拉著馬，自己購買彈藥，問我們要不要他們，這些人既是反共的同志，我們當然歡迎。……說穿了，人家參加我們的部隊是為了反共，如果我們不反共而且還要撤退的話，那群反共反紅了眼的人民，連我們也要幹掉的。再明顯

〔註165〕賴淑卿，《國民政府六年禁煙計畫及其成效──民國二十四年至民國二十九年》，頁344。
〔註166〕卓元相，《異域烽火》，頁47。
〔註167〕卓元相，《異域烽火》，頁13、17。
〔註168〕賴淑卿，《國民政府六年禁煙計畫及其成效──民國二十四年至民國二十九年》，頁344。馬克騰，《異域下》（臺北：迅雷出版社，1976年），頁58。
〔註169〕熊如沐（雲南人民反共志願軍警衛師上尉台長），屏東里港自宅，2002年8月23日。段承恩，《從口述歷史看滇緬邊區游擊隊1950～1961》，頁123。
〔註170〕卓元相，《異域烽火》，頁42。

一點說：我們這個部隊，頗似反共的「合股公司」，每一個游擊隊員，都是這公司的老闆，因為他們的本錢下在反共上，我們要把這公司關門，別人就會抽出他的股份，另行組織公司。〔註171〕

五、馬幫與游擊隊的問題

馬幫協助游擊隊，游擊隊保護馬幫安全，但這也造成日後種種問題產生，如徵用及游擊隊撤退時所產生的問題……等。

由吳林衛《滇邊三年苦戰錄》中提到徵用非法走私馬幫事件可知：

自從緬邊有反共部隊以來，幾處必經的要道上就有關卡設立。當每一批馬幫運著鴉片煙，從緬北南下經過時，部隊略為抽一點稅捐就放他們過去。所收的錢，作為部隊的副食費及其他開銷，馬幫為著避免麻煩，也願意付出這一點額外支出。民國三十九年（1950），李國輝接到從曼谷「綏署辦事處」發來電報，命令他「相機征用非法走私的馬幫」，原意是要李國輝征用那些和雲南省境內共軍勾結走私的馬幫但李國輝卻誤會這命令的內容，而在一個很短的時間內，把所有經過猛薩的運鴉片馬幫都繳械征用了。這一措施曾震撼了整個滇緬邊區，因為這一區域內的馬幫十分之九屬於雲南人，馬幫所運的貨物幾乎全部是鴉片煙，而大部分的雲南人，都曾直接或間接幫助過李彌部隊，甚至與李彌私人有或多或少關係……。〔註172〕

游擊隊因國際因素，在國府命令下，要求撤退回臺灣，但卻為游擊隊員所反對，〔註173〕當任雲南人民反共自願軍總指揮的柳元麟〔註174〕先生在《滇緬邊區風雲錄》也提出「段希文、李文煥在第一次撤臺時不肯撤，因為他們都是雲南人，〔註175〕原來並不是第八軍，而且與馬幫有關係，所以即使打敗仗，他們也可以在哪裡生存（靠運鴉片生存）。」〔註176〕又說：「最大的困難是部隊裡一般的雲南人不願意撤退，當初退出大陸的大多是一些雲南漢人地主、

〔註171〕于衡，《滇緬游擊邊區行》，頁160。
〔註172〕吳林衛，《滇邊三年苦戰錄》，頁182。
〔註173〕曾藝，《滇緬邊區游擊戰史（下）》，頁310～311。
〔註174〕黃埔四期，曾任李彌指揮的8軍副軍長；雲南人民反共救國軍副總指揮；雲南人民反共志願軍總指揮。
〔註175〕段希文為雲南宜良人，李文煥為雲南鎮康人。
〔註176〕柳元麟口述，《滇緬邊區風雲錄》（臺北：國防部史政編譯局，1996年6月），頁100～101。

富農，土人也有，但較為少數，其中還包括一些馬幫成員所收編……。」〔註177〕可見馬幫與游擊隊的關係密切。

　　再者即是李彌本人對自身部隊（雲南人民反共救國軍）涉及鴉片之事非常憤慨，因 CIA 在 1951 年 2 月開始支援游擊隊各項武器彈藥和人員，〔註178〕為掩飾金援滇緬游擊隊各項物資，CIA 早期也曾經放話，說游擊隊跟馬幫勾結走私鴉片，對於美方惡意宣傳，也是李彌當年最頭痛的問題。〔註179〕這些問題一直困擾著游擊隊，直到 1961 年滇緬游擊隊第二次撤離，瓦共、緬共將緬甸政府軍趕離撣邦，〔註180〕接收滇緬游擊隊原來防地，所有交易中斷，來往於中國與泰國的武裝貿易馬幫無法生存，終於絕跡，最後只有投靠撤退到泰北邊區的游擊隊，〔註181〕而與鴉片、游擊隊同時畫下一個句號。

肆、結論

　　毒品問題一直困擾各國，許多人認為毒品之無法禁絕，是因為有人在種植、販運，但就筆者個人觀點，所謂供需要求，即是有人種植，就有人需求是本末倒置的。應該是在毒品市場有廣大的需求，就有種植、販運理由，以求得日進斗金的效益。在一般文獻上對游擊隊的形成，與在緬甸期間各項戰役，及第一、二次撤退，皆有所著墨，但對鴉片、馬幫之事著墨甚少，因為毒品問題在文獻資料上一直是一個謎團，且為國府及在上位領導人所不願去碰觸的問題。因此藉由口述歷史觀點由當時駐守在滇緬邊區的中下級官員的口述來看鴉片、馬幫與游擊隊關聯，並以相關文獻加以佐證，使口述歷史的可信度，是可以驗證而與史實相符的，進而重現整個相關歷史的原貌。

　　由覃怡輝在《金三角國軍血淚史（1950～1981）》再版序所言，也印證本研究推論是合理且可信的，先看游擊隊與馬幫之關係：

　　　　盛產鴉片的地區是緬北和滇南，所以緬甸撣邦馬幫的鴉片生意動
　　　　線，就是把鴉片（特貨）從緬北運送到金三角來賣出，拿到金錢之後，

〔註177〕柳元麟口述，《滇緬邊區風雲錄》，頁 92。
〔註178〕翁台生，《CIA 在台活動秘辛》，頁 70。另據曾藝所著《滇緬邊區游擊戰史（上）》為 9 月開始發放。曾藝，《滇緬邊區游擊戰史（上）》，頁 61。
〔註179〕翁台生，《CIA 在台活動秘辛》，頁 83。
〔註180〕柏楊，《金三角・邊區・荒城》，頁 130。
〔註181〕柏楊，《金三角・邊區・荒城》，頁 130。

除了購買北方需要的布匹、食鹽等民生物品之外，剩餘的金錢就換成黃金帶回北方，再購買一批鴉片南下，如此循環不息。但是因為無論南下所載運的鴉片和北上所載運的黃金都是高單價商品，所以常會遭受到強盜或緬軍的打劫，⋯⋯從事馬幫生意的老闆或伙計都是雲南人，這時候國軍殘餘部隊撤退到了緬甸撣邦地區，馬幫們真是如獲救兵⋯⋯李彌在反攻雲南之前，獲得美國中情局和臺灣國府的兩批武器彈藥等軍事物資源援助⋯⋯由馬幫最大的老闆馬守一派出兩百多批騾馬⋯⋯運到猛撒總部。後來李彌反攻雲南時，幾乎全軍出動，再加上糧草的運送，⋯⋯這都是得力於馬幫的大力贊助，⋯⋯李彌特別對馬守一的馬幫隊伍頒發了一個相當正規軍師級「第 12 縱隊」的番號。〔註182〕

同序言中亦再說及游擊隊與鴉片之關係，但未直接點破，但足以支持本研究之論述：

馬守一的第 12 縱隊其實就是李彌部隊的一個運輸隊伍；但李彌根本養不起這個龐大的馬幫運輸隊，所以馬守一的第 12 縱隊還是要繼續作他正常馬幫生意。李彌部隊的第 26 軍參謀長左治曾對筆者說：他在緬北所徵收到的稅收，足以養活整個緬北的部隊。顯然的，緬北的這個稅收，其來源一定不是一般的農產品如稻穀，而是來自高價位的鴉片。⋯⋯國府也知道鴉片在緬甸乃是可以合法買賣的商品，所以並不禁止部隊保護從事鴉片生意的馬幫和向馬幫抽稅，但卻明令禁止部隊從事這種生意，並且絕對禁止將這種東西攜帶進入臺灣，一旦查獲，一定沒收嚴辦。⋯⋯部隊與鴉片的關係，基本上一切如故。但在柳元麟時期的鴉片稅收款項似乎比李彌時期更高⋯⋯整個部隊只靠地方稅收即可維持，可見當時鴉片生意興隆之一班。〔註183〕

游擊隊在1950～1961年因在所謂的毒品「金三角」地區，而飽受指摘，而這也是游擊隊自緬甸撤軍原因之一。藉由口述歷史及相關史料的佐證，得以了解到在那充滿未知的異域中，游擊隊的生存是先決條件，而採取在當地最快生存下來的方式即是販運鴉片。游擊隊在滇緬主要目的不是販運鴉片，

〔註182〕覃怡輝，《金三角國軍血淚史（1950～1981）》，頁 ii。
〔註183〕覃怡輝，《金三角國軍血淚史（1950～1981）》，頁 ii～iv。

而是以「反攻復國」為職志，馬幫即代替游擊隊處理了此一問題，游擊隊藉著
各項有利因素，〔註184〕並在鴉片的供給、馬幫的販運、游擊隊的保護下，構成
另一個鐵三角，但還是敵不過國際的情勢改變，鴉片不再主導世界毒品市場交
易，馬幫也趨於沒落，不再碰觸毒品，〔註185〕游擊隊更是有「將軍百戰死、戰
士十年歸」的感慨與無奈，藉由口述歷史將游擊隊所受世人不解的販運鴉片問
題，得到一定的認知，並將官方史料不足的部分得以補充，在一般在歷史文獻
中所不碰觸的馬幫與鴉片問題得到了證實，得以還原游擊隊在滇緬邊區是否與
毒品畫上等號的疑問，即為本研究以口述歷史作為研究目的之所在。

伍、參考書目

一、書籍

1. 于衡，《滇緬游擊邊區行》，臺北：中國文化企業公司，1955 年。

2. 王聿均，〈談口述歷史〉，《史政學術講演專輯（二）》，臺北：國防部史政
   編譯局，1984 年 12 月出版。

3. 中國文化學院中國現代史編輯委員會編，《中國現代史》，臺北：華岡出
   版有限公司，1977 年 9 月初版。

4. 孔令晟口述，遲景德、林秋敏訪談，《孔令晟先生訪談錄》，臺北：國史
   館，2002 年 9 月。

5. 石炳銘，《雲起雲落：血淚交織的邊境傳奇》，臺北：時報文化出版社，
   2010 年 2 月出版。

6. 石明龍，〈蠻荒之旅〉，楊國粹編，《昆華風情創刊》，桃園：昆華風情編
   委會，出版年月不詳。

7. 江南、侯容生，《龍雲傳》，臺北：天元出版社，1987 年 12 月。

8. 朱浤源，〈論口述歷史訪問的方法〉，《史政學術講演專輯（五）》，臺北：
   國防部史政編譯室，2002 年 3 月出版。

9. 何敏，《夢影遊痕》，臺北：中外圖書出版社，1979 年 8 月。

10. 何耀武，〈李文煥將軍軼趣拾穗〉，楊國粹編，《昆華風情創刊》，桃園：

〔註184〕掌握金三角運毒的進出孔道、人員武器在打游擊戰上不虞匱乏……。
〔註185〕陳琦俊，〈滇緬馬幫生涯〉，《大地地理雜誌》，頁 136。

昆華風情編委會，出版年月不詳。

11. 李書鳴，《浮生憶往》，臺北：渤海堂文化事業有限公司，1997 年 10 月初版。

12. 余定邦，《中緬關係史》，北京：光明日報出版社，2000 年 12 月 1 版。

13. 邱子靜，《邊城舊事》，臺北：名山出版社，1982 年 10 月。

14. 卓元相，《異域烽火》，臺北：廣城出版社，1993 年。

15. 吳林衛，《滇邊三年苦戰錄》，香港：亞洲出版社，1954 年 12 月初版。

16. 柳元麟口述，傅應川、陳存恭、溫池京訪問，《滇緬邊區風雲錄》，臺北：國防部史政編譯局，1996 年 6 月。

17. 柏楊，《金三角‧邊區‧荒城》，臺北：躍昇文化事業有限公司，1988 年 11 月。

18. 胡璉，《金門憶舊》，臺北：黎明文化事業股份有限公司，1976 年 8 月出版。

19. 陳文，《坤沙——金三角傳奇》，臺北：允晨文化實業股份有限公司，1996 年 7 月。

20. 陳向明，《社會科學質的研究》，臺北：五南圖書出版有限公司，2002 年。

21. 高文閣，《戰爭邊緣 40 年》，臺北：風雲時代出版有限公司，1993 年 7 月。

22. 馬克騰，《異域下》，臺北：迅雷出版社，1976 年 5 月。

23. 徐仁修，《鴉片之旅》，臺北：皇冠出版社，1984 年。

24. 陳存恭，〈口述歷史與民國軍事史研究〉，《史政學術講演專輯（五）》，臺北：國防部史政編譯室，2002 年 3 月出版。

25. 覃怡輝，《金三角國軍血淚史（1950～1981）》，臺北：聯經出版事業股份有限公司，2019 年 12 月初版第 6 刷。

26. 翁台生，《CIA 在台活動秘辛》，臺北：聯合報社，1991 年 5 月初版。

27. 郭壽華，《緬甸通鑑》，臺北：大亞洲出版社，1961 年 7 月初版。

28. 張伯金，《亡命金三角》，北京：中國社會科學出版社，2001 年 1 月。

29. 黃承令建築師事務所，《中壢龍岡地區眷村調查》，桃園：桃園縣政府文化局，2007 年。

30. 曾藝，《滇緬邊區游擊戰史（上、下）》，臺北：國防部史政編譯局，1964

年，10 月出版。

31. 雲南省歷史研究所，《清實錄》有關雲南史料彙編卷四，昆明：雲南人民
    出版社，1984 年。

32. 葉瑞其主編，《從異域到新故鄉：清境社區五十年歷史專輯》，南投：南
    投縣仁愛鄉清境社區發展協會，2015 年。

33. 趙勇民、解伯偉，《蔣介石夢斷金三角》，北京：華文出版社，1993 年 6
    月 1 版。

34. 趙鴻德，《萬里雙鴻記》（臺北：藝文印書館，1959 年 5 月）

35. 劉開政、朱當奎，《中國，曾參加一場最秘密戰爭》，北京：紅旗出版社，
    1994 年。

36. 賴淑卿，《國民政府六年禁煙計畫及其成效──民國二十四年至民國二
    十九年》，臺北：國史館，1986 年 3 月出版。

37. 盧偉林，《佛國緬甸》，臺北：僑聯出版社，1967 年 10 月。

38. 楊木，《神秘的金三角》，北京：新華出版社，1987 年 11 月。

39. 夢奇，〈金三角與金三雄〉，楊國粹編，《昆華風情創刊》，桃園：昆華風
    情編委會，出版年月不詳。

40. 龍繩武口述，張朋園訪問，《龍繩武先生訪問記錄》，臺北：中央研究院
    近代史研究所，1991 年 5 月。

41. 羅石補，《躍馬異域》，臺北：南京出版社，1979 年 1 月。

42. 龔學貞等口述，主訪者：張世瑛、葉健青，《不再流浪的孤軍──忠貞新
    村訪談錄》，臺北：國史館，2002 年 9 月。

43. Donald A, Ritchie，王芝芝譯，《大家來做口述歷史》，臺北：遠流出版事
    業股份有限公司，1997 年。

44. Jay Taylor，林添貴譯，《台灣現代化的推手──蔣經國傳》，臺北：時報
    文化出版企業股份有限公司，2000 年 10 月初版。

45. Nancy B. Tucker，新新聞編譯小組譯，《不確定的友情──台灣、香港與
    美國，1945～1992》，汐止：新新聞文化事業股份有限公司，1995 年 3 月
    初版。

46. Ray S. Cline，聯合報國際組譯《我所知道的蔣經國》，臺北：聯經出版事
    業公司，1990 年 2 月。

二、期刊、論文

1. 段承恩,《從口述歷史看滇緬邊區游擊隊 1950～1961》,臺北:中國文化大學史學研究所碩士論文,2003 年。

2. 黃琇美,《環境教育在歷史教學上的理論與實踐——以桃園縣龍岡地區忠貞新村的人文環境為例》臺北:國立臺灣師範大學歷史學系碩士論文,2012 年。

3. 覃怡輝,〈李彌部隊退入緬甸期間(1950～1954)所引起的幾項國際事件〉《人文及社會集刊》,14 卷第 4 期,2002 年。

4. 覃怡輝,〈李彌將軍在滇緬邊區的軍事活動〉,《中華軍史學會會刊》,第 7 期,2002 年 4 月。

5. 廖樂煥,〈馬幫對雲南商品經濟發展的推動作用〉,《雲南財經大學學報》,2011 年第 1 期(總 147 期),昆明:2011 年。

6. 廖樂煥,〈論雲南馬幫運輸貨物的歷史變遷〉,《黑龍江民族叢刊(雙月刊)》,2010 年第 5 期(總 118 期),哈爾濱:2010 年。

7. 蔣新紅、楊文英,〈馬幫——雲南高原上獨特的文化載體〉,《楚雄師範學院學報》,第二十二卷第四期,雲南楚雄:2007 年 4 月。

三、雜誌

1. 李國輝,〈憶孤軍奮戰滇緬邊區(七)〉,《春秋雜誌》,第 14 卷第 2 期,1971 年 2 月出版

2. 陳琦俊,〈滇緬馬幫生涯〉,《大地地理雜誌》(臺北:大地地理出版事業股份有限公司,1996 年 3 月)

3. 劉稚,〈罌粟花為誰開放〉,《華夏人文地理雜誌》(雲南:華夏人文地理雜誌社,2002 年 4 月)

4. 劉愛華,〈滇緬邊區奇風異俗〉,《中外雜誌》,12 卷 5 期,(臺北:1972 年 11 月)

四、網路

1. 趙爾巽等撰,〈列傳三百十五,屬國三(緬甸、暹羅、南掌、蘇祿)〉《清史稿》,國學網:http://www.guoxuemeng.com/guoxue/4196.html

附錄二：19～20世紀「花會」賭博的發展及影響

壹、前言

　　「花會」屬於彩票類賭博，在清代中國各項彩票賭博中，[註1] 是時間最長，影響面最廣的。[註2] 在廣東地區的賭博稅收中，[註3] 不屬於官方稅收而是屬於私稅，在私稅領域中，為遍佈最廣也最多人參與的賭博，花會賭博也是中下層民眾及婦女參與最廣之賭博。本論文即以探討 19～20 世紀「花會」賭博在中國沿海各省的發展及影響，並將中國危害較深之省分及臺灣對花會賭博相對應的處理方式，提供綜合性論述，一窺此「花會」大門。

　　賭博這問題一直無法登大雅之堂，人人都知賭博會傾家蕩產，但熱衷此道之人卻往往是絡繹不絕。本研究所稱的「花會」並非是「花市集會」，而是賭博的一種。在針對桃園龍岡「忠貞新村」（滇緬邊區撤退來臺由雲南人為主所建構的眷村）的田野調查得知，花會賭博在 1950～2008 年間於桃園龍岡「忠貞新村」是一種流行風尚，也是另一種思鄉且打發閒居生活的一種寄託。其後在查詢資料時，更得知花會賭博在日治時期更是為民間賭博中私賭之最，

〔註1〕晚清彩票賭博型式計有：花會、山票、舖票、白鴿票等。
〔註2〕羅新本、許蓉生，《中國古代賭博習俗》（西安：陝西人民出版社，2002 年），頁 127。
〔註3〕廣東賭博稅，其始以軍隊之糧餉告不足，為欲補充而徵收，因而今尚稱之為「年餉」。

而有「日治時期的大家樂」封號。由清代時期所創造，到清末日治時期的查禁，至現今走入歷史潮流中不復存在，藉此想將「花會賭博」的發展與影響做一探討，並看對當時的影響如何。古代各項賭博名目眾多，花會賭博為何能深受中下層階級及婦女喜愛且廣泛流傳，除因其賭法簡單只要由三十四個人名或動物名中選一即可，不需花費太多心力，另一因素為傳統社會觀念裡，婦女拋頭露臉，從事賭博之事物易受人詬病，花會賭博則由於報酬率高，不拘多寡均可下注，不必親自拋頭露面，替婦女省下許多麻煩，而使中下階層及一般婦女迷戀此道甚多，〔註4〕由《申報》所載可知，「花會、白鴿票〔註5〕之賭，不出戶庭，較親赴賭場者猶存顏面，故設局者惡愈甚，而被誘者害愈深。〔註6〕」

賭博與迷信是密不可分，賭博之人求神問卜，花會賭博迷信成分更是所有賭博中最重的，在整個博奕遊戲中，將女性列入選項的，東西方各有一個，西方的是撲克牌，將皇后列入遊戲選項。東方則是「花會」，將婦女、尼姑列入花會博弈之中。婦女在民國之前因禮教關係，除識字不多，亦無法出門隨意行走，在排遣閨中寂寞心態下，花會賭博不須拋頭露臉，有迅速便捷的流程動線，另有36門人名或動物圖案可供猜謎，婦人又對泛靈信仰的預兆特別的看重，還有看似高額1：27的賠率，造成有花會的地方，人人趨之若鶩。

賭博於國人眼中一直是難登大雅之堂，且傷風敗俗之事，故在文獻探討上篇幅不多，目前相關史料中，針對花會賭博的介紹，只有吳文星，〈日據初期臺灣的「大家樂」──花會〉〔註7〕一文，內文將花會賭博的散佈玩法與日本統治時期做簡略介紹與說明。何漢威，〈清代廣東的賭博與賭稅〉，對花會的讓人著迷，引鄭應觀所說：「查廣東賭具最毒著莫如字花、白鴿票、山票。〔註8〕蓋字花一文錢可以猜買，白鴿票六文錢可以猜買，山票毫半，近聞半毫

〔註4〕郁慕俠，《上海鱗爪》（上海：上海書店出版社重印上海滬報館，1993年），頁25～27、168。

〔註5〕白鴿票：由幼學千字文中取「天地玄黃」到「鳥官人皇」共八十字，以猜字定輸贏，又稱八十字有獎義會，而為何又叫白鴿票，因凡鳥雄乘雌，鴿則雌乘雄，且性喜合，以八十字之雌，而十字之雄，最易合者也，而稱之。

〔註6〕〈論粵東闈姓事〉，《申報》，第278號，1873年3月27日。

〔註7〕吳文星，〈日據初期臺灣的「大家樂」──花會〉，《歷史月刊》創刊號（臺北：歷史月刊雜誌社，1988年）。

〔註8〕山票：用千字文中一百二十字讓人猜買，賭客用一角五分錢買一票，可在一百二十字中選圈十五字。開獎後圈中十一字或十一字以上便可得獎。

亦可猜買，而得彩有數十倍、數百倍至數千倍之多，其引人入勝之法，可為妙矣。」〔註9〕即可知花會對當時人心之影響。

相關學術論文，與臺灣花會有部分相關之調查研究，有段承恩《從口述歷史看滇緬邊區游擊隊（1950～1961）》、〔註10〕葉子香，《文化的認同與變遷——以居住台灣的雲南族群為例》〔註11〕，兩者提供 1949 年後花會在臺的發展及玩法，也成為臺灣最後調查花會賭博的史料文獻，因 2008 年花會賭博，也隨著忠貞新村的拆除而走入歷史。蘇文邦，《清代臺灣賭博與社會》，〔註12〕粗略介紹花會對社會危害。在搜尋相關賭博罪論文有：李金澤《明清律中賭博罪》、〔註13〕林富助，《清代禁賭政策之探討及其對當代之啟示》，〔註14〕僅是探討明清時期公設賭博相關問題，但對私設花會賭博討論不多。上述與花會有相關性論文，皆著重於地方區域性部分，未能對花會賭博在中國沿海各省及兩岸的發展有所探討，本研究論文即是在前人討論主題中，繼續探討花會對國人的賭博傳播層面及不當影響有多深，並藉兩岸關於花會史料，看當時執政當局所提出的因應之道，是否得以有效解決花會賭博氾濫問題。

貳、花會賭博的流傳

一、花會的流傳及各地的經營

花會，為賭博一種，本以古人像，下配以牌九的挖花圖案，〔註15〕日後改為以動物或人物為圖案。花會賭博起始於何時、何地眾說紛紜，莫衷一是，

〔註 9〕何漢威，〈清末廣東的賭博與賭稅〉，《歷史語言研究所集刊》，第 66 本第 2 分（臺北：中央研究院歷史語言研究所，1995 年），頁 502。

〔註10〕段承恩《從口述歷史看滇緬邊區游擊隊（1950～1961）》（中國文化大學史學研究所碩士論文，2003 年）。

〔註11〕葉子香，《文化的認同與變遷——以居住台灣的雲南族群為例》（臺北：東吳大學社會學系碩士在職專班碩士論文，2009 年）

〔註12〕蘇文邦，《清代臺灣賭博與社會》（臺北：國立政治大學台灣史研究所碩士論文，2014 年）。

〔註13〕李金澤《明清律中賭博罪》（臺北：國立政治大學法律研究所碩士論文，1989年）。

〔註14〕林富助，《清代禁賭政策之探討及其對當代之啟示》（臺北：淡江大學歷史學系碩士在職專班，2009 年）。

〔註15〕郭雙林、蕭梅花，《中華賭博史》，頁 185。

有人認為始於浙江黃巖，亦有人認為始於廣東或福建，由《清稗類鈔》內文中所說「花會為賭博之一種，不知何自始。極其流毒，能令士失其行，農失其時，工商失其藝。廣東、福建、上海俱有之，博時多在荒僻人跡不到之處，而以廣東為最盛。〔註 16〕」薛允升《讀例存疑》中可知花會至遲在乾隆四十四年（1780）以前已於福建流行。〔註 17〕並於乾隆四十四年（1780）議定禁止閩省花會條例之後，廣東省也續定禁止花會賭博法規。〔註 18〕道光年間，花會賭博已蔓延全國沿海各省，南及廣東、福建與中部浙江、上海，北至奉天，速度之快，參與之多，清朝為之重視。史料記載中，亦有清朝宗室參與其間。〔註 19〕可由道光三十年（1850），駐防盛京將軍奕興奏稱：「花會賭局賴有跑封人犯輾轉勾引，無論貧富之家，男婦老少，均可被其引誘，實非尋常賭博可比。」〔註 20〕花會賭博在東北如此危害清代社會甚鉅，且為清廷龍興之地，豈可讓花會賭博如野火焚林蔓延，才會迫使清廷屢次下令禁止。

花會賭博各地大同小異，雖因各地風俗民情不同，其中人名或有更改，但基本方法不變。「清道光年間浙江黃巖盛行花會，書三十四古人名，任取一名，納筒中懸之梁間。人於三十四名中自認一名，名注錢數投入櫃中；如所適合筒中之名，則主者如所注錢數，加三十倍酬之。其下則以次遞減，至百金數十金不等。往之有以數十錢而得數百金者。其後流入廣東而其法異矣。」〔註 21〕傳入廣東之流變為三十四人名變為三十六人名，藉由簡易動物圖案形象，讓一般婦女無須拋頭露面即可投注，使花會在清代私賭獲利中穩居榜首。為求更深入基層人士及婦女日常生活中，將花會動物圖案增添人物於其中，如道士或和尚，也為使婦女在心靈得到慰藉，以神佛為底圖，皆平添宗教迷信色彩，也製作有圖案之簡易手冊，〔註 22〕方便查詢。正因簡易方便，牢牢抓住中低層民眾想一本萬利，要一賭致富的心態。

〔註16〕徐珂，《清稗類鈔》第十冊（北京：中華書局，1986 年），頁 4911～4912。

〔註17〕清‧薛允升，《讀律存疑》（臺北：成文出版社，1970 年），頁 1103～1104。

〔註18〕清‧〈歷年事例〉，《欽定大清會典事例》（清德宗光緒 25 年官刊頒行本），卷827，頁 14。

〔註19〕清，薛允升鑑定，吳潮、何錫嚴彙纂，《刑案匯覽續編》（臺北：成文出版社，1970 年），頁 52～53。

〔註20〕清，薛允升鑑定，吳潮、何錫嚴彙纂《刑案匯覽續編》，頁 50 下。

〔註21〕徐珂，《清稗類鈔》第十冊，頁 4912。

〔註22〕如：三十六門狀元圖全冊。

圖1：浙江地區花會人名圖

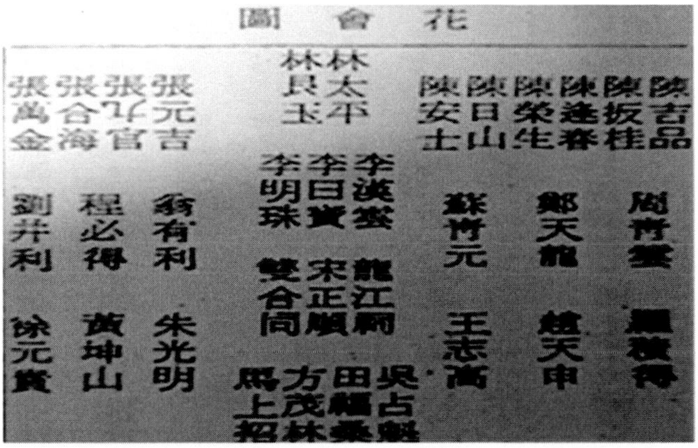

資料出處：孫靜江編，《大陳紀略》（臺中：民風出版社，1965年），頁66。

二、兩岸花會之流傳及經營

臺灣花會由閩、粵移民帶入，其根源受大陸影響，現就大陸及臺灣花會賭博影響較普遍且史料掌握上，較能運用之區域分述如下：

（一）大陸花會賭博的流傳與經營

1. 福建花會

其流傳於開賭方式，可由徐珂，《清稗類鈔》所言得知：[註23]

> 其場所亦在荒僻人跡不到處。房屋不甚大，惟必有廣場，是以聚集多人，中有矮屋數椽，面場而立。廠主居其中，門不常啟，屋之正面有窗。廠主日縛花會竿一名於竹筒，懸之窗前，謂之掛筒。時五十里內之居民，罔不至，而廣場糕餅果餌，羅列無數，則以備押花會者之午餐，廠中朝夕極靜，日加午，則囂雜無倫矣。[註24]

2. 廣東字花

最早是以三十六種花卉或姓名繪成單片，作為賭具，取其中一片密懸於高處，賭者下注，得中者即可獲三十倍賭注。[註25]由徐珂《清稗類鈔》內述「廣東花會則為三十六人名，任人投押，最多兩次，每次開一名，得彩者給以三十倍之利。或曰，廣東花會拈千字文中二十字射之。」[註26]並由民國

〔註23〕郭雙林、蕭梅花，《中華賭博史》，頁185。
〔註24〕徐珂，《清稗類鈔》，頁4912～4913。
〔註25〕沈寂、董長卿、甘振虎，《半下流社會檔案》，頁132。
〔註26〕徐珂，《清稗類鈔》第十冊，頁4912。

十九年（1930）《龍山鄉志》中提及：粵為賭國，吾鄉亦不免。賭具以番攤、
鴿票、花會為盛。迭經官廳干涉，仍未禁絕。〔註27〕番攤、白鴿票為官辦聚
賭抽稅，只有花會為私賭，可見其魅力所在。

3. 東北會局

北方花會……而吉省（吉林省）尤甚。其會分三十六門……博者孤注一
博，進之可獲三十倍，日開一次或二次。〔註28〕遼寧省的《朝陽縣志》則清
楚說明會局的由來：「初只有旱局，無會局也，俗以設廠者為旱局，無地點。
有跑風者為會局，近則會局多於旱局矣。」此書成書為民國十九年（1930），
已可見當時賭風已盛。〔註29〕

4. 上海花會

「始於廣州、潮州、寧波三郡之人所倡。開會者曰筒主。其法，以三十六
門，內有兩門不開，任人猜買自封緘。由筒主開一門，啟包檢之，得中者，一
贏二十八文，自錢二三十文至銀數十百圓，均可購買。有代收處，曰聽筒。其
上門招來者，曰航船。以故貧家婦孺，胥受其害。」〔註30〕又有一種說法，上
海花會為光緒二十六年（1900）開辦，一度設在猛將堂內，全盛時期為民國十
三至十九年（1924～1930），這期間主持花會開大筒〔註31〕（花會總會之地）
的是張咸生，民國二十一年（1932）猛將堂花會被查禁，上海花會逐漸衰勢，
但並未禁絕花會的舉辦。〔註32〕花會組織統稱字花廠，一般由護筒、開筒、核
算、寫票、收洋、巡風、稽查等人員組成，有三五十人至百人不等。〔註33〕

《異辭錄》對上海花會的起源亦提出線索與不同於始於廣東看法：

> 花鼓會，賭錢戲也，今上海盛行，謂之「花會」，害人至死，不可
> 勝計。實出自徽，士人疾之，謂之「花鐙蠱」，與閩粵之花會略同。
> 得雋者以一贏三十，愚人以為失僅一而得則三十也，爭趨之。夫三

〔註27〕 丁世良、趙放，《中國地方志民俗資料匯編·中南卷》（北京：北京圖書館出
版社，1989年），頁805。

〔註28〕 丁世良、趙放，《中國地方志民俗資料匯編·東北卷》（北京：北京圖書館出
版社，1989年），頁257。

〔註29〕 丁世良、趙放，《中國地方志民俗資料匯編·東北卷》，頁245。

〔註30〕 徐珂，《清稗類鈔》，頁4914。

〔註31〕 王頓根，《百弊放言》，（北京：大眾文藝出版社，2003年），頁398。

〔註32〕 戈春源，《賭博史》，頁43。

〔註33〕 戈春源，《賭博史》，頁43。

十而中一，甚難之勢也。業此者欲人才之聚也，偶露其倪，實令獲中，故忻羨者不可遏。道光之末，起於績而盛於歙，山村水塌設壇場，聚游手。隱屏而為之報信者，謂之「走水」，交馳於道，數十里內，呼吸通也。〔註34〕

5. 浙江花會

浙江地區花會賭博，以《大陳紀略》所云，其玩法多樣，且可大可小，為其它地方所無：

六名：又稱六陳，賭主一人或二人，賭腳人數不限，多多益善，賭主將賭具木刻或布繕六名置於席上，另外竹籤六條，每條刻上圖列六陳之一，任意暗藏一籤於竹筒內橫置席上妥放，然後讓賭客在六名中選壓，開筒後壓者，以一賠五付之，惟陳品吉壓中僅一賠四。

十二名：與六名玩法相同，其取名於花會中之十二個生肖，排列與六名有異，以一賠十，……此種賭博近年稀有，其別名為小花會。

花會：花會據云發明在太平縣（即溫嶺縣之前稱），其出典如何？亦無從考究，總之該縣較諸各縣為盛，男女老幼皆知，以三十四個花名組成，……賭主稱筒官，其內部組織人事大規模，有把筒插籤、理事、帳房、司庫等，充資合股。〔註35〕

6. 雲南花寶

花會傳到雲南稱為「花寶」，時間約為民國元年（1911）前後，但非用動物或人名而是三十六朵花名，如桃花、梅花、桂花……等，以簡舊為例，花會在其縣城，皆為兩廣人所主持的「花寶公司」所獨占，且由當時縣商會所統計以此維生的人竟佔 2,700 人之多。〔註36〕

7. 港澳字花

港澳花會又稱為「字花」，澳門賭博於十九世紀五十年代後期開始興起，其起因為廣東省於光緒元年（1875）頒布禁止闈姓賭博，〔註37〕使其賭博商

〔註34〕劉體智，《異辭錄》，清代史料筆記叢刊（北京：中華書局，1988 年），頁 13。

〔註35〕孫靜江編，《大陳紀略》（臺中：民風出版社，1965 年），頁 65～67。

〔註36〕李道生主編，《雲南社會大觀》（上海：上海書店出版社，2000 年），頁 129～130。

〔註37〕闈姓賭博：道光末年由廣東人所創，以闈場考試士子中試的姓，以猜中多寡定輸贏。

轉移至澳門，使澳門賭博更加興盛，〔註38〕花會也因此傳至澳門，直至今日依稀有所聽聞。香港亦因同治六年（1867）英人麥當奴當港督時核准開放賭場，使賭業日亦興盛，〔註39〕花會亦於同治九年（1870）前後傳至香港，雖日後再次禁賭而稍為壓抑，但仍無法禁止，但現今已式微。

（二）臺灣地區花會的傳播及賭場經營

1. 日治時期，臺灣花會由來

由《台灣慣習記事》所記載，私開無餉者稱「字花」：

> 字花，古人又謂花會，其方法為預定古人之姓名三十個，聽任購買其中之一個也。中獎金額為賭注之三十倍，即下注一分錢，勝則得獎三角。每日開獎，前後兩次，雖名為私開，其實因需支付一種為數不少之私稅作為賄賂，幾乎與公開無異，其營業亦其盛也。〔註40〕

另有不同說法，臺灣花會來源有二，其一乃是由福建泉漳州所傳來，又稱為開花會，每一局設三十八門，各有一花名，每一花名射一動物。主持人稱為會頭、頭家或花會頭，猜賭者稱為花客，在日本統治時期被禁絕。〔註41〕

2. 1949年後的花會由來

由「滇緬邊區游擊隊」，〔註42〕自滇緬地區〔註43〕帶到臺灣來。原因在於花會可以打發在滇緬邊區軍旅苦悶且做為休閒娛樂之用，而在軍中流傳開來。日後游擊隊於民國四十二、五十年（1953、1961）共分兩次撤臺，被

〔註38〕戈春源，《賭博史》，頁133。

〔註39〕戈春源，《賭博史》，頁141。

〔註40〕台灣慣習研究會著，李榮南譯編，《台灣慣習記事》，中譯本第貳卷下（南投：台灣省文獻委員會，1987年），頁62～63。

〔註41〕〈花會欲跡〉，《漢文台灣日日新報》，1905年11月8日。吳文星，〈日據初期臺灣的「大家樂」──花會〉，頁64。

〔註42〕1950～1961年間留駐在滇、緬地區之游擊隊，因各時期番號不同分為「復興部隊、雲南人民反共救國軍、雲南人民反共自願軍」所組成，故統一以「滇緬邊區游擊隊」稱之。段承恩《從口述歷史看滇緬邊區游擊隊（1950～1961）》，頁115～116。

〔註43〕由「滇緬邊區游擊隊」自雲南帶至緬甸。或是另由緬甸珊邦、吉耶等邦區，自古即由土司統治管轄，管轄地區沒有徵收各種租稅，只是准許開設賭場，土司由賭場抽取款項以維持管理當地行政開支，且比緬甸政府所收租稅更高出數十倍。如已經流行的「三十六圖字花會」。盧偉林，《佛國緬甸》（臺北：僑聯出版社，1967年10月），頁76。

安置在桃園，南投清境農場，屏東里港、高雄美濃等地，花會賭博也隨之來臺，游擊隊來臺後人生地不熟，又有語言隔閡，花會賭博變成了另一種鄉愁的寄託，可由忠貞新村花會場主，張老旺說明當初在忠貞新村主持打字花的原由：

> 1961 年父親自軍中退役以後，為求一口飯吃，在村子裡開始主持打字花。父母過逝以後，我是家裡的老大，就接下這個打字花的工作。本人軍人退伍下來以後，斷斷續續，前後做了十四年。我沒有領終身俸。靠主持打字花的收入有限，這幾年打字花每場次平均有二十人參加，最多有四，五十人參加。……打字花是父母那個時代留下來的遊戲，從前在雲南邊界，沒有東西可玩，人家就會來玩打字花。在緬甸、泰國美斯樂等地，玩的號碼和臺灣的號碼不太相同。現在，我這裡只有星期六，星期天才玩。〔註44〕

忠貞新村於民國九十三年（2004）拆除後，還有少部分雲南人週末假日回來玩，延續了數年。最後終於不敵樂透彩，於 2008 年 5 月，劃下休止符，結束了這個在游擊隊第一代想像中的歡愉記憶。如今要玩花會（字花），到雲泰緬交界邊區鄉鎮或許還有，但在臺灣就變成一個記憶中的符號了。

參、花會賭博的人名及賭法

一、兩岸花會所流傳之人名

（一）大陸所流傳花會相對應之人名

花會賭博最初都是以三十六種花卉或姓名繪成單片，作為賭具，取其中一片密封懸於高處，懸於高處，賭者下注，得中者即可獲得三十倍賭注。〔註45〕這種賭博方式以後流傳至大陸各地，清末民初又流傳上海等地，日後雖有所改變，但總不脫於三十六人名，再題附身動物屬性和人間職務，名詞雖離奇怪誕，文字卻通俗易記，以方便中下階層人士及婦女參與。

花會賭博最早以古人圖像，其下右下角配綴一隻牌九挖花圖案，如天牌配徐元貴、地牌配陳吉品……等，參賭者則以認花牌圖案押注，故稱該賭為

〔註44〕葉子香，《文化的認同與變遷——以居住台灣的雲南族群為例》，頁 91～93。
〔註45〕沈寂、董長卿、甘振虎，《半下流社會檔案》，頁 132。

「花會賭博」。〔註46〕現以大陸北、中、南各一區為代表，分述如下：

1. 廣東地區字花人名

花會在廣東地區稱為字花，因賭客大多為文盲，且為招來中下層婦女參加，去除牌九挖花圖案，而改以各種動物，以方便記憶，且將三十六個古人名變化為三十七個：〔註47〕

> 觀音（鯉魚）、陳吉品（綿羊）、陳人生（白鵝）、張元吉（鹿）、張火官（雞）、李雲漢（牛）、鄭天龍（石）、周青雲（鶴）、羅只得（硪犬）、田福孫（花犬）、宋正順（豬）、王坤山（虎）、徐元貴（蝦）、林太平（龍）、陳攀桂（螺絲）、陳日山（鴨）、張三槐（白猴）、張萬金（蛇）、李日寶（龜）、鄭必得（鼠）、吳台魁（白鰲）、趙天甲（金貓）、雙合同（白鴿）、朱光明（馬）、劉井利（鱉）、林良玉（蝴蝶）、陳逢春（喜鵲）、陳安士（狐狸）、張九官（犬）、張合海（蝦蟆）、李明珠（蛤蜊）、蘇青元（鰲魚）、馬上招（飛燕）、方茂林（蜂犬）、龍江祠（蜈蚣）、黃志高（蚯蚓）、翁有利（象）

這三十七位古人，皆為杜撰，歷史上並無其人，以觀音做為會首，鎮守在那裡永遠不開，作為守廠，實開仍是三十六位。

2. 上海花會人名

花會賭博傳到上海後更加盛行起來，且為使更多人參與，將古人名及所代表動物做了更動與調整，先將其分為三十六門：

> 一正順，二銀玉，三月寶，四只得，五井利，六日山，七有利，八萬金，九茂林，十吉品，十一三槐，十二江河，十三青雲，十四元吉，十五攀桂，十六潼雲，十七法高，十八光明，十九光土，二十逢春，二十一福祿，二十二合同，二十三霄元，二十四坤山，二十五太平，二十六明珠，二十七元霄，二十八必得，二十九大申，三十合海，三十一合梅，三十二雲生，三十三富貴，三十四昌套，三十五九官，三十六天亮。〔註48〕

上海花會每門皆有一句偈語，其中開頭幾句為：「太平為皇帝為龍，坤山為宰相為虎，志高為宰相為黃狗，三槐為宰相為小猴，光明為宰相為白馬，正順

〔註46〕郭雙林、蕭梅花，《中華賭博史》，頁186。
〔註47〕郭雙林、蕭梅花，《中華賭博史》，頁186～187。
〔註48〕徐珂，《清稗類鈔》第十冊，頁4914。

為宰相為豬，逢春為狀元為孔雀，攀桂為狀元為田螺。」〔註49〕日後為拉攏信奉佛教的婦女也參加亦將有的動物改為「老僧」、「尼姑」和「小和尚」這三樣。〔註50〕

3. 東北花會及會局人名

由民國三年（1914）《吉林匯征》對花會所言：

> 其會分三十六門，每門具有姓名，亦有數目，系以職業，如林姓中有林太平者，皇帝也。陳姓中有陳品吉者，狀元也。如劉井力系漁夫，趙天申系樵童，蘇清云系婢女，周青元系寡婦之類。三十六人名別其行業與歷史，凡有六盜、六女、二童子各等之稱說，如婢女、寡婦，即六女中之二也。所著姓氏皆著望南中，關外殊少，推之百年前，則並無漢姓，莫審其原始何時。〔註51〕

東北所說會局，〔註52〕是三十七門，但各地區名稱、排列順序及各門的意義就有所不同。此外在滿洲國時期，日軍統治的某些地方為了騙取更多錢財和進行思想改造，還會在會局三十七門的基礎上增加天皇（即日本天皇）、地皇（即偽滿州國皇帝），人皇（即所謂大人物、大官僚、與吉品類似，夢見此兆可押吉品，也可押人皇）三門，把會局變成四十門。〔註53〕

為便於中低層階層及不識字者參與，民間也出現與花會相對應之歌謠，方便傳唱記誦，如「花會歌」之標歌，是於花會開標前，清理押單時所唱：

> 「艮玉」小姐看花燈，腦上梳起。「昆山」殺死「太平」頭，心中想起。砍柴郎子出「日山」，山上砍倒。「月寶」公公照太陽，照得太陽。」只得」殺豬上街上，「合同」造起。「元吉」瞎子叫可憐，叫得「天良」。「福星」收割亂忙忙，「英台」小姐。「逢春」打馬進考場，「九官」老爺。安士文子無思量，手牽「明珠」。釣魚郎子有「利豐」，手拿金鈎。井利剃頭要小心，腦上戴起。「元貴」家下萬貫錢，「正順」上街。
>
> 「清雲」發，手挽「雲生」笑連連。花會事，一手牽到馬「上招」。

〔註49〕蘇智良、陳麗菲，《近代上海黑社會研究》（臺北：南天書局有限公司，1996年），頁215。

〔註50〕郭雙林、蕭梅花，《中華賭博史》，頁187。

〔註51〕丁世良、趙放，《中國地方志民俗資料匯編·東北卷》，頁257。

〔註52〕會局稱呼：以黑龍江地區為主。

〔註53〕郭雙林、蕭梅花，《中華賭博史》，頁335。

「茂林」木，挑起家私轉「洪福」。「光明」少，日落西山「志高」昂。江湖酒，五湖四海「漢雲」長。來開眼，雙手端到「萬金」錢。來曬穀，「攀桂」樹下躲風涼。來開考，單點「吉平」狀元郎。深深拜，拜得「天中」福壽長。釣「合海」，釣到「工祠」一老龍。「占魁」帽，「青元」唱曲好聲音。遭到賊，「必得」殺牛不愛財。〔註54〕

　　從以上可以看出，各門人物與花會并沒有甚麼本質的區別，只是各地名稱上的不同，這也與傳統花會內人物的安插有異曲同工之妙。東北的會局加入了「三皇」，套用現在流行詞語可稱為「置入性行銷」，其背後目的是為了藉由中下層群眾的口耳相傳效應，要求日軍所統轄的東北地區人民的精神效忠。花會歌的出現亦是以歌謠形式方便民眾記憶與背誦，雖說賭博不好，但各職業皆須有所傳播，花會也是藉由相關模式，散佈於兩岸三地。

（二）臺灣所流傳的花會人名

1. 日本統治時期

《台灣慣習記事》中所記載之花會名有：

> 占魁、板柱、人生、逢春、志高、月寶、正順、漢雲、坤山、江祠、伏桑、光明、有利、只得、必得、茂林、青雲、天申、良玉、明珠、上招、合同、九官、太平、火官、三槐、合海、日山、天龍、井利、元貴、萬金、青元、元吉、吉品、安土、音會，共三十七種。〔註55〕

表1：日治時期之花會名單圖

金進春	四皇帝				觀音會
	朱光明	張三槐	龍江祠	林太平	
	白馬	猴子	龍船	金龍	

〔註54〕中國民間歌曲集成全國編輯委員會編，《中國民間歌曲集成‧江西卷（下）》（北京：中國 ISBN 中心出版，1996 年），頁 877。

〔註55〕台灣慣習研究會著，李榮南譯編，《台灣慣習記事》，中譯本第七卷（南投：台灣省文獻委員會，1993 年），頁 54～55。

一師姑	五虎將					四狀元			
陳安大	李漢雲	黃坤山	宋正順	李月寶	王志高	陳逢春	陳榮生	陳板柱	吳占魁
狐狸	水牛	白虎	豬精	兔精	獅精	孔雀	鵝精	田螺	蜈蚣

二道士		五乞食					四夫人			
周青雲	趙天甲	張萬金	蘇青元	陳吉品	張元吉	徐元貴	雙合同	林良玉	馬上招	李明珠
貓精	白鶴	蛇精	蜘蛛	羊精	鹿精	蝗精	白鵝	蝴蝶	燕子	鯉魚

七生理							四和尚			
羅只得	鄭必得	翁有利	張合海	張九官	田福孫	方茂林	鄭天龍	陳日山	劉井利	張火官
野貓	老鼠	象精	田雞	老鴉	白狗	黃蜂	黃蝦	雞精	牛魚	蛙精

資料來源：吳文星，〈日據初期臺灣的「大家樂」——花會〉，《歷史月刊》創刊號
（臺北：歷史月刊雜誌社，1988年2月初版），頁62。自行繪製

2. 1949年後流傳到臺灣花會人名

花會經流傳由緬甸至臺灣後，其中之動物及名稱略有更動，而變為：

林太平（大龍）、徐元貴（螃蟹）、龍江祠（飛龍）、趙天申（家貓）、陳安士（和尚）、張元吉（鹿）、翁有利（大象）、羅只得（野貓）、張三槐（猴子）、劉井利（金魚）、朱光明（馬）、陳逢春（孔雀）、李月寶（兔子）、李明珠（寶石）、陳日山（雞）、天良（鱔魚）、雙合同（白鴿）、馬上招（燕子）、陳榮生（鴨）、張萬金（蛇）、宋正順（豬）、張合海（青蛙）、方茂林（蜜蜂）、陳板桂（田螺）、蘇青元（蜘蛛）、李漢雲（牛）、吳吉魁（鯉魚）、黃志高（蚯蚓）、陳吉品（羊）、張加官（烏鴉）、周青雲（鷺鸞）、王坤山（虎）、田福孫（狗）、鄭必得（鼠）、張火官（龜）、林銀玉（蝴蝶）。〔註56〕

來臺後之花會，其中尚保有之前為吸引信佛人士所安插的和尚或比丘尼。因此綜上所述可以得知，花會人名稱謂乃是可隨人更改，方便人們記憶而取，其錯綜複雜皆為障眼法，只是使人陷入混亂，以使莊家得以謀取利益。

〔註56〕梁宏才口述，（屏東里港自宅，2002年12月15日）。

各地花會人名，會有差異，但總體來說，萬法不離其中，皆是由淺顯易懂，便於朗朗上口詞句所構成，以吸引大眾參與，遂成就賭場招睞客源之法門。

二、兩岸花會賭博的賭法

（一）大陸花會傳播較廣之賭法

1. 大陸各省之賭法如下

（1）福建花會的賭法

賭法為其資本約銀一千餘圓，尚有後備金數千圓，股東至多，凡十餘股，股亦不限額，惟以最多者為廠主。復聘花會中之老手及經驗最富者為之輔。而廠外則又有所設風桌十數張，資本多者亦數十百金。花會既掛筒，則押者雲湧，咸以草紙寫花會名於上，謂之寫波。名數多少均可，惟其中有頭札之分，式如下，○○一一圓，圈，為花會名，橫線上之數目為頭、橫線下之數目為札。然必寫二紙，以一紙進廠中，謂之進波，亦曰進風。餘一紙，則押者藏之於身，以待開筒時為中時支錢之券，則又名曰對波。而廠中司事於收波時，又必開一小條，上加圖記，以付押者，為將來對波之證。進波以畢，乃命一人開筒，於是勝者歡呼聲，負者嗟嘆聲，一時並作，俄而銀聲鏗鏗，履聲橐橐，不移時而鳥獸散矣。花會之筒既開，則負者去而勝者留。持廠中所給之小條，與自有之對波，以待廠主之賠償，顧其賠償亦分頭札，例如前式。〔註57〕

（2）上海花會賭博

據《半下流社會檔案》所言，花會賭博的賭法如下：

花會賭博的賭局的組織是極為嚴密的，約可分為「總筒」、「航船」。「總筒」掌握全局，收付賭金，制定當日開何門號、傳遞信息等，獨攬統一的賭局，絕不允許其他的賭局干擾·賭客的賭注一般不大，因為中下層階級占有很大的比例，但由於賭風極為廣泛深入，所以每日的賭資，確也可觀。

「航船」雖是基層門市部，根據賭客下注的多少，也有大小之分。「航船」將賭注集中後交予「聽筒」（「聽筒也有大小之分」），再由「聽筒」上交予「總筒」，根據全市交來的賭注和所押的門號，統計

〔註57〕徐珂，《清稗類鈔》第十冊，頁4913。

核算，按其中押最注最少的門號，作為「開筒」(即是押中的門號)，公布各地，消息之靈捷和普及，令人驚訝。賭客在「航船」中押下賭注，然後由「航船」中的人員在一張白紙上寫明了所押門號和賭注，一式兩份，押中後，即可兌取彩金。

花會以三十六門人物為代號，每次「開筒」，例有二門不開，作為「封包」，並掛牌示眾，所以實際只有三十四門號，押中一門，可得彩金三十倍。其中四門的賭注，即為「花會總筒」所掠取，何況在三十四門號中，僅將賭注最少的一門號提出而作為「開筒」，其中的厚利掠奪，可想而知了。更因賭客眾多，因此每日「開筒」一次，已不滿賭客的要求，有時還得增開一次，一般是「日筒」在每日中午「開筒」，增開的「夜筒」於黃昏「開筒」，賭客都須在開筒前一小時押注。〔註58〕

2. 浙江花會賭法

《大陳紀略》提出浙江地區的玩法：

> 日掛一筒，第一天忌插「黃坤山」，其餘三十三名任意藏插，第二天則將第一天所插之籤名掛筒示眾，筒以布製成袋，內密藏一籤，外掛先一日之籤名，懸於高處，以待各處賭者前往壓注，賭者就三十三名中取擇注壓，記明壓住名次及錢數於圖單上送交筒中理事人取具手續完畢，定時鳴炮放筒，中者以一賠三十。〔註59〕

3. 東北會局賭法

東北會局的活動方式與花會也不盡相同。由《中華賭博史》所說：〔註60〕

> 區別之一：是所開次數不同，花會每天至少開二次，多則三次，每次開出二門，而會局每天只開一次，每次只開一門，縮小了中彩的機率。

> 區別之二：是開會的方式不同，會局不設彩筒，而是從三十七門或四十門中議定一門或三門（最多不能超過三門），最後由喊會之人喊會。如議定為一門，則喊會之人只能喊這一門，喊出後撕封蓋章，即算生效；若議定二門或三門，喊會之人喊出第一門若發現押會者

〔註58〕沈寂、董長卿、甘振虎，《半下流社會檔案》，頁134。
〔註59〕孫靜江編，《大陳紀略》，頁67。
〔註60〕郭雙林、蕭梅花，《中華賭博史》，頁336。

多數面帶笑容（這說明押淮者較多），開封後便不蓋章，此門稱為幫簽，押中幫簽者不算贏。然後由喊會之人再喊第二門，如果喊出後發現悲觀喪氣者多（說明多數沒有簽中），開封後即蓋章生效。如果喊出第二門後發現押會者仍多數面帶笑容，甚至比第一門還多，此門仍可作為幫簽，再喊出第三門。因此，較之花會，會局更無章法，局東上下其手的機會更多。

其三：中彩的方法不完全相同，局東所開會局若是三十七門，押中者三十賠一，開的是四十門，押中者仍是三十賠一，但若押中天皇、地皇、人皇中任意一門，則六十賠一，以顯示這三門與眾不同。

各花會都有自己的「會名」本，凡押中者都以該會名本為準。寫錯、多寫或少寫均屬作廢，尤其是中彩的封子，要求更嚴。東北會局與花會的最大區別即是又再增一名，花會本來就帶有很濃的迷信色彩，但三十六門花神畢竟還比較單一，可藉由提示而押注，但東北會局的三十七門花神，幾乎包括了世間萬物，因此也就更無規律可循，但賭客又不願意任意下注，所以便想方設法找各項預兆（兆頭），自己欺騙自己，以此下注，在東北此項活動被稱為「討會」。

圖1：「打花會」〔註61〕

資料來源：汪仲賢著、許曉霞繪圖，《上海俗語圖說》（《民國史料筆記叢刊》，上海：上海書局出版社，1999 年 6 月），頁 198。

〔註61〕打花會圖：架子上的東西稱「吊筒」（藏著應開花會之名）。桌上方格稱「封包」（賭客將要打的花名及賭金封在此包中）

（二）臺灣地區的賭法

1. 日本統治時期

《台灣慣習記事》中，花會的賭具、賭法流程有非常詳盡敘述：

> 「器具」：使用記有一定文字之字片，又有時亦使用木牌。「方法」：
> 花會在本省各地不大公開，其規模極大，要開張時，由「會頭」（土
> 名稱頭家或花會頭「指老板為資本之主人」），「運送人」（分配賭牌
> 人或手下）（運送人士名又稱「提封仔」集封紙仔）及「花客」三者
> 所成立。開花會時，預先規定開會之場所及時間，將記有代號名稱
> 文字的紙片交「提封仔」即「運送人」分配與「花客」。
>
> 收到此種配達牌子之人，依自己之推斷，選定其中一句，寫在紙上，
> 添附賭金，在「提封仔」收集其牌與賭金時，交給他，如斯順次巡
> 迴向花客收集之牌子，持往開會場所交給會頭，會頭在當日預先設
> 定中籤之文字，從「提封仔」收上來之紙片上，押捺中籤之文字，
> 例如占魁時即押捺該二字，待集合花客後，順序開封，與中籤文字
> 相符者為當日之贏家，諸如此類，延及數日，可重複多次，而且分
> 發金錢與贏家，猜對文字時，例如賭金一元，則由「頭家」給予三
> 十圓，（包含自己的賭金），而「提封仔」即「運送人」可從頭家獲
> 得花客賭金之一成，如果配達牌之花客中，有人中籤時，可再從中
> 籤人獲得五分，所以「提封仔」配達賭牌之多少，關係本身收益之
> 多寡，又配達之多少又關係頭家利益之消長甚大，所以「提封仔」
> 在花會中扮演頗為重要之角色，尚且在「花會」中，除「提封仔」
> 外，尚有擔任開封、記帳、計算及捺印等人，各分司其職，又現金
> 出納之作業，大部分已離開會場不遠之地方充之。……此種賭博不
> 分季節在各地之賭徒社會或財產家等處舉行，又常流行於農閒季
> 節，或製茶時期等工人聚集之場所。〔註62〕

《日日新報》中則看到整個花會簡易流程及群眾心態，「近日大嵙崁（大
溪）街有某者，欲在某家重整花會，是日提封之人，漏處默涌，挨戶收票。東
挪西貸，以一本萬利。」〔註63〕亦提出花會開場次數「其開花會者，每日三度

〔註62〕台灣慣習研究會著，李榮南譯編，《台灣慣習記事》中譯本第七卷，頁 54～
55。

〔註63〕〈花會謀設〉，《漢文台灣日日新報》，1905 年 10 月 12 日。

至夜間六場齊開。敗者怒罵，勝者歡呼，聲喧里巷」。〔註64〕

另據吳文星之研究，臺灣的花會，在日本統治時期，賭博有兩種方式：

> 一、開會之前，會頭將繪有花名所射動物之畫軸懸於閣中，屆時
> 花客蝟集，各猜一花名，並下賭注。每日定時開會，將畫軸拉開，
> 猜中者，會頭即按其賭注給三十倍之彩金。……二、除會頭花客
> 之外另有分發賭牌的運送人（一名提封仔），預先決定花會的開會
> 場所及時間，提封仔將寫有花名的紙片或木牌分給花客，花客接
> 到該賭牌時，依自己判斷，選定其中一花名，寫在紙上並加封，
> 連同賭注交給提封仔；提封仔將收自花客的封紙帶至開會場所，
> 交給會頭；開會之日會頭預先決定中彩花名，而在賭牌的該花名
> 上蓋章；待花客到齊後，順次開封，猜中者頭家給予賭注三十倍
> 之彩金，並發賭注一成之佣金給提封仔；中彩之花客則須將彩金
> 的百分之五分給提封仔。除提封仔之外，花會中尚有擔任開封、
> 記帳、計算、蓋章等之人，現金的支付大多在與會場稍有間隔之
> 處所。〔註65〕

2. 1949 年後來臺時期

在研究田野調查中，忠貞新村的花會，是在滇緬邊區廣為流傳的，在滇緬邊區時花會的賭博方式為「在賭場中央豎立一根高高的木柱，在柱頂上掛著一個布片包封的布袋，布袋裡放著一個字花謎底，一天開彩五次，從上午九時起，掛在樹頂上的布袋，任何人都可以去賭，開彩時間在中午十二時，開彩後接著柱頂又升起新的布袋，到下午三時又舉行一次開彩，這樣一直舉行到午夜十二時為止。在一天內，任何人都有猜賭五次的機會，在每次開彩之前，賭場主在一塊大黑板上書寫著掛在柱頂布袋內的字花謎語，猜者可根據字花謎語猜賭，所謂「三十六宮字花會」，其中有三十五個是動物圖樣，一個是無生命的圖樣，以及一個修女圖在內。〔註66〕

滇緬邊區游擊隊，於 1954 在桃園龍岡的忠貞新村落腳，花會賭博也一併流入，參與此一休閒的人，以老年人居多，被視為一種滇緬邊區的文化消遣娛樂，此博奕文化也隨第一批游擊隊員的不在，消逝在世人記憶之中。現藉由

〔註64〕〈賭風昌熾〉，《漢文台灣日日新報》，1908 年 07 月 28 日。
〔註65〕吳文星，〈日據初期臺灣的「大家樂」──花會〉，《歷史月刊》創刊號，頁 63。
〔註66〕盧偉林，《佛國緬甸》，頁 77～78。

花會場主所提供的口述訪談來還原，花會來臺後之玩法。

張老旺（忠貞新村原住戶，現「國旗屋」米干店老闆）對於花會賭博的玩法的說明：

> 每天有兩場「花會」，上午一場，下午一場。以前，忠貞新村還沒有拆的時候，村子裡有兩、三個場子，大家在競爭的同時也會有默契，把開牌的時間錯開。譬如：我十點開，你就十一點開，他可能就九點開。下午那場也一樣。早上九點鐘，我就先把今天早上的牌抽出來，放進這個盒子裡，鎖好，掛上去。把謎題寫在黑板上，大家可以參考我所寫的打油詩或詞，來猜謎底。有些人可能昨天晚上做了一個夢，或遇見一個事情，她不識字，就來告訴我們助理小姐，請她幫忙「解夢」。〔註 67〕

現今臺灣在忠貞新村的花會〔註 68〕玩法將很多手續簡化，將花牌置於鐵盒中也不用吊起，放於桌上，任憑個人下注，一日二次或三次，一人負責開鐵盒，將花牌給眾人觀看，以示公正，另一人發放彩金給得彩之人。但賠率則減為一賠二十七倍，賭注皆不大，所有航船、聽筒、跑封皆取消，只剩下一人綜管全務，方便且迅速。投注之人，往往只憑喜好或夢見的事物加以猜測會開何物，而不去想所出對句。對句全憑做莊之人出題，例如：「一身都是膽，遇事跑最先。」所猜的即是三槐（猴子），且所打動物可以相互替換，如太平（大龍）跟元貴（螃蟹）是一組，合同（鴿子）跟上招（燕子）是一組，依次類推共可粗略分為十八組，這是莊家所想出替換的動物且變化頗多令人猜測不易，更增加趣味性及刺激感。〔註 69〕莊家也為防輸錢，而使自己血本無歸，而有「打爛」一詞出現，即是全部總收支假設五萬元，而莊家賠的超過五萬元，都以五萬元計，稱之為打爛。現今臺灣花會是老一輩人連絡感情的地方，藉由固定的集會場所，老人家聚在一起，賭注皆不大，由十元到一百元皆可下注，但卻可以消磨一個上午，使老人家在無聊之時，有一可以打發時間及找到交談的對象，這曾是以北部為主體的法玩。南部則是過年時節為慶祝而進行花會之博奕，藉以連絡感情之用，但皆不復存在。

〔註 67〕葉子香，《文化的認同與變遷──以居住台灣的雲南族群為例》，頁 91～92。
〔註 68〕此處指的是 1953、1961 年，滇緬邊區游擊隊撤退回臺帶至臺灣的花會，並非日治時期的花會。
〔註 69〕梁宏才口述，（屏東里港自宅，2002 年 12 月 15 日）。

圖2：忠貞新村花會博奕器具及說明（筆者自行拍攝）

由左至右，花會謎題、第一場謎底、
第二場謎底（鐵盒內會有謎底花牌）

三十六門狀元圖全冊（代表李雲漢
「牛」）

開牌後之謎底公告，供人參閱

開鐵盒後，盒內謎底花牌

圖3：南、北花會圖（筆者自行拍攝）

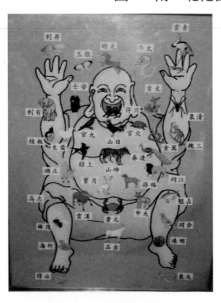

北部：忠貞新村花會圖

南部：信國新村花會圖（梁宏才提供）

肆、花會的騙術及影響

一、花會賭博的基本騙術

1. 賭博技法的騙術

徐珂，《清稗類鈔》中提及，福建花會中的賭技騙術：

> 有曰啄雁法者，極靈敏，非花會中之老手不能，蓋用此法者為廠中司事。當收波時，人眾紛擾，一手接波，一手付小條，而口中尚報某某及某某名頭數幾何，札數幾何，狀至寧靜，一絲不遺也。又有稱雁法者，為預備撿選翌日之花會計，恆於夜中為之。〔註70〕

所謂「十賭九騙」、「無假不成賭」，花會集團由護筒、開筒、核算、寫算、收洋、巡風、更夫、稽查等人員組成。一般少則有三五十人，多則百人以上。〔註71〕

民國初年的王鈍根，在其所著《百弊放言》中，對整個花會賭博詐賭騙術及誘人入殼的技法有非常詳細的介紹：

> 「大筒」，為花會總會之地，但組織非常周密，……其開筒方法是：在三十六門中，選擇一門，書寫在紙板上，再用紅綠絲線綁緊，用繩子懸掛在房樑上面。等到開筒之口，押注的客人齊集房內，然後將其徐徐放下，拆開包線視之，便可知中與不中了。……該紙板非常厚，事先早已製成夾層，並設有機關樞紐，可以自由旋轉。開包之人預先已經知道某門押注多，某門押注少，在開啟之時，便可玩弄手法，避重就輕，這種方法就叫做「放空門」。花會之門本來就多，再放空門，試問獲利者還能有幾人？
>
> 「聽筒」，是專聽大筒所開為何門，然後可知自己的勝負，大筒有一處，聽筒卻可以多至數十處。為聽筒者，或買通大筒，則可避重就輕，或平均留壓，坐穩取於利的打算。甚麼是平均留押呢？例如押者隨意押人（花會名），門門皆有，而他卻於三十四門中每門留取一元。待開出時，他只賠二十八元，於下的六元便是其所得之利益。至於其他的錢，則全部交給大筒，任其去做輸贏。
>
> 「航船」，指那些在花會中專管收送的人，其中還有男、女航船之別。

〔註70〕徐珂，《清稗類鈔》第十冊，頁4913。
〔註71〕蘇智良、陳麗菲，《近代上海黑社會研究》，頁217。

「男航船」，專門出入貧家小戶及商店等；而富家巨室中的婦女，則由「女航船」對其進行引誘。押注人將錢款交給「航船」，若押不中，「航船」紙漿其押費的百分之九十八入筒，餘錢可歸己所有。若押中了，「航船」還會向其索要賞金。由於「航船」僅憑跑腿，就能確保只賺不賠，已至靠此糊口者越來越多，他們往往說得天花亂墜，已引誘更多人入套。〔註72〕

《民國黑社會》一書中也提及賭場如何「賴賭」技法：

開筒時，因有打手圍著，同時又燃放大串爆竹，故花會廠主做什麼，是無人可知的。若是投入筒中及夾在門上的門色投買者都很多，花會負擔不起，便暗中指使一些人假裝劫賭場，將彩筒搶走。花會廠主向投買者虛報被匪徒搶劫，乘機將投買者的賭本吞沒。有時為維護信譽，亦將賭本發還給投買者。〔註73〕

2. 宗教詐財的騙術

戈春源，《賭博史》，對花會賭博中以宗教迷信魅惑群眾有深刻描述：

花會廠主生意清淡時，便求助於鬼神。當時有些寺廟為配合社會上的花會賭博，特設字花筒，以備人們前來向菩薩求字。求字就像求籤一樣，將字花筒搖一陣，就有字掉下。如求得逢春，就買逢春為狀元為孔雀這門色。花會老板買通廟中主管字花筒的僧人，通過僧人之口廣為宣傳，某人（也是被花會老板收買的人）到菩薩前求得某字，于某日中彩。「其實根本就沒有這回事，但出自僧人之口，是不會有人懷疑的」，同時指使中彩的某人裝做好像中彩特意製作「橫財就手」或「佑我生財」之類的紅地金字匾額，敲鑼打鼓抬到廟裡去，說是還神，意即感謝菩薩庇祐他中彩。為了加強宣傳效果，花會老板還會指派一名航船出來做偽證，說是某人中彩，是他經手的。因僧人、航船、中彩的某人都說的繪聲繪影，故人們深信不疑，花會生意隨即興隆起來。〔註74〕

《近代上海黑社會研究》亦提出花會賭博宗教斂財方式：

〔註72〕王頓根，《百弊放言》（北京：大眾文藝出版社，2003 年），頁 398～399。
〔註73〕吳雨、梁立成、王道智，《民國黑社會》（江蘇：江蘇古籍出版社，1996 年1），頁 98。
〔註74〕戈春源，《賭博史》，頁 166。

上海孫怡生的花會集團，為勾引家庭婦女參賭，孫怡生玩弄「放子」（散佈假消息，誘人上當著）把戲。個別打花會的婦女為翻本，常去寺廟求佛保祐，虹口地區的下海廟、定海廟、清虛觀和劉家觀音堂等香火旺盛，那些看香火的廟祝們為吸引婦女，專備一隻三十六根竹籤花會人名的籤筒。孫怡生即遣親信門徒和女流氓化裝成各種人物，前去「放子」，他們混入廟堂，對那些輸得昏頭轉向的婦女假獻殷勤，代他們看竹籤，然後稱菩薩指點，今日如打王坤山必中，但要守口如瓶，否則就會失靈。求籤婦女晚上去打王坤山，果然 5 個角子就贏來 140 隻銀角子，於是同屋鄰里的婦女得悉後紛紛傳開，皆至廟裡求籤。孫怡生經過反覆幾次操弄，使得花會賭博如同狂風燒林，迅速蔓延整個虹口地區以及閘北等地。〔註 75〕

所謂十賭九騙，兩岸花會皆以宗教詐騙模式吸引中下層人民及婦女加入，雖有頭腦稍為清醒之人懷疑玩法不公，但因利益薰心下，人心皆有一夜致富的嚮往，賭場方再給予甜言蜜語及薄利誘騙之下，鼓勵賭客此次不成則期待下次翻本，並藉各種在開賭時的移花接木手法，讓賭場方獲得最大利益。如此周而復始，沉浸於賭博之中，搞得身敗名裂，傾家蕩產，最後才知深陷騙術而無法自拔，後悔莫及。

二、受花會賭博影響的兩岸

（一）大陸地區受花會賭博的影響

花會賭博中，一般民眾只能靠碰運氣，以祈求得「彩頭」，但是由數理推論是不可能，只好求助於鬼神之力，因此有人「扶乩」、「請神」，但押賭之人總是落空，自己受騙，卻怪鬼神不靈或是自嘆誠心不足，實乃愚昧至極。而為何會如此，正因為花會賭博藉由人們貪小便宜的心理，而使人身陷其中而不自之。道光二十六年（1846 年），周壽昌所述花會賭博「列廠投票，官役曰權稅焉，時自旦及昏，人自士庶，男女老幼，無弗博者。」另有道光二十八年（1848 年）桂超萬任官福建汀漳龍道所言「竟有花會分大小場，早晚兩開，……以致男女若狂，混雜無恥，輸盡途窮，流人匪類，大為地方之害。」清人劉體智，《異辭錄》中對此現象也是痛心疾首：

徽人嗜利，自士大夫至鄉民，靡不染其習。婦女在深閨，憑走水代射，

〔註 75〕蘇智良、陳麗菲，《近代上海黑社會研究》，頁 217～218。

獲暮夜乞靈於淫昏之鬼。富者喪貲於無形，婦女迷惘失志，憤而戕生

者，比比皆是。親戚朋友互相排斥，怨深水火，風俗大壞。〔註76〕

上海花會印有《致富全書》，〔註77〕有教人打花會的門檻，并附有「詳指

字」（各種配對關係），真令人啼笑皆非。花會之賭遺害甚大，除迷信求神問

卜之外，尚有希望神靈托夢給人，前一晚之夢，即附會在三十六個古人或動

物相合者，加以投注，沒夢時即到處求神拜佛，更有甚者向荒郊野嶺的石翁

仲、石獸、石馬去頂禮膜拜，甚至露宿荒墳，或將骷髏放在枕邊共眠，目的是

為得到夢中神示。〔註78〕

《廈門志》中提到花會賭博對福建的危害：

賭不一色，廈門三尺孩提即解賭；為花會遺毒更深。人力其償數十

倍，雖深閨婦女，亦有圓夢、扶鸞、託人寄壓者。燈光咒聲，終夜

喃喃。其流弊不可勝言。閩中甚盛，廈門亦間有之。以時禁革，不

宜懈。〔註79〕

《金門志》亦提到相同說法，「賭不一色，花會危害更深。雖閨中婦女，

包封寄壓、買卜圓夢、扶乩問神，達旦不寐；流弊不可勝言。邇來開場壓寶，

刁風日熾。」〔註80〕

河北灤縣在 1930 年代流行花會賭博，「染者傾家蕩產，頹志失節，無所

不至。」而有俗諺「高會（俗謂押花會曰高會）好，高會好，先當褲子後當

襖。」〔註81〕因此《灤縣志》作者把花會與嗎啡、海洛因一樣，作為毒害社

會的三大毒源。〔註82〕

潮州地區有首諷刺打花會的詞句也揭露說：

做賭博也，潮俗賭風，莫盛於花會。屬禁雖嚴，旋革旋復，蓋誘之

厚利，趨之者多。往往敗家喪身，曾莫之悔，是宜做也。詩曰：

〔註76〕劉體智，《異辭錄》，頁 13～14。

〔註77〕施福康主編，《上海社會大觀》（上海：上海書店出版社，2000 年 1 月 1 版），
頁 215。

〔註78〕郭雙林、蕭梅花，《中華賭博史》，頁 189。

〔註79〕周凱，《廈門志（第五冊）》，台灣銀行經濟研究室編，《台灣文獻叢刊》第九
五種，（臺北：台灣銀行，1961 年 1 月出版），頁 653。

〔註80〕林焜，《金門志（第三冊）》，台灣銀行經濟研究室編，《台灣文獻叢刊》第八
〇種，（臺北：台灣銀行，1960 年 10 月出版），頁 397。

〔註81〕丁世良、趙放，《中國地方志民俗資料匯編‧華北卷》，頁 275。

〔註82〕丁世良、趙放，《中國地方志民俗資料匯編‧華北卷》，頁 272。

打花會，花門三十六，三日又翻覆。空花待從何處捉。一錢之利十
倍三，好巧設餌愚夫貪。一人偶得眾人慕，坑盡長平那復悟！夜乞
夢、朝求神，神肯佑汝、夢若告汝，不知廠中幾死多少人。初一起、
三十止，送汝棺材一張紙。（打花會者，寫批設廠，併按月存記廠中
有開名目，故諺有紙棺材之語，為好之者必自斃也。）〔註83〕

《清稗類鈔》提到浙江義烏的「點花會」，其做法可為迷信典範：「浙江義
烏押花會者，必覓一死屍之頭以蒸之，為之曰點花會，為可百發百中也」。〔註
84〕更有慘絕人寰之情事發生，上海市某賭徒聽說與屍首同臥一榻，屍首定會托
夢於已，能知第二天開彩為哪一門，竟狠心殺了自己兒子，而祈夢求財。〔註85〕
兩者皆為花會賭博喪心病狂，可見對當時普羅大眾人心影響層面有多廣泛。

《大陳紀略》對此也提出警訊：「此種賭博者婦女為多，當飾質衣，買卜
圓夢，扶乩問神，無所不為，沉迷沉疾，貽害匪淺，抗戰勝利，稍斂之，反共
時期，當局嚴禁賭博，此種大規模之賭博始絕跡。」〔註86〕

迷信就在於不確定感下尋求慰藉，賭博更是其中需要神佛保佑，在求神
問卜下非屢求屢中，十之八九是希望落空，當有氣無處發洩時，泥塑之神明
則成為待罪羔羊而遭殃，《清稗類鈔》中之「花會供偶像」有提到此情景：

閩人之赴花會者，必供一偶像於家，勝則享酒醴牲牢之奉，若敗，
則潑以便溺，盛且痛詈而斷削之，或抉目、或削鼻、或截腰、或斫
手足，棄之於圊（廁所），蓋憤其無靈而虛享血食也。其他迷信者，
乃復從圊中出之，洗滌而送諸土地祠，旁列於神案之旁。〔註87〕

崇拜偶像迷信以換取利益，如不順心動輒毀損，大家樂在 1980 年代，臺灣盛
行時亦是如此，〔註88〕可見如對賭沉迷下，人心不因時空背景不同而更有道
德，皆是以自身利益為考量，賭之危害與影響可見一般

（二）臺灣地區受花會賭博的影響

《臺灣私法債權篇》中，清代鳳山縣禁賭碑文，有明確記載且告示群眾
花會的影響危害：

〔註83〕胡樸安編《中華全國風俗志》（臺北：啟新書局，1968 年 1 月初版），頁 44。
〔註84〕徐珂，《清稗類鈔》，頁 4676。
〔註85〕郭雙林、蕭梅花，《中華賭博史》，頁 189。
〔註86〕孫靜江編，《大陳紀略》，頁 67。
〔註87〕徐珂，《清稗類鈔》，頁 4675～4676。
〔註88〕吳文星，〈日據初期臺灣的「大家樂」──花會〉，《歷史月刊》創刊號，頁 62。

照得閩省賭博之風甲於他省，有花會……，名目繁多。花會則在僻
靜山鄉，……誘人猜壓，無知者墜其術中，迷不知返。因窮極無聊
而賣妻鬻子者有之；輸極相爭而受傷釀命者有之。又有被索賭欠，
受人凌辱，情急輕生者；家產蕩然，無計謀生，流而為匪者。且賭
場為盜賊藏身之所，混跡之區，地方因之多事，比戶為之不安。實
為閭閻之巨害，除隨時密飭拏外，合亟出示嚴禁。〔註89〕

《日日新報》中，讀者投書，〈臺灣習俗美醜十則下〉中第九項賭博：「在
舊政府時代，最為盛況，今雖禁令森嚴，而花會之風，時有所聞。薰心利慾，
爭鬥作非，小則損耗人才，大則釀成盜匪，其為風俗之害，胥由於此。」〔註90〕

明治三十三年（1900）臺灣曾有男女居民沉迷花會之報導，略謂有某花
客至近郊莊厝塚求夢，果得女鬼指點而屢獲中彩大勝；其後，聞風而來求夢
的男女，每夜均多達二、三百人，使該墳場竟成一熱鬧之地。況每夜焚化金
紙，好似迎神賽佛。〔註91〕《日日新報》也證實此說法：「細思花會為賭博之
最屬者，染之則傷風敗俗，祈神禱鬼，賣衣喪節，甚至臥墳睡塚，單身露宿，
冀靈鬼之一示。」〔註92〕

在《台灣慣習記事》中也對此賭博提出日人之看法，「台灣賭博，在舊政
府時代」最為盛況，今雖禁令森嚴，而花會之風，時有所聞，薰心利慾，爭鬥
作非，小則損耗人財，大則釀成匪盜，其為風俗之害，胥由於此。」〔註93〕

明治時期，花會屬於查禁又復盛狀態，在 1907 年 7 月的《日日新報》，
對於新竹花會的影響描述：

新竹花會之風，染入個人腦膜，成為可少歇不可禁絕之習。……近
日來，復聞該花會，賭勢猖獗，不只一、二場之設。而使癡男呆女，
日勞勞於形神，或向神廟而叩禱，或入荒祠而祈夢，荒工費業，而
就財神爺也轉，因而逃避，不為爾致富興家。蓋此貽害個人不淺也，
因心有世道者，諒必有法以除之焉。〔註94〕

〔註89〕臺灣銀行經濟研究室編，《臺灣私法債權篇》，臺灣銀行經濟研究室編，《臺灣
　　　　文獻叢刊》，第 79 種（南投：臺灣省文獻委員會，1994 年）頁 233。
〔註90〕〈臺灣習俗美醜十則下〉，《漢文台灣日日新報》，1905 年 7 月 13 日。
〔註91〕吳文星，〈日據初期臺灣的「大家樂」──花會〉，頁 64。
〔註92〕〈花會謀設〉，《漢文台灣日日新報》，1905 年 10 月 12 日。
〔註93〕台灣慣習研究會著，李榮南譯編，《台灣慣習記事》，中譯本第六卷上（南投：
　　　　台灣省文獻委員會，1992 年），頁 82。
〔註94〕〈花會又盛〉，《漢文台灣日日新報》，1907 年 8 月 1 日。

《台灣新報》又指出「一入局中如沉迷海中不知其止也。……失意者傷心淪魄，如醉如痴，此局不勝，以待來者，無論男女，露行神祠，以致男不記耕，女則忘織，大之敗家敗產，輕見短生，甚之鬻子於人，縱女賣娼，弱者忍饑吞餓，強者流入為盜，而復不知止者。」〔註95〕

在 1949 年後，滇緬邊區游擊隊在緬甸時期，可由盧偉林，《佛國緬甸》所提得知，買字花的人，非常注意他做夢和發現預兆，他們注意新奇的物兆很有趣；例如：在偏僻的地方遇見一隻蝴蝶，那麼他便買有關烏龜或蝴蝶的字花牌，因為蝴蝶的代表是烏龜，在三十六個動物中，都有各自的代表物。〔註96〕到了臺灣後也是一樣，由訪談忠貞新村花會助理所得知，花會不只是博奕遊戲的賺錢場所，也是聯絡鄉誼與交流情感之場域：

> 如果妳說妳夢到火車，就會解成天龍。卡車就是大象；腳踏車是蜘蛛。包牌的時候要注意，包大象就不能包蜘蛛。為什麼呢？剛好一左一右，就是手銬。明珠和河海是對沖，因為號碼剛好在圖上的左腳和右腳，表示鎖鏈。如果妳下單子下在這個號碼上，等於把自己困住，妳怎麼能贏？這些都要幫客人注意。〔註97〕

綜上所述，可見花會賭博對當時社會影響之深遠，兩岸皆為求「一本萬利」，以搏翻身機會，且常想不勞而獲，竟有癡迷於「花會賭博」，泯滅人性做為出現，令人髮指。花會賭博毫無機率判斷可言，如有謎題與謎底相不同，全憑賭場方自行曲解，賭客只能認賠。最終招致傾家蕩產、身敗名裂之命運，花會賭博之影響與危害，不可不使人有所警惕。

伍、取締花會的罰則與成效

一、兩岸取締花會的罰則

花會賭博影響範圍之大，如有設賭場之地方，一旦開彩時間，方圓幾十里，不論男女老幼，百分之七八十皆參加，因此又有「抄家賭」、「家常賭」之稱號。〔註98〕相關處罰及成效以史料中蔓延較廣之福建、廣東二省及東北

〔註95〕吳文星，〈日據初期臺灣的「大家樂」——花會〉，頁 63。
〔註96〕盧偉林，《佛國緬甸》，頁 78。
〔註97〕葉子香，《文化的認同與變遷——以居住台灣的雲南族群為例》，頁 92～93。
〔註98〕戈春源，《賭博史》，頁 44。

為代表，〔註99〕對比臺灣來看兩岸之異同處。

（一）大陸地區花會的相關罰則

由三處流弊最大且清廷亦嚴加申斥的省份做初步介紹：

1. 福建嚴禁花會罰則

清代有鑑於此弊病，於乾隆四十四年（1780）四月內刑部議覆原任福建巡撫黃檢條奏定：

> 閩省拏獲花會案犯，訊明起意為首者，照造賣賭具例，發邊遠充軍。其夥同開設輾轉糾人之犯，照販賣賭具為首例。杖一百，流二千里。其在場幫收錢文等犯，均照例為從例，杖一百，徒三年，仍各盡賭博本法，於開設花會處，先行枷號兩個月，滿日定地發配。其被誘入會之人，俱枷號三個月，杖一百。地保、泛兵，若有庇賄情事，即照為首本犯一體問擬，如贓重於本罪者，仍計贓從重論。其知情容隱者，雖無受賄情事，亦科以為從之罪，杖一百，徒三年。若甫經開設，實係失查察者，比照賣牌骰之保甲知而不首例，杖一百，革役；失察之文武各官，俱照失察賭具例，交部議處。如匪徒另立名色，誘賭聚眾數在三十人以上，與花會名異而實同者，均照此例辦理。〔註100〕

此為與花會賭博相關文獻查詢中，目前最早有對花會賭博處罰的條例及專設禁令。由何漢威對此法條分析，可看出因乾隆年間花會日益猖獗，因而引起清廷重視，並將經營花會與誘眾聚賭列為賭博首要刑罰處理，其罪罰非常之重。清政府將花會列於賭害之最。〔註101〕

2. 廣東嚴禁花會罰則

同治十一年（1872）刑部奏准禁賭條例中得知，對於花會賭博之懲罰不可謂不重：

> 嗣後廣東省匪徒開設花會、白鴿票廠案、內夥開糾人之犯，但經出有資本合夥開設者，應一律照首犯均發邊遠充軍，其往城鄉分收字標，

〔註99〕清國賭博之風，廣東為最，福建次之。〈廈門通信／議員禁賭〉，《漢文台灣日日新報》，1910 年 2 月 13 日。

〔註100〕清・薛允升，《讀律存疑》，頁 1103～1104。

〔註101〕何漢威，〈清末廣東的賭博與賭稅〉，《歷史語言研究所集刊》，第 66 本第 2 分，頁 498。

例應滿徒。此等收標之人，每多開有居舖，陽為貿易，陰收字標，應將收標之店舖查封入官。至地保、泛兵起意糾夥誘賭，即屬知法犯法，自應於首犯罪上加等定擬，若並未自行糾夥，僅止得賄包庇，自應照閩省之例，與首犯一體問擬，計贓重於本罪者，仍從重論。此等開設花會賭匪，有供親老丁單者，如係聚眾誘惑多人，不准聲請留養。……諭旨嚴行禁革，餘如花會一項則編造花名三十六箇，每日只開一名，聽人猜買。……又有鬥鵪鶉鬥蟋蟀二項。在於荒邨僻野，搭蓋棚寮，聚眾互角勝負，剝削民財，貽害地方，實與花會、白鴿標各項無異。嗣後廣東省開設圍姓、花會……八項賭博，起意為首之犯，俱實發雲貴極邊煙瘴充軍，仍照名例以足四千里為限。合夥出本之犯，發邊遠充軍。幫同收標收錢等犯，擬以杖一百、徒三年。如日後另有巧立名目賭博名色者，首從各犯，亦照此例科斷，仍各盡賭博本法，先再犯事地方枷號兩箇月，滿日發配此等徒犯，仿照搶竊計贓計次擬徒之例，毋庸解配，於開賭處所鎖帶鐵桿石墩五年限滿開釋。〔註102〕

3. 東北花會之罰則

覺羅夥開花會折圈不准援免……跑封糾人壓會屬實，將該覺羅照販賣賭具為首例，杖一百流二千里，仍盡賭博本法，枷號兩箇月，所犯流罪應折圈禁板責事犯在。……有關將覺羅豹三及雅爾哈照例，實與圈責不准援免，以為不安本分者戒。〔註103〕

當會局以影響東北地區且有清宗室子弟參與，可看出清政府對此事之關注，道光年間之案例，竟是不准宗室援引對自身有利的法律條款，判處與一般百姓相同罰則，以達嚇阻之效。

禁賭條例中，屢屢提及花會，且懲處竟為其他它賭禁令比照辦理，可見花會賭博之危害，已使清廷開始有所警惕，並擴大打擊層面有收遏阻之效。對民間而言一般賭博是怡情，但因花會參加者眾且聲勢浩大，且往往亦造成群眾成群結黨的揪鬥糾紛，清廷為此動用各項嚴厲罰則，由發配充軍到現場鎖拿拘禁，可見花會賭博危害之嚴重。

〔註102〕清·〈歷年事例〉，《欽定大清會典事例》，卷827，（清德宗光緒25年官刊頒行本），頁13～14。

〔註103〕薛允升鑑定，吳潮、何錫嚴彙纂《刑案匯覽續編》（臺北：成文出版社，1970年）頁4509～4511。

民國二十五年（1936）由廣東省主席黃慕松所頒布的《廣東省禁賭暫行條例》是一項單行法令，其中規定：

> 此次禁賭包括番攤、山票、舖票〔註104〕、八十字義會（即白鴿票）、花會、麻雀牌及其他一切雜賭。凡賭博財物者，處二年以下有期徒刑，或一千元以下罰金；以賭博為常業者，處三年以下有期徒刑，得并科三千元以上罰金；以屋宇租賃與人開設賭業者，處四千元以下罰金，并沒收其屋宇；為買賣山舖票、彩票或類似之媒介者，處二年以下徒刑或二千元以下罰金；製造、販賣、收藏賭具者（包括麻雀牌、啤牌、骰子、紙牌、骨牌、狀元籌、三軍、輪盤、寶子、升官圖、山舖票、八十字義會、花會等印刷物，及其他經禁賭機關依當地情形認為供賭之物）處一月以下拘役或五百元以下罰金；土豪劣紳包庇賭博者，處死刑、無期徒刑或十年以上有期徒刑；公務員參與賭博，較一般人眾加重處罰，公務員包庇賭博者，處死刑、無期徒刑或十年以上有期徒刑；賭場之財物及賭台，兌換籌碼處之財物，無論屬於犯人與否，均沒收之；凡舉報因而獲案者，以沒收財物及罰金之半獎勵之。栽贓誣陷，或捏造証據誣告他人，犯本條例之罪者，處以各該條之罪，凡犯本條例之罪者，各縣、市由其市政府處理，省會由公安局處理，呈報省政府暨禁賭委員會核辦。〔註105〕

由上列各項刑則可知，由清代一直到民國時期皆有禁賭法令提出，但對花會賭博抓不勝抓，無法禁止，且法律條文形同虛設，處罰刑責與實際執行不成正比，而使賭博活動得以一直持續下去，盛行不衰。整個情況到民國三十八年（1949）後，禁賭活動才執行較為徹底，使賭博歪風收斂不少。

（二）臺灣地區花會的相關罰則

清代臺灣對花會罰則，可由《台灣私法債權篇》看出對賭博之刑罰，「試思賭博例禁綦嚴，重則罪於軍流；輕則杖徒枷號……如或拘獲，一經察出，立提弁兵、胥吏嚴懲。」〔註106〕

〔註104〕 舖票：本為修築防洪大堤，而設的有獎彩票式民間雜賭，後演變為與山票、白鴿票一樣，猜字分彩。

〔註105〕 轉引自，郭雙林、蕭梅花，《中華賭博史》，頁395～396。

〔註106〕 臺灣銀行經濟研究室編，《臺灣私法債權篇》，臺灣銀行經濟研究室編，《臺灣文獻叢刊》，第79種，頁233。

明治三十年（1897），日本治理臺灣時期，就已經開始取締花會，至明治三十一年（1898）警察取締加強，被查獲者一律移送法院，判刑和罰金，而透過保甲規約的約束和連帶處分，亦使保甲居民不敢包庇不法之徒，從此花會漸稍戢殺，但始終未能完全絕跡。〔註107〕在《日日新報》中亦指出相對應花會賭博與包庇賭博之罰則，如：〈捕賭獲賞〉可看出賭博之懲處及捉拿花會賭博所獲獎勵：

> 新竹廳竹北一堡水田庄，蔡鏡如外數人，開設花會賭場。被探偵富德福，巡查神烏龜吉所捕，送至新竹地方法院，處分蔡以重禁錮四個月之罪，餘人輕重有差。而傳及神屋，蒙地方官申詳上憲，償傳以金五圓，神屋以金八圓。〔註108〕

又有〈李偵探罪過〉，看出員警包庇賭博的刑罰：

> 李孝洲者，臺北和尚洲人也，昨年到竹，為警務課特務探偵，甚以能幹稱，而諸多巧詐機謀亦因之。嘗有賭花會被捉者，其妻曰福田嫂，謀脫夫罪，人曰非李探偵不為力，福田嫂素有幾分姿色，李見之竟起淫心而強奸之，而原諸福田嫂之心，則欲出夫脫囹圄者其本意，玷汙者非素願也。又嘗有聚賭者，恐李見捉，而故邀與合夥，且多出抽頭與李為賄賂，李受之不疑，至昨被強奸者之夫不願，陰以包賭收賄之事，發之當道。而平昔曾受其虧者，亦因之發覺。廿三日在法院公庭開判，以賭博收賄罪名，定李以重禁錮五個月，罰金十圓。〔註109〕

二、兩岸取締花會賭博的成效

（一）大陸地區取締花會賭博的成效

由段光清《鏡湖自撰年譜》可知：

> 問：花會開設何處。有人言：現設某處，每日開兩次，午刻一次，酉刻一次，廠內有刀槍兵器保護，開放時放爆竹三聲。問：前官亦親自往拿乎？答曰：以前多是差去或署內爺們同去，初次開花會者無不送錢，受錢之後，不可再拿。再拿如何？再拿則必拒捕。余曰：官何不帶多人往拿乎？笑曰：彼皆無賴烏合之徒，愈聚愈眾，官安能

〔註107〕吳文星，〈日據初期臺灣的「大家樂」——花會〉，頁63～64。
〔註108〕〈捕賭獲賞〉，《漢文台灣日日新報》，1906年12月7日。
〔註109〕〈李偵探罪過〉，《漢文台灣日日新報》，1906年6月20日。

帶許多人？官若立心要拿，先事安派，彼皆狡猾，耳目亦多，先已逃避，今日在此，明日在彼，終不可拿。……余問房主何人？已遠逃不見。命地保僱人送錢至縣，帶來差役各給一千，其餘留作下次花會賞賜，歡聲滿路，凡年長皆曰：昔日只有花會世界，今幸矣！有人歌曰：拿花會，禁賭錢，撥開雲霧見青天，官清民樂太平年。余回縣，夜三鼓矣。次日清晨，城中紳士俱來拜謁，余以籌碼示之，答曰：不知父台拿辦後，此籌尚有用否？昔日大籌一千，小籌五百，入典可以贖當，入市可以買物，不問人，只問籌也，是何世界哉？〔註110〕

藉由《鏡湖自撰年譜》得知，新官上任三把火之效，加緊嚴格查禁花會，但是由其審問後知道花會賭博禁不甚禁，且開花會場之人早以送賄款給官府，故在官賭勾結之下，一直無法有效禁止，為當地的一大毒害。

廣東總督張樹聲也提出相同說法「賭之名目，多至不可勝紀。花會、白鴿票等票，比戶有之，雖經議部加重罪名，而嗜賭成為風俗，幾以禁令為違眾排民之事。」〔註111〕當張樹聲再次回任廣東總督，賭博以近失控，他也難力挽狂瀾，只能藉由嚴加取締以達成效，但後繼者張之洞對賭博是廣開大門以收賭稅，但仍是加強取締「花會」，不過成效不彰。〔註112〕

陳勝韶《問俗錄》中亦提及，花會是漳州與泉州一帶流行惡習，以閩江以北的四府最為猖獗。賭博者少，但不論貧賤富貴或男女老少，都會來參加花會。若知縣派軍隊逮捕，就得花上巨額的費用；而當軍隊動員時，就會有人暗中通風報訊，使軍隊撲個空。在士兵到達時，參與花會的人就會火燒小屋而逃逸。待士兵退去後，他們又陸續回來了。若要嚴格取締花會，唯有責成山主（茶山的主人）。這樣的山主有二種；一種是本身親臨主持花會，另一種則是以高價提供場地。因此，必須嚴禁山主將場地租予他人，做為花會的場所。而最好的策略莫過於由聯首與地方（地保）協力，禁止山主提供花會場地。〔註113〕

德國傳教士花之安（Ernst Faber）撰寫《勸禁賭博》也指出：

〔註110〕段光清，《鏡湖自撰年譜》，《清代史料筆記叢刊》（北京：中華書局，1960年），頁29～30。

〔註111〕轉引自，何漢威，〈清末廣東的賭博與賭稅〉，《歷史語言研究所集刊》，第66本第2分，頁515。

〔註112〕轉引自，何漢威，〈清末廣東的賭博與賭稅〉，《歷史語言研究所集刊》，第66本第2分，頁521。

〔註113〕陳勝韶，《問俗錄》（臺北：武陵出版有限公司，1991年），頁20～21。

嘗謂賭風日熾,則盜賊頻興;賭局日增,則庶民失業。可知賭博之禁,當認真以實行,不可虛假從事也。」他並提出,中國自三代以來,統治者無不以廉自稱,誰知降及後世,教化不行,則有好閒之侶,不肖之夫,三五成群,賽錢聚賭,以決輸贏。但歷代對此無不嚴厲禁止,堪為鑒戒。無如中國今日,其賭風更有甚然者,闈姓、花會、鬥蟋蟀、開廠、鬥鵪鶉等等,無不風行,使不實力禁之,其禍害不知延伸到幾時是為期限。〔註114〕

光緒十年(1884)中法戰爭爆發,軍餉劇增,張之洞任湖廣總督,為抗擊法國侵略軍,加強軍備,欲籌設兵工廠、錢局、虎門炮台及香英炮台,所需軍費甚多,不得不開放賭博,使得賭禁大開。〔註115〕

以上可知,一般市井小民對之喜愛狂熱,且花會之背後亦有官員之支持包庇,因而無法根絕,更因清朝後期至民國三十八年(1949)止,中國一直處於受外強欺壓及分裂割據局面,各級地方政府及相關單位為籌措銀錢,不得不和賭博主事者妥協,從中得取賭稅,資助各項建設推行。

(二)臺灣地區取締花會賭博的成效

日本明治時期治臺,由1897年初憲、警當局開始取締,但整個花會取締也是「雷聲大、雨點小」,因花會會頭賄賂警、憲人員,並邀曾任警、憲人員,或是擔任庄長、總理等人入伙,而對查緝工作,面臨阻礙,或是不了了之。加上判刑不重,罰款不多,無法有殺雞儆猴之效,因此取締經年,但成效不彰。〔註116〕可由《日日新報》之說法再次得到證明:「近日大姑崁(大溪)街有某者,欲在某家重整花會,是日提封之人,遍處默通,挨戶收票。東挪西貸,以一本萬利。」〔註117〕

明治時期,花會一直屬於查禁又復萌狀態,在1907年的日日新報,對於新竹花會的影響描述:「新竹花會之風,染入個人腦膜,成為可少歇不可禁絕之習。春初以來,每有一、二兆萌之勢,然隨即為警官抓破而歛息,不至於肆。近日來,復聞該花會,賭勢猖獗,不只一、二場之設。」〔註118〕臺灣在

〔註114〕 〈勸禁賭博〉,《萬國公報》,第14年691卷,1882年5月27日。
〔註115〕 郭雙林、蕭梅花,《中華賭博史》,頁255。
〔註116〕 吳文星,〈日據初期臺灣的「大家樂」──花會〉,頁63～64。
〔註117〕 〈花會謀設〉,《漢文台灣日日新報》,1905年10月12日。
〔註118〕 〈花會又盛〉,《漢文台灣日日新報》,1907年8月1日。

日治時期，花會賭博一直是採取重罰原則，無論是對聚賭者亦或是員警包庇，皆是屢加禁止及嚴懲，但收效甚微，直到明治三十九年（1906）後，日本總督府發行彩票，才有一定成效出現，並由《日日新報》中得知彩票發行竟與花會有關，原由如下：

> 竹警務課長，小澤武憲，招集新竹區諸保正及諸縉紳於廳內演說。
> 此回政府設立彩票之由曰，彩票之設，歐亞人行之久，不但今日始
> 也，其名目各異，各處之設，皆有設立別名，而推其萬殊一本之歸，
> 則蓋名之曰彩票。在臺灣人或殊其名曰：天財票，名異而義同也。
> 此非可目之如今之賭花會者，夫花會之設，在警方設法捕之。豈有
> 反為之設法成立，開民淫賭之風乎。……此去創法方新，如何章程，
> 在警官此時亦不能知，願與吾民靜俟之。〔註119〕

當總督府以彩票的誘利，且以政府為保證，逐步取得人民信任後，才遏止此一問題的發展與延續。

綜觀清道光至民國三十八年（1949）止，花會之禁賭收效甚微，禁不勝禁，更有借花會賭博稅收來充實軍費，禁賭成效相對不彰。此種情形一直至民國三十八年（1949）後，國共兩黨分別對海峽兩岸之賭博進行一連串的有效預防措施，使得風行約二百餘年的花會終於走入歷史，但目前在臺灣聽聞尚有少數人在玩此種賭博遊戲，不過皆是金額甚微，聊以打發時間之娛樂。

陸、結論

花會賭博依地區不同而名稱有所不同。花會玩法依各地風俗民情之不同，各地亦有所異，大抵上是人名的更改，基本型態是一樣的。花會有史料依據是由清乾隆時期開始，一直至 1949 年由滇緬邊區游擊隊帶至臺灣的古代賭博之一。花會賭博之所以能造成各項的轟動，是因為可以以小搏大，任何金錢不論多少，皆可下注，一但得中即有三十倍利潤（來臺後改為二十七倍），在當時資訊不發達，人民普遍貧窮中，花會賭博不失為致富的捷徑。也正是因為簡單、方便、易懂與可私下投注無須拋頭露臉，使得花會對中下層之民眾及婦人有一定的影響力，特別是對婦女而言，為封建社會受禮教禁錮下的婦女，找到了消遣與寄託。另外藉由方便易記的圖案符號形象，及可朗朗上口的

〔註119〕〈課長演說彩票〉，《漢文台灣日日新報》，1906 年 7 月 31 日。

歌詞與戲詞，在無大眾媒體渲染下，以口耳相傳模式，橫行於鄉里巷弄間，讓當時中國眾多目不識丁的民眾，能看圖即可叫出名字，且還可相互討論何者相生相剋，由此可看出花會賭博於日常傳播所下之重本及用心。

花會賭博中的動物及安插人物，可由地區及環境而改變，可安放和尚、道士、尼姑或是修女，看周邊區域信奉何者為多，更有甚者假藉宗教名義，安插自身欲灌輸給群眾之精神思想控制，東北的會局在其中安置日本天皇、滿州國皇帝溥儀，以收統治之效，各地花會無論型態如何改變，但在賭客心態下就是一本萬利的，在「十賭九輸」且一直想要撈回本的心態，造成社會許多人倫悲劇發生，花會賭博所造成之危害適足以動搖國本，因此在本研究中的各項文獻及相關賭博罰則下，屢屢可見以花會為專篇或為首之檢討，可見花會賭博，由清代起到民國時期皆是危害不淺，對社會的風俗影響不可謂不大。

本文藉由花會賭博由滇緬邊區來臺，變成雲南籍居民的一種符號表徵。已經在歷史洪流下消逝的花會賭博，在滇緬游擊隊來臺後又再次有死灰復燃的光點出現，也試著去認知古老的博弈活動，在現今訊息化的速度下，是走向歷史的洪流亦或是轉化為另一種文創產業。由本論文對花會賭博的流傳及發展之研究，看清代至現今花會賭博是如何影響庶民大眾生活的，且區分為大陸地區及臺灣地區，並以綜合論述來拋磚引玉，以待後人對花會有更深入研究，並能對日後賭博史、婦女史探究有所助益與貢獻。

此次對花會之探討，並非是鼓勵大眾學習賭博，而是藉由花會賭博的興衰，得知中國自古賭博與禁賭如一體之兩面，光與暗之對照，相伴相生，但隨時間流逝，賭博花樣層出不窮，不僅花樣翻新，賭技亦頻添新法，但禁賭之法令卻無法跟上時代的腳步，花會正好抓到此之時代潮流，藉由淺顯易懂之動物名詞，且搭配上高額彩金的利誘，再加上方便有效率的運作方式，使得一般中下層之民眾及婦人得以參予，但賭博中私賭橫行，造成國庫空虛且不易管理，相對應而生即由政府部門做莊的「運彩」出現，既可收取資金以充盈國庫收入或為地方政府財源的挹注，也可有效監控人民，不至於做出人員大量聚集或陰謀顛覆政府的密謀，也因更有效便捷的博弈玩法出現，在時代潮流的趨勢之下，花會賭博的整個流程就相對性的保守與不變，最後造成了花會的沒落與消失。

花會賭博在臺灣的流傳，由清代傳入臺灣，在日本統治初期階段曾屢禁屢起，一直至更新彩票玩法出現，才告消失匿跡，但另一支脈卻是由雲南傳至

緬甸，最後隨著滇緬邊區游擊隊，由緬甸輾轉到臺灣，來臺後因時空環境不同，花會分成南北兩地，但也只是游擊隊老一輩們聯絡情感之用，或者是打發時間而已。花會這種遊戲帶有投機風險，臺灣、緬甸當局都採取禁止管制措施。它是游擊隊生活中的休閒遊戲之一，本來只要不是太明目張膽，警察也睜一隻眼，閉一隻眼。張老旺的花會場地收攤，非因警察上門取締，而是因為忠貞新村的拆遷，當眷村拆了，住戶人散了，且老一輩游擊隊員及眷屬年紀也大，想再聚一起，需舟車勞頓，因而於 2008 年宣告終止這記憶中的娛樂。

　　花會因夾雜在娛樂與賭博之中，受到政府法令規範，且未能吸引新一代年輕人的興趣，終將進入歷史洪流之中，走向消失一途。

柒、參考文獻

一、文獻史料

1. 丁世良、趙放，《中國地方志民俗資料匯編‧中南卷》，北京：北京圖書館出版社 1989 年 4 月 1 版。

2. 丁世良、趙放，《中國地方志民俗資料匯編‧東北卷》，北京：北京圖書館出版社 1989 年 4 月 1 版。

3. 丁世良、趙放，《中國地方志民俗資料匯編‧華北卷》，北京：北京圖書館出版社 1989 年 5 月 1 版。

4. 中國民間歌曲集成全國編輯委員會編，《中國民間歌曲集成‧江西卷（下）》，北京：中國 ISBN 中心出版，1996 年 3 月出版。

5. 何嗣焜編，《張靖達公奏議》，《史料叢刊》，23 輯 222 冊，臺北：文海出版社，1968 年。

6. 林焜，《金門志（第三冊）》，臺灣銀行經濟研究室編，《臺灣文獻叢刊》第 80 種，臺北：臺灣銀行，1960 年 10 月出版。

7. 周壽昌，〈廣東雜述〉，《思益堂日札》，長沙：岳麓書社，1985 年。

8. 周凱，《廈門志（第五冊）》，臺灣銀行經濟研究室編，《臺灣文獻叢刊》第 95 種，臺北：臺灣銀行，1961 年 1 月出版。

9. 段光清《鏡湖自撰年譜》，《近代史料筆記叢刊》，北京：中華書局 1960 年 2 月 1 版。

10. 徐珂，《清稗類鈔》，臺北：臺灣商務印書館，1966年6月台1版。

11. 桂超萬，《宦遊紀略》，《近代中國史料叢刊》，81輯，810冊，臺北：文海出版社，1972年。

12. 陳勝韶，《問俗錄》，臺北：武陵出版有限公司，1991年10月。

13. 欽定，《大清會典事例》，清德宗光緒25年官刊頒行本。

14. 劉體智，《異辭錄》，清代史料筆記叢刊，北京：中華書局，1988年10月。

15. 臺灣慣習研究會著，李榮南譯編，《臺灣慣習記事》，中譯本第六卷上，南投：臺灣省文獻委員會，1992年。

16. 臺灣慣習研究會著，李榮南譯編，《臺灣慣習記事》，中譯本第七卷，南投：臺灣省文獻委員會，1993年。

17. 臺灣銀行經濟研究室編，《臺灣私法債權篇》，臺灣銀行經濟研究室編，《臺灣文獻叢刊》第79種，南投：臺灣省文獻委員會，1994年，7月。

18. 薛允升，《讀律存疑》，臺北：成文出版社，1970年9月。

19. 薛允升鑑定，吳潮、何錫嚴彙纂《刑案匯覽續編》，臺北：成文出版社，1970年12月出版。

二、專書

1. 王頓根，《百弊放言》，北京：大眾文藝出版社，2003年2月1版。

2. 戈春源，《賭博史》，上海：上海文藝出版社，1995年7月1版。

3. 李道生主編，《雲南社會大觀》，上海：上海書店出版社，2000年1月1版。

4. 沈寂、董長卿、甘振虎，《半下流社會檔案》，臺北：日臻出版社，1994年4月1版。

5. 吳雨、梁立成、王道智，《民國黑社會》，江蘇：江蘇古籍出版社，1996年10月1版。

6. 郁慕俠，《上海鱗爪》，上海：上海書店出版社重印上海滬報館，1993年。

7. 胡樸安，《中華全國風俗志》，臺北：啟新書局，1968年1月初版。

8. 郭雙林、8、施福康主編，《上海社會大觀》，上海：上海書店出版社，2000年1月1版。

9. 郭雙林、蕭梅花，《中華賭博史》，北京：中國社會科學出版社，1995 年 10 月 1 版。

10. 孫靜江編，《大陳紀略》（臺中：民風出版社，1965 年 2 月）

11. 盧偉林，《佛國緬甸》（臺北：僑聯出版社，1967 年 10 月）

12. 羅新本、許蓉生，《中國古代賭博習俗》，西安：陝西人民出版社，2002 年 9 月 2 版。

13. 蘇智良、陳麗菲，《近代上海黑社會研究》，臺北：南天書局有限公司，1996 年 8 月初版。

三、期刊雜誌

1. 吳文星，〈日據初期臺灣的「大家樂」——花會〉，《歷史月刊》，臺北：歷史月刊雜誌社，1988 年 2 月初版。

四、論文

1. 何漢威，〈清末廣東的賭博與賭稅〉，《中央研究院歷史語言研究所集刊》第 66 本第 2 分，臺北：1995 年 6 月，頁 489～555。

2. 李金澤《明清律中賭博罪》臺北：國立政治大學法律研究所碩士論文，1989 年。

3. 林富助，《清代禁賭政策之探討及其對當代之啟示》臺北：淡江大學歷史學系碩士在職專班，2009 年

4. 段承恩，《從口述歷史看滇緬邊區游擊隊（1950～1961）》，臺北：中國文化大學史學研究所碩士論文，2003 年 6 月。

5. 葉子香，《文化的認同與變遷——以居住台灣的雲南族群為例》，臺北：東吳大學社會學系碩士在職專班碩士論文，2009 年。

6. 蘇文邦，《清代臺灣賭博與社會》，臺北：國立政治大學台灣史研究所碩士論文，2014 年。

五、報紙

1. 〈臺灣習俗美醜十則下〉，《漢文台灣日日新報》，1905 年 7 月 13 日。

2. 〈花會謀設〉，《漢文台灣日日新報》，1905 年 10 月 12 日。

3. 〈花會欲跡〉，《漢文台灣日日新報》，1905 年 11 月 8 日。

4. 〈李偵探罪過〉，《漢文台灣日日新報》，1906 年 6 月 20 日。

5. 〈課長演說彩票〉，《漢文台灣日日新報》，1906 年 7 月 31 日。

6. 〈捕賭獲賞〉，《漢文台灣日日新報》，1906 年 12 月 7 日。

7. 〈花會又盛〉，《漢文台灣日日新報》，1907 年 8 月 1 日。

8. 〈賭風昌熾〉，《漢文台灣日日新報》，1908 年 07 月 28 日。

9. 〈廈門通信／議員禁賭〉，《漢文台灣日日新報》，1910 年 2 月 13 日。

10. 〈論粵東闈姓事〉，《申報》，第 278 號，1873 年 3 月 27 日。

11. 〈勸禁賭博〉《萬國公報》，第 14 年 691 卷 1882 年 5 月 27 日。

六、口述訪談人

1. 梁宏才口述，屏東里港自宅，2002 年 12 月 15 日。